高等院校人力资源管理专业系列教材

职 务 管 理

刘俊振 编著

南开大学出版社
中国·天津

图书在版编目(CIP)数据

职务管理 / 刘俊振编著. —天津：南开大学出版社，2009.7

(高等院校人力资源管理专业系列教材)

ISBN 978-7-310-03198-6

Ⅰ.职… Ⅱ.刘… Ⅲ.劳动力资源—资源管理—高等学校—教材 Ⅳ.F241

中国版本图书馆 CIP 数据核字(2009)第 115843 号

南开大学出版社出版发行

出版人:肖占鹏

地址:天津市南开区卫津路 94 号 邮政编码:300071

营销部电话:(022)23508339 23500755

营销部传真:(022)23508542 邮购部电话:(022)23502200

*

天津泰宇印务有限公司印刷

全国各地新华书店经销

*

2009 年 7 月第 1 版 2009 年 7 月第 1 次印刷

787×960 毫米 16 开本 20.5 印张 342 千字

定价:35.00 元

如遇图书印装质量问题,请与本社营销部联系调换,电话:(022)23507125

总　序

社会需求是学科发展和专业建设的最基础和最强大的推动力。随着人力资源在社会经济各类组织中战略地位的不断凸显，人力资源管理的重要性也日益受到关注。虽然人力资源管理专业名称在我国出现只是在改革开放之后的20世纪80年代，但是近年来，随着我国社会与经济的高速发展对于高素质的人力资源管理人才的需求不断扩大，人力资源管理领域的专业人才培养工作取得了突飞猛进的发展，我国人力资源管理的学科建设和专业发展也已经进入不断完善和日臻成熟的阶段。

南开大学是国内商科中较早设立人力资源管理本科专业的院校之一，现已形成较为完整的人力资源管理专业的本硕博系列学位培养体系，2008年人力资源管理专业又获得教育部的高校“第一类特色专业建设点”项目的支持。本套系列教材的策划和撰写正是我们进行高校人力资源管理特色专业建设探索的重要活动之一。

在人力资源管理专业系列教材建设方面，我们2001年推出的“21世纪人力资源开发与管理系列教材”（共六册）得到了学界和业界人士的认可，并被多所高校列为教学用书。在当前社会与经济发展的新形势下，尤其是信息化、网络化社会的发展，中国经济全球化程度的加深，以及新的劳动合同法的出台等一系列因素，对中国企业人力资源管理带来新的机遇和挑战，也对我国人力资源管理学科发展提出新的要求，我国人力资源管理专业的知识结构、培养目标、课程内容安排和教材体系建设等方面都需要进行相应的调整和完善。如何借鉴国际先进经验，结合我国经济和社会发展的现实需求，探索新的适应国际化发展和体现我国特色的人力资源管理专业人才培养的教材体系显得十分迫切。为此，我们决定对第一套教材进行全面修订和重大补充。

本套“高等院校人力资源管理专业系列教材”是由南开大学商学院人力资源管理专业教师团队精心策划和撰写的。编者们结合近年来国内外人力资源管理领域在理论研究和实践应用方面的发展走向，同时本着推动具有我国特色的高校人力资源管理专业的课程与教材体系的不断完善的思路，力求为广大学生提供一套前瞻性、系统性、创新性、实用性较强的专业教材。

本套丛书共包括七本教材，分别是：《人力资源管理概论》、《职务管理》、《员工招聘》、《人力资源开发》、《绩效管理》、《薪酬管理》、《员工关系管理》。本教材力图做到既有理论的深入分析，又具有实践的可操作性，同时也成为企业人力资源管理部门专业管理人员的参考工具。本书可供高等学校人力资源管理专业学生使用，也可供工商管理类、劳动管理专业学生使用。

丛书在编写中难免有一些不足之处，敬请读者批评指正。

前 言

组织中有着多种多样的职务，它们是构成组织管理体系的细胞，是达成组织任务的基本单元。组织中的职务需要管理，至少基于以下两个原因：组织需要和员工需要。

首先，职务与人密不可分，管理职务的最终目的是管理人，职务管理是途径，是最朴素的途径。

通过职务设计、职务分析、职务评价、职务分类分级以及职务发展等职务管理活动，组织的经营任务和战略目标才能得以高效率达成；同时职务管理也为人力资源管理各项功能活动奠定了富有逻辑性的基础，从而使组织对人的管理活动更客观、更公平。

其次，如果说工业时代的职务是冷冰冰的，人是被动的，任职者必须要服从职务的要求。那么如今，职务正悄然发生着变化，履行职务的人也在塑造着职务，使得职务有着更多任职者的个性与风格。管理者需要了解职务的这种变化，把握职务发展的规律，并通过不断变革与发展职务，使得人与职务实现动态的匹配，从而有效达成员工的内在激励和个性发展。

职务和职务管理是人力资源管理的基础，也是人力资源管理的传统环节。目前市场上，相关教材与著作多集中于职务管理某一领域，无法为管理人员和教学人员提供一个全景性的认识和系统性的框架。该书是在作者若干年教学与实践基础上，尝试将这些细小的分割部分整合为一个较大的系统，从而为人力资源管理人员提供一个框架性的知识。

该书内容与整体安排如下：

第一章对职务管理系统进行整体介绍，让读者对职务管理系统以及职务管理各项职能活动有一个清晰性和总括性认识。

第二章选择性地介绍了影响组织职务管理活动的外部与内部环境，其中有“硬的”环境因素包括组织战略、流程和结构等，还有“软的”环境因素如文化和职业分类系统等。

从第三章开始介绍职务管理的五项基本功能活动(DAECD)，即职务设计(Design)、职务分析(Analysis)、职务评价(Evaluation)、职务分类分级(Classification)和职务发展(Development)。章节安排分别是第三章的职务设计，第四章的职务分析，第九章的职务评价，第十章的职务分类分级以及第十一章的职务发展。

从逻辑顺序上，组织中的职务管理活动起始于职务设计，之后经过分析、评价以及分类分级，最终实现职务的发展与变革。因此，最后一章的职务发展与前面的职务设计前后呼应，终点回到始点，形成闭环和螺旋式发展。

因为职务分析是职务管理的核心，它串联起职务管理的其他几项活动，因此在第四章对职务分析进行概述的基础上，作者又按照组织职务分析过程中通常包含的四个基本层面(TIME)的分析进行了详细介绍，分别是第五章的任务分析(Task Analysis)，第六章的人员分析(Incumbent Analysis)，第七章的方法分析(Methods Analysis)以及第八章的环境分析(Environment Analysis)。

本书在编写过程中参考了大量前人的研究，可以说，本书的成果与其他学者的研究是密不可分的。几位研究生帮助作者进行了大量的资料收集和资料整理工作，她们是南开大学商学院研究生戚明明、张田，厦门大学研究生许慎，以及从南开大学商学院毕业生夏玉洁，在此对她们的辛勤努力表示感谢。

时间较为紧迫，疏漏、错误、不妥之处敬请提出。

作者邮箱地址为：liujunzhen0904@126.com

刘俊振

2009年5月1日于南开大学商学院

目　录

高等院校人力资源管理专业系列教材

第一章 职务管理系统概述

本章学习要点

- 掌握职务及相关概念及其之间的关系
- 了解职务管理系统框架及内容
- 熟悉职务管理对于组织管理的功用
- 了解职务管理发展历程及发展思想

工作是构成社会的细胞，职务是完成组织任务的单元。职务正在经历着变化，有着其自身独特的发展规律。职务可以表现为刚性的，完全服从于组织效率的目的；职务也可以是柔性的，顺应人的个性与发展。职务管理就是要把握职务这样的特征与规律，做到很好地服务于组织，很好地服务于人。

第一节 职务概述

苏格拉底在描述"正义"国家时指出，一个正义的社会必须认识清楚三件事情：第一，不同的人在从事工作的资质方面存在个体差异；第二，不同的工作需要具备不同独特资质的人来完成；第三，一个社会要想取得高质量的绩效，就必须努力去把每个人都安排到最适合他们资质发挥的工作上去。这种把不同特质的人配备到不同特质要求的工作上，实现人和职务（工作）的匹配，可以说是最古老的职务管理思想了，社会如此，组织也是如此。

一、职务的概念与特点

狭义上讲，职务（Job）是指在一定的时间段内为完成某种特定目的所从事的活动，即任务。广义而言，职务是个体在组织中所扮演的角色的总称，通常由一系列任务组成。本书将职务（Job）（或工作）定义为存在于特定组织中的，由一系列相关联的任务、职责、责任和权限构成的集合体。

职务通常具有如下特点：

(1)职务是构成组织的基本要素。如同细胞对于生物体一样，组织是由一个个职务构成的，不同的职务在组织中发挥着不同的作用。

(2)职务是任务、责任、权力的统一体。表面上看，职务代表着任职者在组织中的头衔（Job Title），如行政总监、产品工程师、销售主管等，这种头衔甚至反映了其在组织中以及社会上的收入水平和社会地位。本质上，职务是一系列任务的组合，同时还含有完成这些任务背后的责任和权限（如图 1-1 所示）。以"销售主管"为例，其中"主管"就蕴含着职务外显的成分：头衔，身份，收入，地位等；"销售"则表示此职务的职能范围分工和任务活动，从事"销售主管"职务的人要承担组织在特定时间范围内或特定地区（市场）范围上销售指标的责任。当然，为了使销售目标得以顺利达成，组织必须赋予"销售主管"一定的业务权限以及其他相关管理权限。

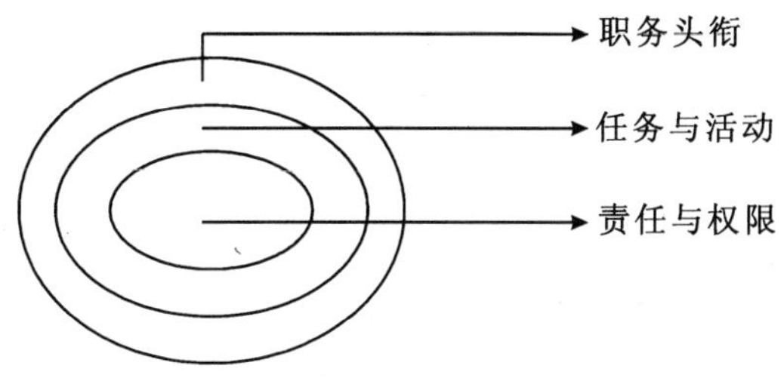

图 1-1　职务的外显与内涵

(3)职务是人和组织之间的桥梁。组织目标实现离不开人,而人又是通过履行特定职务来达成组织目标的,职务是将组织和人连接起来的媒介,通过将不同的职务分配到不同的人身上,就能实现组织的目标。

二、职务相关的概念及其关系

为清晰理解职务内涵,需要与其他一些相关概念或术语进行有效区分。当然,其中有些概念,我们会在以后章节中进一步详细界定和区分。

1. 任务(Task):在紧凑时间内完成的工作要素组合,该组合具有一定意义(Meaningful)和可识别(Identifiable)的产出(Outcome),如"为考查学生对材料知识的掌握程度而出考试试卷"就是一个典型任务的例子。

2. 职责(Duty):为完成一个共同的目标(如教学)而形成多项任务的组合。

3. 责任(Responsibility):由完成的任务或职责而引发的对组织活动、人员安全以及设备等产生的关联后果与影响。如经济或财务责任、监管责任、决策责任、运营责任、保密责任、安全责任等。

4. 权限(Authority):组织赋予的完成某项任务所必需的权力。承担特定的责任就要给予特定的权限,如预算审批权、一定数量资金的支配权等。

5. 职位(Position):由一个人完成的任务和职责的组合。组织中每个人都对应着一个职位或岗位,因此从理论上讲,职位的数量应该等于组织中人员的数量,即组织有多少人就应该相应拥有多少个职位。

6. 职务(Job):由足够相似的任务和职责构成的一些职位的组合,它们共同分享一个工作头衔,如销售主管、招聘专员、会计员等。在一些组织中,从事会计员同样一种职务的人员可能有三个,虽然是一种职务,但却是三个职位。

7. 职务族(Job Family)或职务群:由两个或两个以上相似的职务组成

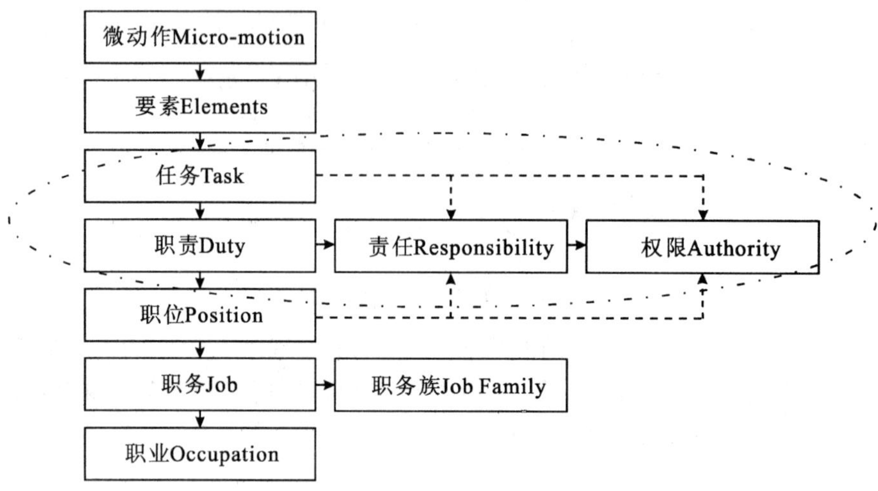

图 1-2 职务相关的概念及其相互关系

的职务体系，比如，组织中所有从事技术工作的职务组成技术类职务族，所有从事销售工作的职务组成销售业务类职务族。职务族与职业分类中的“职系”概念基本同义。

8. 职业(Occupation)：不同组织中相似的职务构成的工作属性。职务是就特定组织而言的，职业是跨组织的，如教师职业，秘书职业等。

9. 职业生涯(Career)：一个人在其工作生活中所经历的一系列职位、职务或职业。一个人的职业生涯可能在一个组织中度过，如最开始从办事员做起，经过了行政主管、行政经理、行政副总等不同的职务；也可能在不同的组织中变换。

第二节 职务管理系统与内容

一、职务管理概念

作为人力资源管理的基础，职务管理是指对组织中的职务(Job)(或工作)进行科学的设计、分析、评价、分类以及发展的理念、过程和方法。具体而言，职务管理是职务设计、职务分析、职务评价、职务分类分级和职务发展等活动的总称，它是以组织中的职务为对象，通过科学的方法，经过系统的调查、分析和研究，得到一定的结果形式，为组织管理及人力资源管理提供支持的管理活动。如果说人力资源管理是研究“人”的问题和“事”的问题，那么职务管理就是对组织中的“事”或“任务”进行管理的科学。

对于一个特定组织而言，职务管理活动可能包括：设计组织中的部门和每一个职位，分析每个职务应该完成的任务，分析完成职务的任职者要求，分析完成职务所处的环境（含物理环境与社会环境），评价职务的价值，研究任职者完成工作的最佳方式等。

通常，人力资源管理体系可以分别建立在两个基础之上（如图 1-3 所示），其一是职务导向或职务管理（Job Management）；其二是素质管理（Competence Management）。

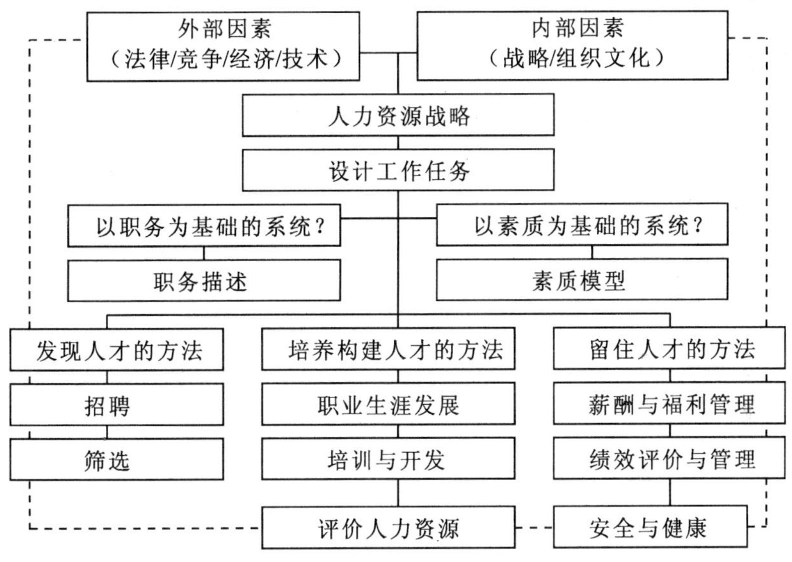

图 1-3 职务管理导向和素质管理导向的人力资源管理体系

职务管理导向的人力资源管理要求管理者从职务、任务等这些客观的东西着手，分析职务对人的要求，从而找到那些与特定职务要求相匹配的人。接下来，从完成职务对人的基本要求出发来安排人员的培训课程与培训活动，分析完成职务的任务以及所承担的责任来确定绩效考核指标和考核标准，根据职务的复杂程度、承担的责任范围、决策难度以及工作条件等因素来评价职务的价值，从而进行职务薪酬的设计。

素质管理导向的人力资源管理要求管理者首先考虑“人”的因素，而不是职务因素。素质管理通常分析绩效优秀或成功人士所共有的能力、行为与动机，构建素质模型，继而据此来甄选人才，评价、奖励员工以及培训发展员工。表 1-1 从多个方面比较了这两种不同的人力资源管理基础。

表 1-1 两类不同的人力资源管理系统基础

比较维度	职务管理	素质管理
理念	以事为中心和起点	以人为中心和起点
活动与实现途径	职务设计/职务分析/职务评价/职务分类/职务发展	素质设计/素质分析/素质分级/素质评价/素质发展
关注点	任务/责任/权限/环境	知识/技能/能力/行为/价值观
特点	刚性，转换难度大	柔性，容易转换
管理目的	设立管理底线一最低标准	设置发展标杆一最佳标准
适合的组织类型	传统组织/低成本战略	高科技/学习型组织/创新战略

二、职务管理系统框架

职务管理的系统框架(如图 1-4 所示)由四部分构成：环境(包括内外环境)、基本活动、结果(产出)以及功用。具体而言，职务管理主要包括五项基本活动，分别是：职务设计、职务分析、职务评价、职务分类分级、职务发展。这些基本活动受组织内外部环境因素影响。其中外部环境包括经济环境、法律环境、技术环境、社会文化环境、产业(行业)环境以及职业环境；内部环境包括组织战略、业务流程安排、组织结构以及组织特有的文化。通过职务管理的五项基本活动，以不同的产出(或结果)形式为组织管理和各项人力资源管理活动提供基础性支持，从而达成特定的目的。

三、职务管理的五项基本活动

职务设计(Job Design)是指将任务组合形成完整职务的过程。即为了有效达成组织目标，同时兼顾个人需要，确定员工职务的具体内容和职责，并形成组织内部职务之间联系的过程。广义上讲，职务设计甚至包括组织结构与部门化设计等活动。

职务分析(Job Analysis)是指获取与职务有关的详细信息的过程。职务分析不但包括使用一些方法来收集职务相关信息，更重要的是要将这些信息进行系统性分析和逻辑性归纳整理。职务分析一般包括对组织中每份职务要完成的任务进行分析即任务分析；对任务履行的物理环境和社会环境进行分析即环境分析；对任职者应该如何完成职务即通过何种设备或工具、

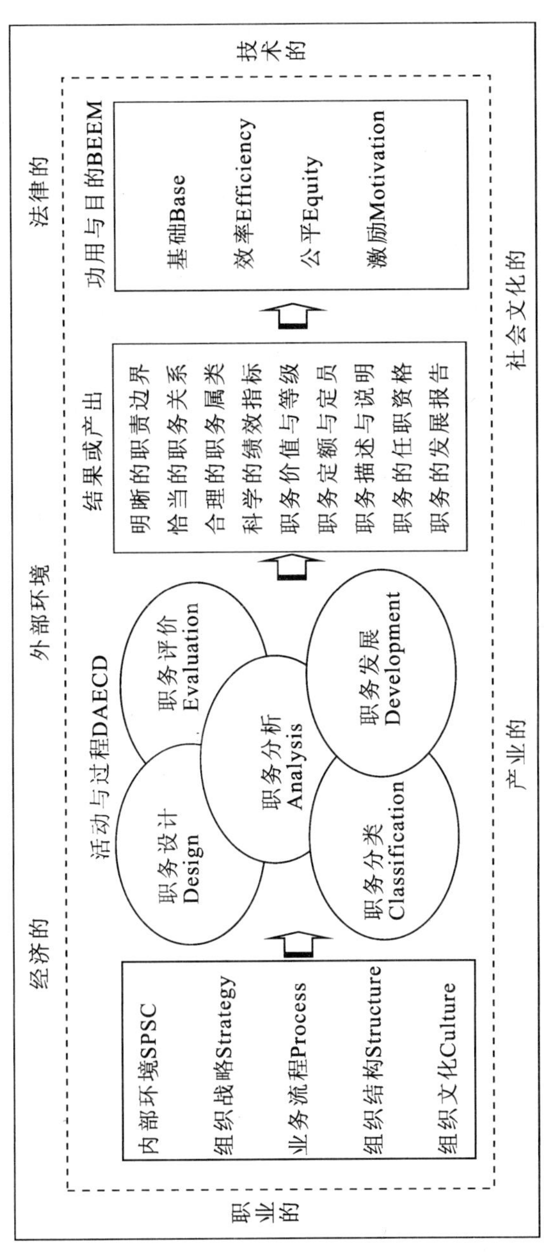

图 1-4　职务管理系统框架

运用何种劳动组合以及应用哪些方法来完成职务进行分析即方法分析;对完成职务所要求的人员的特质进行分析即人员分析。

职务评价(Job Evaluation)是指采用科学的方法,对组织内部的各种职务按照一定的标准进行比较、衡量和评价的过程,职务评价的目的是确定各种不同的职务在特定组织中的相对价值。

职务分类分级(Job Grading Classification)包括横向分类和纵向分类(后者往往被称为职务分级),是指根据工作性质等因素对职务进行属类划分,形成不同的职门、职组和职系;并且根据职务责任大小、繁简程度以及对人的资格要求高低等因素进行职务评价后,将职务进行纵向分类(即职务分级)等过程和技术。职务分类的目的是建立起所有职务的横向、纵向顺序与结构,使职务之间的关系更清晰,有层次。

职务发展(Job Development)是指对职务内容、功能、环境以及履行职务的方法等进行重新设计(Job Redesign),达到任职者满意,以及人和职务在不断变化过程中的动态平衡与匹配的过程。通常,组织中"人"和"职务"之间会经历一个从"匹配"到"不匹配"的过程,改变职务的任务组合或任务难度能够使任职者更适合,也增加了任职者的满意,从而达到人一职的动态匹配。职务发展涉及人一职的交界与互动层面的内容,主要包括任务再设计、环境再设计与任职者再设计等内容,其核心思想是变革与发展。

表 1-2 职务管理的基本活动及内容

职务管理活动	主要内容/环节	目　　的
职务设计	定岗/定员	一落实组织任务 一职责清晰 一提高效率
职务分析	任务分析/人员分析/方法分析/环境分析	一明确职务性质 一职位描述与任职资格 一为职务管理其他活动提供基础信息
职务评价	评价指标/评价标准/评价技术/评价控制	一建立薪酬的内部公平
职务分类	横向分类/纵向分类	一有序的职务与职务关系
职务发展	任务再设计/任职者再设计 方法再设计/环境再设计	一任职者满意与激励 一人职动态匹配

在职务管理的五项基本活动中,职务设计往往是一家组织,尤其是新建组织首先要面对的问题,然后通过职务分析、职务评价、职务分类分级,最终实现职务发展。职务发展是对前面职务设计的修正和完善,它与职务设计前

后呼应，形成管理闭环。再者，职务分析串联起职务管理的其他几项活动，因为职务管理的其他活动都需要职务分析来提供真实、详尽的信息，因此职务分析是职务管理的核心。

四、职务管理的环境影响

1. 组织战略对职务管理的影响

组织战略通过组织活动的流程安排与组织架构来影响职务管理活动，不同的组织战略，有着不同的流程安排；不同的战略对职务管理的选择与认知存在很大的差异。

一家采用低成本战略来竞争的组织，它需要最大限度地提高效率。效率最大化可以通过精简组织中多余的支持性服务以及加强专业化分工来达成，这样，组织所有的工作就可以按照职能块被组织在一起，每个职能块内部工作的人都完成类似的工作，大家在各自的职能块中增长知识与提高技巧。同样，效率也可以通过简单化设置职务来达成，组织的任务和目标通过分解和细化，每个人仅仅完成有限的部分，组织也不需花费太多的精力来培训和保留员工，因为这些工作足够简单，从外部人力资源市场上随意就能找到类似的人员或年轻的新手，经过简单的培训即可胜任工作。

因此，一般而言，采用低成本战略的组织，都会倾向将职务简单化。通过科学管理等手段来设计职务的任务量即定额；通过严格地职务分析谨慎甄选；根据职务的任务来设定业绩考核的标准，并通过严格的任务绩效来考核员工；培训更多基于本职工作，几乎不安排员工开发活动；通过客观地提取职务要素来评价职务本身的价值，从而建立薪酬的内部公平。

相反，对于一家采用创新战略来竞争的组织而言，它需要最大限度提高自己的灵活性和创造性。灵活性可以通过将围绕组织特定产品或特定地区的人们组合在一起完成工作来达成，大型组织的组织架构采取地区事业部或产品事业部的设计形式就是如此。在特定产品或特定地区产品或服务的提供方面，这些人虽然做着不同的事，但这些跨职能块的人们之间相互配合、协调与沟通，能够为特定产品的生产与销售提供大量富有创造性的新思想、新观点，能够使组织对特定产品或特定地区市场保持弹性。当然，在这些跨越职能块的自主团队或群体中工作，必须要求其成员有着较高的个人素质，组织也会赋予他们更多的决策权。

因此，一般而言，采用创新战略的组织，都会倾向将职务复杂化并授权。每个人的工作内容可能在一段时间内相对固定，但一般都会有轮换来提高员工的技能和柔性；甄选员工时，综合考察候选人的职位匹配与组织匹配；除本职工作外，组织更多地倡导员工的组织公民行为来实现创新；培训也会更多地考虑员工的发展，而不是仅仅为了完成任务；通过员工技能和知识来评价员工的表现与价值，报酬并不完全根据职务的价值来确定。

2.流程、组织结构对职务管理的影响

职务与组织业务流程、组织结构的关系可以比喻为“树木与森林”的关系。管理者在进行职务管理时，不应该仅仅关注细小的职务，而应该将这些职务与特定组织的背景联系在一起，有什么样的业务流程安排，有什么样的组织结构，就会相应有什么样的职务。

组织的业务流程设计是对生产产品或提供服务所必须完成的一系列活动及顺序进行分析和安排的过程与技术。只有我们对业务流程有了充分的理解之后，才能做出明智的决策，来确定如何将需要完成的各种各样的任务分配给某个人单独承担的职务上去。

组织结构描述了在构成组织的职务之间所存在的那种相对稳定的、正式的纵向和横向的连接网络。同样地，只有当我们充分了解了一项职务是如何与监督管理人员、下属人员以及同一层面但隶属不同职能部门的人员是如何联系在一起的，才能明智地做出决策来确定对具体职务的权限、责任、任务范围的设计和改善。

传统的自动流水线式流程设计通过侧重效率、程序化、劳动分工、集中决策和严格控制，使得产品生产或服务提供过程有条不紊，处处时时可控。在这样的设计导向下，职务内容设计专业化、简单化，职务发展空间狭小。相反，自主团队的流程设计使得组织更灵活和富有弹性，侧重质量、横向协调、分权与自主控制。此流程导向下的职务内容更加丰富多变，员工技能多样性得以实现，职务发展空间更加广阔。

同样地，职能组织结构中的职务需要被界定得范围较为狭窄且具有高度的专业化，在这种组织结构中人们往往需要单独完成工作。处于该组织结构中的人，即使是中层管理者，通常也没有什么决策权，并且在协调与其他人工作方面也不必承担责任。相反，在事业部结构中的职务往往需要具有一定的全面性，并且人员大多通过团队或小组的形式来进行工作，这些团队通常有着比较大的决策权。

传统的、刚性的组织结构强调垂直控制、效率、专业分工、标准程序和集中决策；创新的、弹性的组织结构往往通过团队或者其他方式进行横向协调，较少进行明确的劳动分工，规则和标准也少。

总之，考虑组织业务流程以及组织结构对职务管理的影响，能够使管理者高屋建瓴，从整个组织角度对职务进行设计、分析、评价和发展，只有这样才能保证职务与整体组织的流程、结构相吻合。

3.文化对职务管理的影响

有着等级的、以任务为导向的组织文化有着严格的组织结构和等级，每个职务都有着精确的描述和界定，每个人按照预先制定好的规则履行个人的职务，职务代表着权力和地位，这样的文化以及与之相适应的职务管理所要达到的目的就是提高效率和降低成本。

相反，平等的、以人为导向的组织文化倡导创新、开放、柔性。在这样的组织文化中，由于人员的技能、知识、能力和创意能够帮助组织获得竞争优势，因此职务以及职务管理显得并不重要，更谈不上任务范围宽窄，在这种类型的组织中建立以素质为基础的人力资源管理体系更为迫切和重要。

五、职务管理的产出和结果

1.不同的职务管理活动有着不同的产出形式

通过职务设计活动，管理者将组织的任务以组织结构和职务的形式进行安排。这样其产出形式可能是：业务流程图、各项清晰的职务内容或职务描述、职务与职务之间的关系（监督、报告、分工协助、轮换等）、职务的责任与权限图等。

通过职务分析活动，管理者对目前职务信息进行有效地收集与梳理，从而为人力资源管理提供各种支持。职务分析大体包括四个方面的分析活动，即任务分析、人员分析、方法分析和环境分析，经由上述几类分析活动，产出形式可能是：职务描述、职务任职资格、职务定额与标准、定岗定员标准、职务环境报告等。

通过职务评价与职务分类分级活动，管理者将组织中的各种职务进行科学的比较、测量和评价，得到职务的相对价值。其产出形式可能是：职务分类表，职务等级表等。

通过职务发展活动，管理者更多地考虑任职者在完成职务的心理、身体需求，以达到人和职务的共同发展。其产出形式可能是：职务轮换图以及各种职务再设计的方案等。

2.服务不同的管理目的也决定着不同的产出结果

职务管理在组织管理和人员管理中发挥着重要的基础作用，组织管理活动和人力资源管理活动存在很多的内容或功能，这就决定了职务管理在某一特定时间范围所服务的具体功能领域不同，职务管理的活动、所运用的主要工具、手段以及最终产出和结果也就有所不同，详见表 1-3。

表 1-3　职务管理目的、活动、方法与产出一览表

服务功能	主要活动	工具与方法	可能的产出/结果
提高效率，制定定额	一任务与方法分析 一动作要素分析	一动时研究 一测时/工作抽样	一职务定额 一工作标准
明晰职责，定岗，安排任务	一任务分析 一职责分析 一权限分析 一关系分析	一任务清单 一“职责饼”分析 一流程图分析	一业务流程图 一职务描述 一职务职责表 一职务职权表
定岗定员，人力资源规划	一工作量分析 一工时利用分析 一技能分析	一工作日写实 一工作抽样	一定岗定员标准 一人员需求表
人员甄选与聘用	一任务分析 一KSA 分析	一能力清单法 一劳动强度分级	一任职资格 一心理图示
培训与开发	一任务分析 一KSA 分析 一行为分析	一任务清单法 一能力清单法 一行为锚定法	一工作流程与步骤 一工作目标与难点 一关键事件与行为
绩效考核	一任务分析 一投入一产出分析	一任务清单法 一KPI 一目标管理	一关键绩效指标 KPI 一绩效标准
职业发展与管理	一职务关系分析 一资格条件分析	一职门/职组/职系	职务分类 职务关系图 职务晋升发展路径
安全保护	一工作物理环境分析 一工作空间分析 一职业伤害分析 一工作时间分析 一辅助设备分析 一工作社会环境分析	一环境一职业病矩阵分析 一失效模式分析 FMEA	一工作地点/危险性/防护措施清单 一工作失效模式报告
确定工资等级结构	一职位评价 一职位评级	一排序法 一职位分类法 一评点法 一因素比较法	一职务分类分级表

续表

服务功能	主要活动	工具与方法	可能的产出/结果
职务设计与再设计	一任务分析 一环境分析 一任职者分析	一工作扩大轮换丰富 一团队作业设计 一工作地点移动设计 一弹性工作时间	一职务轮换表 一各种职务发展报告

六、职务管理的功用与目的

职务管理对整个组织的管理活动有着突出的贡献。首先，职务管理为组织各项管理，尤其是人力资源管理奠定了坚实的基础(Base)；其次，通过职务管理活动，组织的经营任务和战略目标得以高效率实现(Efficiency)；第三，职务管理从客观的职务角度着手进行组织的各项管理工作，实现了内部公平与外部合法(Equity)；最后，通过职务管理不断丰富与变革职务，使得“人一职”动态匹配，有效达成员工的内在激励(Motivation)。

具体而言，职务管理的功用可从其对整个组织管理和人力资源管理的作用来体现：

1.职务管理在整个组织管理中的作用

(1)实现战略传导。职务设计过程就是将组织战略和经营目标落实的过程，通过组织结构设计，业务流程安排以及具体职务的设置，实现组织战略的传导，界定组织对特定职务的基本期望。由此，职务任职者和管理者明确了每个具体职务设置的目的与角色，以及这种职务是如何为整个组织创造价值的。

(2)明确职务边界。通过职务设计与职务分析等过程，明确了职务的职责与权限。任职者了解了自己在组织中应该完成哪些工作任务，扮演什么样的角色，每个人的职务不存在相互的交叉重叠，每个人拥有自己独特的、与职务相应的权限，每个人对自己的职务负责，这样就有效避免了由于职务边界不清而导致的扯皮、推诿和混乱。

(3)提高流程效率。正是由于职务管理实现了组织战略传导，并明确了职务边界，才使得职务的职责安排合理，职务之间关系清晰，分工明确，组织的业务流程合理顺畅，从而有效提高了组织的效率。

(4)实现组织的公平。从职务角度出发，对职务进行分析，才能做到事得其人，人尽其才，一定程度上体现出组织的公平。

2.职务管理在人力资源管理中的作用

(1)标准化与定额。通过职务设计与职务分析,可以得到完成职务最佳的方式、程序和行为,并通过对某些职务的任务与负荷进行标准化分析,编制职务定额。

(2)人力资源规划。通过职务分析可以对职务的工作量进行科学分析和预测,为职务的增减提供必要信息,由此为组织规划在某一时点上需要多少以及需要什么类型的员工奠定了基础。

(3)人员甄选与聘用。职务设计与职务分析为招聘筛选活动提供了所雇佣人员的任职资格,建立了人员筛选的标准,从而避免了招聘的盲目性,提高了人员甄选有效性和合法性。

(4)薪酬的内部公平。通过职务分析和职务评价,组织可以根据职务的责任大小、工作繁简程度、环境危险程度以及所需知识程度等,测定以及评定职务的相对价值,有效建立组织中职务之间的等级关系,从而达成薪酬设计的内部公平。

(5)绩效评价。职务设计与职务分析指明从职务角度如何考核任职者,包括职务考核指标有哪些?考核的标准是什么?绩效评价则旨在考察员工完成这些职务指标的程度以及达到什么样的标准。

(6)培训与发展。通过职务设计与职务分析,了解任职者所需要的知识、技能、能力以及心理要求,这样如果目前在职位上的员工的技能、知识等因素达不到职务规范要求,或许培训就是必须的了。另外,通过职务发展与再设计,实现员工与职务的互动,员工发展得以实现。

(7)安全与健康。通过对职务完成过程中的物理环境、安全环境以及社会环境的分析,为履行某些特定职务人员的安全与健康计划的制定提供有价值信息,从而预防危险,减少或消除工伤与职业病的发生,达到有效保护人力资源的目的。

(8)职业生涯发展与管理。通过职务设计、职务分析与职务发展,可以按照工作性质将组织中的职务进行归类,比如划分成职务群、职务组、职务系等,而且在每一群、组、系中,职务和职务之间可能存在监督、同级协调、能够相互轮换等关系。所有这些职务分类、职务关系以及相应的任职资格要求等就构成了较为清晰的职务关系与发展路径,为人员的职业生涯发展与管理奠定了坚实的基础。

(9)内在激励。通过职务设计和职务发展,使得职务内容进一步丰富,履行职务的时间和地点也能有效切合员工的需要,同时员工在履行职务过程中能够获得更多的学习和发展机会,由此形成对员工的深层次激励。

第三节　职务管理发展历程

职务管理的核心是职务分析，职务分析的发展历程反映了职务管理的发展过程。

一、职务管理的思想起源

职务分析起源于社会分工思想。关于社会分工思想，许多中外学者比如管仲、荀况、柏拉图(Plato)和亚当·斯密(Adam Smith)等都论述并强调它对提高工作效率、促进个人能力发展和社会发展的作用。

(一)我国古代学者的社会分工思想

公元前 700 年，管仲提出了著名的"四民分业定居论"，主张将国人划分为士、农、工、商四大行业，并建议按专业分别聚居在固定的区域。

荀况把分工称为"曲辨"，特别强调分工的整体功用。他认为，人类强于动物的地方不在于个体的能力与智慧，而在于群体的力量。就个体而言，"力不若牛，走不若马"。群体的力量产生于合理而科学的分工，只有这样，人们才能有秩序地工作，发挥群体的共同能量。

虽然中国古代思想家对分工早有研究，且不乏自己的见解，但由于中国古代的生产方式基于典型的自然经济，是以农业与家庭手工业的结合为基础的，与之相对应的是自给自足的小农意识，因而限制了中国分工思想的进一步发展与实践，未能形成系统的分工理论。

(二)国外学者的社会分工思想

1. 柏拉图对社会分工的论述

柏拉图在其著作《理想国》中详细论述了社会的分工，其观点可以归纳为以下四个方面：

(1)个人与个人之间在工作能力方面存在差异性；

(2)工作与工作之间在具体要求方面存在差异性；

(3)要让每个人根据自己的天生能力，在一段时间内只做一件事，这样他将能做得更多、更出色并且更容易；

(4)我们最为重要的管理目标，就是让每个人从事最适合他的工作，以取得最高的工作效率。

柏拉图的这一社会分工思想为后来的职务分析和职务管理奠定了基础。了解各种不同的工作及工作对人的要求，让合适的人从事合适的工作，将成为日后职务分析、职务管理以及整个人力资源管理关注的问题。

2. 亚当·斯密对社会分工的论述

英国古典经济体系的建立者——《国富论》(Wealth of Nations)的作者亚当·斯密指出，劳动是国民财富的源泉，提高劳动者的素质是国民财富增长的根本，而“生产力的最大增进，以及劳动时所表现出的更大的熟练、技巧和判断力，似乎都是分工的结果”。

亚当·斯密分析了社会分工与国家财富之间的关系。他认为一个国家财富的多少，取决于它的国民提供的劳动数量，而劳动数量又取决于个人的能力与技术，技术又取决于在生产上的分工。通过这一系列的分析，他指出，分工在管理上对于提高劳动生产率有三点好处：一是分工可以尽快地提高劳动者的技术熟练程度；二是分工可以使每个人专门从事某种作业，从而减少从一项作业转到另一项作业所消耗的时间；三是分工可以促使专门从事某项作业的劳动者经常改革劳动工具和发明机器。

二、职务管理的萌芽阶段(18 世纪至一战爆发前)

(一)丹尼斯·狄德罗与最初的大规模职务分析

1747 年，德国人丹尼斯·狄德洛(Denis Diderot)在为德国一家翻译协会编纂百科全书的过程中实施了一次职务分析，据说他是历史上首次大规模实施职务分析的人。他实施职务分析的目的是系统而详实地掌握有关贸易、艺术以及手工业等方面的资料。在此过程中，他至少绘制了 600 张图片，把收集到的每种贸易的事实资料列在图片旁边加以解释。狄德洛的工作为以后的职务分析实践提供了直接的经验。

(二)美国内政改革委员会的工作绩效研究

在美国林肯总统时期，为了改变美国政府部门办事效率低下的状况，卡尔·舒尔茨(Carl Schurz)组建了“内政改革委员会”以对政府机构的职位进行调查，明确任职者应具备的技能。该委员会主要通过观察、面谈和问卷调查的方式从主管及有关人员那里收集信息，研究哪些技能是决定工作绩效的关键因素。

在调查活动中，内政改革委员会负责人之一、纽约港务局局长塞拉斯·伯特(Silas Burt)设计了一个从正反两方面分析绩效标准的职务分析方案，该方案降低了成本，提高了生产率，取得了很好的效果，并得到广泛应用。该方案取得的成果包括：市政局每年节省开支30万美元；印刷局人员编制从1885年的1166人缩减到1888年的874人，而印刷数量由9180万页增加到9730万页，工作效率大大提高。

（三）芒斯特伯格的工业心理学研究

被誉为“工业心理学之父”的德国工业心理学家雨果·芒斯特伯格(Hugo Munsterberg，1863—1916)将心理学运用到工业研究中，探索如何取得最大的工作效率。

芒斯特伯格对电车司机这一职务进行了研究。他在实验室里模拟电车司机操作的情景，对影响司机操作的各种安全因素进行探讨。芒斯特伯格在其1913年发表的著作《心理学和工业效率》中，强烈要求加强管理的科学性，呼吁应当更好地理解心理学成果，并将它运用于工业效率中。他呼吁：“我们决不能忘记，通过心理上的适应和改善心理条件来提高工业效率，不仅符合工厂主的利益，更符合员工的利益，他们的劳动时间可以缩短，工资可以增加，生活水平可以提高。”

（四）泰勒的科学管理原理与职务分析的发展

“职务分析”一词在管理学领域最早见于20世纪初。1916年，泰勒把职务分析列为科学管理五大原则的第一原则。

泰勒将一项工作分为若干组成部分，用秒表精确测量完成每部分工作所需要的时间，通过该方法进行工时和工效的调查。泰勒在1903年出版的《商店管理》(Shop Management)一书中，以“铁块搬运”实例讨论了通过将工作分成若干部分进行计时来提高劳动效率的事实。他采用十分严格的计时方法，分析搬运过程中的每一环节，包括从堆垛中搬起铁块一直到空手返回堆垛，时间精确到1/100秒。泰勒认为，通过对工作时间严格的调查分析并以此为基础规定适当的工作绩效标准，可以大大提高工作效率。后来，泰勒对他的理论作了修正，指出通过此方法能够进行选拔和培训工人，这样才能使工人发挥出最大的潜能。

泰勒倡导的以科学管理代替经验管理的思想，以及对职务各方面进行调查研究以提高劳动生产率的思想，对职务分析与职务管理理论与方法的创立和发展起了巨大的推动作用。科学管理的其他原则，如“科学地选拔并培训工人”“工作定额原理”“标准化原理”“通过内在和外在两种报酬激励工人努力工作”“工作的重新设计”等原则，客观上都需要对职务进行分析研究，从而使职务分析成为科学管理的现实要求。科学管理的兴起，促使很多大公司开始重视职务分析，认真考虑如何利用职务分析招聘合格的员工，以及如何提高劳动生产率。

(五)吉尔布雷斯夫妇的动作研究

“动作研究之父”弗兰克·吉尔布雷斯是科学管理运动的创始人之一。他和他的妻子——被誉为“管理的第一夫人”的心理学家丽莲·吉尔布雷斯——的动作研究、疲劳研究等对职务分析起了巨大的推动作用。

弗兰克·吉尔布雷斯提出一种在实验室里进行职务分析的程序方法,该方法通过适当的设备来研究如何减少多余的动作,最大限度地提高劳动生产率。动作研究的第一步是把动作进行分解,比如,将“拿工具”这一动作分解为17个基本动作:寻找、选择、抓取、移动、定位、装备、使用、拆卸、检验、预对、放手、空运、延迟(不可避免)、休息、计划、夹持等。弗兰克·吉尔布雷斯把这些基本动作定义为“动素”(Therblig),并认为动素是不可再分的。他还把动作研究扩大到疲劳研究领域,并从建筑业扩大到一般制造业。除了动作研究,弗兰克·吉尔布雷斯还探讨了职务、工人和工作环境之间的相互影响。吉尔布雷斯夫妇提出,对于从事同一工作而具有不同特点的工人,应为他们设计不同的工作方法以达到提高生产率的目的。

三、职务管理的发展阶段(二战前)

从第一次世界大战到第二次世界大战期间,为了加强军队人员的管理水平,提高测评选拔、培训的效果,工业心理学家纷纷展开了职务分析研究活动。在这期间,取得了一系列职务分析成果。

(一)宾汉与大规模职务分析项目的发展

宾汉(W. V. Bingham)将职务分析作为工业心理学的分支来研究。他在卡耐基工学院创建了应用心理学系,他的研究成果对大规模职务分析和职务评价的发展产生了深远的影响。

第一次世界大战期间,为了解决人员配置问题,宾汉进行了职务分析方法论的研究。后来,他又与其他专家通过收集各类数据资料来指导职业介绍和培训课程的设计。

20世纪20年代后期,美国国家教委接受宾汉的建议,开展了一项优秀员工任职资格的课题研究。研究时只记录某项工作所需要的知识和技能,不考虑工作所需的文凭和培训过程。该记录方式被称为“用途记录”,即每一记录均以一个行为动词开头,后面是完成这一行为的条件和效果。这种方法的最大好处是减少直觉误差。

1931年,宾汉推动了为服务大众而开展的美国国家就业局的职业调查项目的进行，第二次世界大战开始后，宾汉成为美国国防部军队人事职务分类所的主席与首席心理学家。

(二)斯科特与克洛西尔对军队的研究

1.制定军衔资格标准

1916年，斯科特(W. D. Scott)制定了一套推销员职务的绩效标准，该标准更多地关注了"办事能力"等个性特征，而没有与工作内容紧密相连。之后，他又制作了一份结合军队实际的新标准，但是没有得到推广。后来，斯科特修正了观点，将同等军衔的军官按他们在工作中表现出的能力进行排列，再就这一级别的军衔资格条件进行分析得到了新标准，该标准得到了部队首长和大多数军官的欢迎。

2.编制"军官职位技能说明书"、"入伍申请书"与"人员调查表"

斯科特所领导的委员会在士兵招募工作中提出，将"职务分析服务于前线需要"。委员会要求军队在制定招募标准前应对工作任务和所需资格进行描述。此外，委员会还在各地区设立人事专管员，结合当地实际问题进行职务分析和调查研究，最后，委员会根据专管员的报告制定了"特定军官职业技能说明书"。

该委员会为了提高入伍新兵分类工作的效率，通过职务分析设计了"入伍申请书"与"人员调查表"，取得了明显效果。该设计工作的主要负责人约翰·沃斯(John B. Watson)认为，对技术熟练工人进行行为分析，能发现这项工作所需的工作技能。

3.促进军队面谈考评的科学化

当时，面谈考评是检查士兵对自己技能的陈述是否属实的唯一方法，这项工作对于军队人员配置至关重要。但事实上，大多数面谈考评收效甚微，关键原因之一是没有以职务分析为基础。委员会中的杜鲁门·凯利(Truman Kelley)强调："在设计严格符合军队需要的考核方法之前必须进行职务分析"。

4.将军队研究成果应用于政府部门和企业

战后，斯科特与克洛西尔(R. C. Clothier)合作创办了"斯科特公司"(The Scott Company)，并合作发表了《人事管理》一书。两位作者在书中详尽介绍了他们如何将军队中的研究成果应用到工业生产经营中。

书中最重要的一个实例是克洛西尔撰写的将职务分析应用于联邦政府公职人员的职业介绍。1992年，美国内政改革委员会派克洛西尔到俄亥俄州的迪顿市对1200名工人所从事的237种工作进行职务分析，得到了如下若干成果：

(1)工作任务的描述重点是工作的作用和管理者的作用，而非具体的操作细节，因为这些细节通常误导人；

(2)职务分析人员为获取客观的分析资料，应对被调查者详尽解释职务分析的目的；

(3)职务分析人员应避免让工人承担无前途的工作；

(4)为了获取就业管理的最佳方法，职务分析人员要对管理者和职员进行多次访谈。

值得一提的是，进行这项研究时，克洛西尔获得了国家内政委员会委员艾玛·巴鲁什(Ismar Baruch)的紧密配合。

(三)巴鲁什与公职人员薪资等级划分

艾玛·巴鲁什将职务分析成功地应用于美国国会的“工薪法案”设计中。按美国联邦法律规定，1853～1923年间的政府公职人员的工资分为四个等级，但是工资的高低与工作任务是独立的，由于政府的工资支出总量不变，导致政府各级主管人员随便调整职员的工资。

1902年，内政改革委员会敦促政府以工作任务为基础划分职员的工资。这期间，格里芬黑根(E. O. Griffenhagen)通过问卷调查、访谈等方法收集了大量的资料，在1909年，格里芬黑根的“工资设计”被市政府和私营企业采用。1912年，社会公用部门也采纳了这种工资划分法。

1919年，美国国家内政改革委员会派巴鲁什参加工资划分联合委员会。巴鲁什对10.4万名公职人员进行问卷调查，以收集有关政府职务任务的事实资料。通过逻辑分类与等级划分，巴鲁什得到了分析结果。1923年，国会根据该结果通过了《工薪划分法案》，并批准在华盛顿特区试行。巴鲁什的研究特点是着眼于影响工作的普遍因素，忽略偶然的个别因素。例如，某个工人用三角学原理测出一条线的长度，而大多数工人利用现成表格即可达到同样目的。这样，巴鲁什认为在评定此项工作的等级与相应的工资水平时就不应将三角学原理作为一项工作技能来考虑，而应以全体工人的通用技能为标准。

(四)美国社会科学研究会(SSRC)与工作技能标准开发研究

美国的社会科学研究会通过职务分析，对美国各行业的职业技能标准做出明确的规定，并划分为共有部分与特定部分。

1931年，社会科学研究会设立了失业问题委员会以研究当时经济大萧条对就业的影响。委员会成员包括巴鲁什和明尼苏达州大学就业研究所的史蒂文森(R. A. Stevenson)等。这些心理学专家都曾从不同角度注意到职务分析在军队管理、工业生产、政府工作、稳定就业等方面的积极应用。委员会还研究各种工作中“共有部分”,以方便工人在各项工作之间的相互转换和更好地发挥技能。但是,对“共有部分”的理解,在委员会中产生了分歧,巴鲁什认为工作技能应是不同工作的共同的素质部分。明尼苏达大学工程学院的科佩克(C. A. Koepke)则提出另一观点,他在对大量事实资料分析的基础上,指出“力量、灵活性、精确性、操作应用能力”等工作的具体要求才是各个职务的共有部分。

(五)美国的国家研究会(NRC)与工作能力指标体系设计研究

美国的国家研究会通过职务分析设计了一套生理指标体系,以应用于美国职业能力评价,并试图通过职务分析的应用减轻失业造成的社会压力。国家研究会的成员莫里斯·威特立斯(Morris Viteles)在莱特纳·威特默(Lightner Witmer)教授的能力指标研究基础上,于1922年提出了另一套有关工作能力的指标体系,它们是:

(1)体能。足够的体能是工作成功的保障,不同工作对体能的要求不同,体能一般分为五个等级。重体力劳动的体能要求是最高级别,而铁路扳道工之类的轻体力劳动的体能要求是最低级别。

(2)能量消耗的速率。做不同工作的能量消耗速度不同。有的工作对体能的需求不大,但却要求快节奏的工作速度,导致能量消耗很快。经过大量的实地采访,威特立斯将各项能力指标划分为1～5级,并概括为一个工作心理素质图表。在表中,最高级别的能力意味着工作所需要的关键能力。

(六)美国职业研究会与就业指导词典、职业编码表、职位名称词典

1934年2月,美国的罗斯福总统授权美国国家就业局设立专门委员会研究当时严重的失业问题。宾汉将社会科学研究会、国家研究会等组织合并为国家就业局下属的职业研究委员会(ORP)。1937年7月,该组织成为国家就业局下属的职务分析调查司。

1. 就业指导词典与职业编码表

职业研究会着手编写一本以当时各种工作所需共同技能为主要内容的就业指导词典。委员会在编辑中使用的重要工具是“工人行为特征表”,它标志着各项工作的共同技能的确立。委员会的研究工作没有被结构化的理论框架所束缚,而是有计划地分析了几千余种职务的事实资料。然而,因为缺乏理论指导,虽然有大量资料,职业研究会仍无法达到预期目标,词典的编写以失败告终。

职业研究会还编制了“职业编码表”，以建立基于各种职业共同特点的职务分类体系。他们首先对工作特征要求进行编码，再以人员的就业资格为基础排列另一组次序，两组次序是自然相关的。由于研究者关注工作所需的技术，而忽略任职资格，因而“职位编码表”也存在缺陷。但是，编码表还是有重要意义的，它是《职位名称词典》的前身，并且还明确提出将工作特征与任职资格相结合。

2.职位名称词典

1936年，职业委员会的研究小组以职业编码表为基础，通过系统的职务分析收集了大量样本资料，最终完成了著名的《职位名称词典》(DOT)的编辑。词典以对工人的知识、技能等基本要求为标准划分各项职务等级，成为第一个受到各个国家普遍好评的职务分类大典，并且在第二次世界大战中为美国征兵工作提供了极大方便。

3.人员配置表

职位名称词典完成后，该研究小组认为，职务分析应该有进一步的发展，第一是加强对制造业的职务分析；第二是根据职务要求设计出更完善的培训计划。基于此种考虑，1941年完成了“人员配置表”的设计工作。“人员配置表”可以反映某一职务所需的工作经验、员工知识量以及在岗员工经验，为人事部门编写退伍人员的择业方案提供支持。

通过职业研究会及后来的职务分析司的工作，大量的职务分析、人事管理专业的人才被培养出来，这些人员对之后的职务分析发展起到了很大的推动作用，也促进了人力资源管理体系的系统化。

四、职务管理的成熟阶段(二战后至今)

二战后，职务分析的理论与方法日益完善，职务分析和职务管理在人力资源管理体系中的基础地位也得到逐步确立。随着技术不断发展，职务分析被应用于职务评价、完善工作规章制度、建立职务分类制度等方面。

职务分析系统的研究开发始于20世纪四五十年代，在20世纪七八十年代趋于成熟，并获得了广泛应用。职务分析方法技术也呈现多样化与系统化发展。

1.职位分析问卷

职位分析问卷(PAQ)是心理学家内斯特·麦克米克(Ernest McCormick)用了10年的时间，在19世纪50年代末期设计出的一种适用于各种文秘工作、手工工作的“核对清单”。这种清单以某类职务为研究变量，根据分析人员对此类职务任职者的观察与访谈，收集大量的事实资料，通过分析整理，制定出以“职务任职要求”为主要内容的核对清单。后来，麦克米克又增加了另一个研究变量——“人员”。对“职务”和“人员”这双重变量作了大量的因素比较分析，最终完成了包括195项具体内容的“职位分析问卷”。职位分析问卷目前被公认为是一种标准的职务分析工具。职位分析问卷的特点是同时考虑人员与工作两个变量因素，将各种工作所需的基础技能与基础行为以一种标准化的形式罗列出来，从而为人事调查和工薪标准制定了一种标准化工具。

2. 功能性工作分析法

悉尼·法恩(Sidney Fine)于1950年提出了“职业功能分类计划”的理论(FOCP)，这项理论与职业研究会早期的人员定向分类研究有相似之处。功能性职务分析法(FJA)是悉尼·法恩在将“职业功能分类计划”的经验性调查研究和理论分析相结合的基础上推演出来的。

3. 工作要素法

1944年，欧内斯特·普里莫夫(Ernest Primoff)调入美国政府工作委员会(现为国家人事管理署)，从事人员考察与选拔的课题研究。他应用职务研究的任职要求用要点的形式进行描述(这些要点成为工作要素)，然后专家将这些要素按照重要性排序，并根据最后的工作要素表设计人员选拔与考核标准。为了确定各要素的权重，普里莫夫还进行了相关系数的研究，这也使通过职务分析来评估绩效考评效度成为可能。

4. 关键事件法

军队系统的心理学家约翰·C. 弗莱内根(John C. Flanagan)首次进行了关键事件分析。当时，军队方面需要心理专家分析飞行员绩效低的原因。弗莱内根通过调查和研究，列举出了绩效低的种种原因，称之为“关键事件”。后来，弗莱内根又将研究领域从军队转移到工业生产中。在新领域，他做了进一步的研究。分析时他同时查找绩效高和绩效低的原因，并将这些原理与“工作要素”理论相结合应用于人员甄选、培训、绩效考核。关键事件为职务分析提供了最真实的、客观的、定性的资料。关键事件法现在已经在非结构化的职务分析中得到广泛应用。

5. 任务清单/综合职业信息分析计划

任务清单/综合职业信息分析计划(TI/CODAP)也是第二次世界大战以后被广泛应用的职务分析技术。

TI/CODAP是由美国空军(USAF)人力资源研究室Raymond E.

Christal 及其助手开发成功的。

TI/CODAP 的研究始于 20 世纪 50 年代,大约从 10 万余名员工那里收集过试验性数据,前后经历了 20 年时间才趋于完善成熟。

TI/CODAP 系统由两部分构成:(1)任务清单;(2)综合职业信息分析计划。任务清单由基本的数据收集工具组成。清单的内容包括某些职业群或职务族的任务项目。CODAP 中包括一系列相互作用的用于对任务清单所收集的数据进行分析、组织、报告的计算机应用程序。

在 TI/CODAP 系统中,“任务”被定义为“工作任职者能够清晰辨别的一项有意义的工作单元”。在编排任务项目之前,要先准备一份职责(Duties)清单,然后再把“任务”分配给各个职责。清单的信息可以来自另外的任务清单或借助于相关主题专家 SME(Subject Matter Experts)提供的新的任务陈述,对每项任务都要做“相对时间花费”评价,评价标尺一般是 5、7、9 或 11 级。

TI/CODAP 被美国空军用来对分散在各地的大量工作信息进行收集,然后再加以分析、综合,为培训开发、职务分类、职务评价、职务设计等管理职能服务。

6. 法律作用

法律因素促进了职务分析的发展。20 世纪 60 年代以后,立法对职务分析的发展产生了意义深远的影响。1964 年,美国《民权法》出台以后,“均等就业机会”成为人力资源管理必须面对的法律问题,否则就可能被指控违反公平就业法律。《员工选择程序统一指南》明确规定:职务分析应作为效度研究的基础,组织必须对工作行为和其他与工作相关的信息做出详细说明。此外,公平劳动标准法,同工同酬法,职业安全与健康等法律都在客观上要求组织进行有效的职务分析。因此,为了避免法律纠纷,组织比以前更加重视职务分析的研究与应用。

思考题

1. 组织中的职务有什么特点?与职务相关的几个概念之间存在怎样的联系?

2. 什么是职务管理?为什么它奠定了人力资源管理的基础?

3. 职务管理系统由哪些要素构成?这些要素间有着什么样的联系?

4. 为什么要对组织中的职务进行管理?

5. 职务分析与职务管理的发展经历了哪几个阶段？

参考文献

1.【美】雷蒙德 ·A. 诺伊. 人力资源管理:赢得竞争优势. 中国人民大学出版社,2001 年

2. 萧鸣政. 工作分析的方法与技术. 中国人民大学出版社,2005 年

3. 高艳. 工作分析与职位评价. 西安交通大学出版社,2006 年

4. 安鸿章. 工作岗位的分析技术与应用. 南开大学出版社,2001 年

5. 刘佑成. 社会分工论. 浙江人民出版社,1985 年

第二章

职务管理环境

本章学习要点

- 掌握不同组织战略导向下职务设置与职务管理的特点
- 掌握不同组织结构设计对职务设置与职务管理的影响
- 掌握社会文化以及组织文化对职务设置与职务管理的影响
- 了解不同国家和地区职业分类标准体系的主要内容与特点

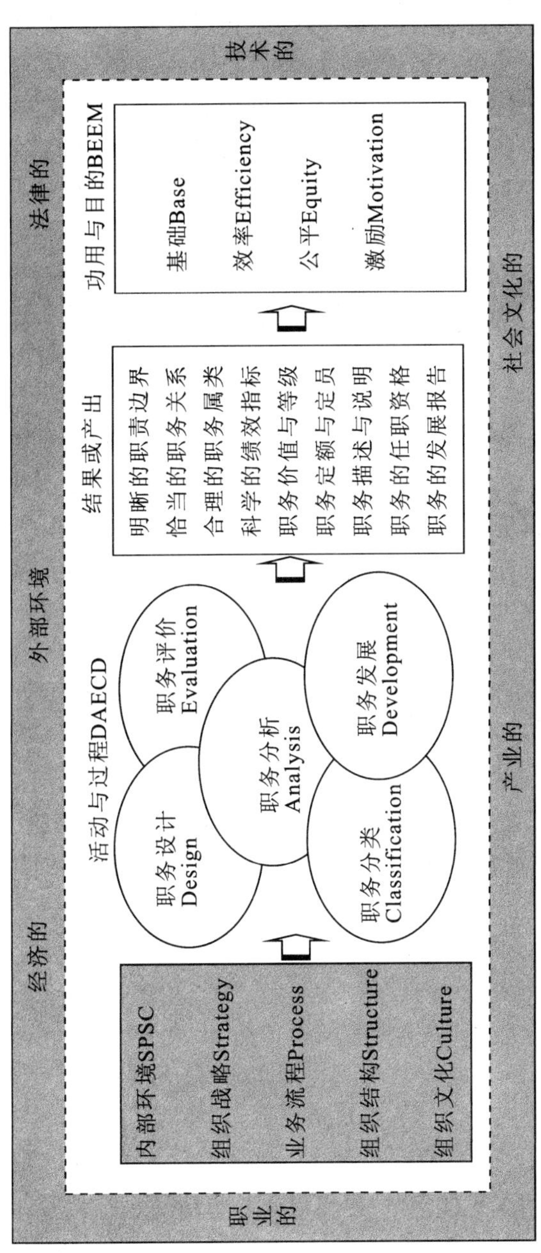
外部环境
经济的
法律的
技术的
职业的
产业的
社会文化的
内部环境SPSC
组织战略Strategy
业务流程Process
组织结构Structure
组织文化Culture
活动与过程DAECD
职务设计 Design
职务评价 Evaluation
职务分析 Analysis
职务分类 Classification
职务发展 Development
结果或产出
明晰的职责边界
恰当的职务关系
合理的职务属类
科学的绩效指标
职务价值与等级
职务定额与定员
职务描述与说明
职务的任职资格
职务的发展报告
功用与目的BEEM
基础Base
效率Efficiency
公平Equity
激励Motivation

这一章我们将关注影响职务管理活动的环境因素。这些环境因素，有组织内部的，有组织外部的。内部环境主要包括战略、业务流程、组织结构和组织文化。外部环境包括经济的、法律的、技术的、社会文化的、职业的。对于特定组织而言，外部环境还包括行业(即产业的)的竞争态势与例行做法等。我们有侧重地选择了如下环境因素予以探讨，它们是：组织战略、业务流程、组织结构、社会文化与组织文化以及社会职业分类系统。

第一节　组织战略、流程与结构

职务管理应当同组织战略紧密结合起来，因为战略影响组织的业务活动流程以及组织结构的设计，进而影响到职务设计与职务管理活动；同时，战略一般都要引进新的技术，而后者又会对如何完成工作产生影响。

组织业务流程是为顾客生产产品或提供服务的整个过程。只有对产品生产或服务提供过程中需要的关键业务活动及组合进行设计、分析和优化，才能高屋建瓴地认识特定职务在组织流程的位置以及该职务与其他职务的关联。

如果说业务流程从动态角度将组织中的经营与管理活动链接起来，那么组织结构则提供了创造产出的不同个人与不同部门之间的关系的静态展示。组织结构反映在组织结构图中，组织结构图描绘组织中分工、监督汇报与控制，它可视化地说明了一个组织内部的一整套主要活动和流程。

一、组织战略

(一)组织战略概述

战略(Strategy)一词来自希腊语中的Strategos，是个军事术语，指在一场战争或者战斗背后所隐含的宏伟构想。战略管理是一个过程，是一种为企业赢得竞争优势的手段。它可以被看做是“将组织的主要目标、政策和行为顺序整合为一个具有内在有机联系的整体的模式或规划”(Quinn，1980)。

战略可以是一般性战略，也可以是针对组织面对的特定情况而采取的调整性策略或行为。

根据哈佛大学迈克尔·波特的理论，组织的竞争优势来自组织在生产过程中创造价值的能力。价值可以通过以下两种方式中的任何一种来创造。

首先，价值可以通过降低成本实现；其次，价值可以通过使一种产品或服务与其他同类产品或服务区分开来，从而使组织能够以比竞争对手更高的价格来创造。如果这样的话，组织就会有两种基本战略可供选择：成本战略和差异化战略(Porter，1985)。

实施成本战略的组织将会通过多种方式使其成为本行业的成本最低的生产商，这些途径包括：建立高效率的大规模的工厂，利用员工的经验曲线削减成本，全方位控制费用与成本支出(包括研发、服务、员工队伍、广告等)。这样的战略能够帮助组织以比竞争对手更低的价格迅速占领市场，取得竞争优势。

实施差异化战略的组织将会在各个方面、通过各种途径给顾客创造一种独特的印象或感觉：你公司的产品或服务与众不同。这样顾客为了得到或拥有这种独特的产品或服务而愿意支付更多的钱。组织用以创造差异化的手段包括：品牌形象、企业的技术水平、产品或服务特色功能、独特的顾客服务等。

除了一般性战略外，组织还需要根据特定的情境制定特定的战略，譬如如何吓跑竞争对手？如何使竞争对手处于弱势？如何对即将出台的法律做出应对？如何对立法过程施加影响？如何与各种各样的股东和特殊利益群体打交道？如何降低成本？如何增加收益？采取何种技术？配备什么素质的员工等等。

(二)组织战略对职务管理活动的影响

战略管理过程包括战略形成与战略执行两个阶段。战略形成阶段包括组织外部的环境分析与组织内部的优劣势分析，结合组织的使命与远景共同确定。战略执行阶段，组织就要按照已经选定的战略开始贯彻实施，包括组织结构设计、资源的分配、确保获得组织需要的高技能员工队伍以及建立相应的管理支持系统。

战略执行过程中的许多问题是处理如何使工作得以完成的，它需要进行个人完成工作的设计以及将个人的工作与其他人完成的工作联系在一起的设计。

战略执行阶段对职务管理，尤其是职务的最初设计产生较大的影响。战略执行的成功与否主要取决于以下几个重要的变量：组织结构，职务任务设计，人员甄选配备，培训与开发，报酬系统，信息及信息系统。也就是说，要想使战略能够得到成功的执行，就必须对工作任务进行设计，然后以一种富有成效的方式把这些任务进行归类以形成组织中不同的职务。

战略对于职务管理的影响一般通过组织产品或服务的业务流程安排来体现。通常，实行低成本战略和差异化战略的组织，其业务流程的安排与工作完成方式存在很大的不同，表 2-1 归纳了两家著名的汽车公司在不同战略驱导下其作业流程安排的不同。

表 2-1 不同战略驱导下工作流程的安排

低成本战略	高品质产品或服务战略(差异化战略)
工作任务经常被设计成极为简单和重复性的，比如通用汽车(GM)采用组装生产线工作流程来使组装工人在一个极为狭小的工作范围内完成任务	VOLVO 围绕许多工作团队(Work Team)来组织它的生产过程，每一个工作团队都有一系列责任以及拥有一定的权力来决策如何更有效地完成这些任务
在这样的工作系统中，员工就会被视为一种商品一可以轻易被替换的生产投入要素，因为他们不需要具备较高的技能。这就使得组织能够雇佣那些较低技能的员工，并且只需经过简单的培训就可以胜任工作	工作团队中的员工需要了解和掌握多种技能，并能看到和体验到最终产品给他们带来的欢欣，承担更多的责任以及被赋予更大的工作决策权也使员工更加成熟

(三)两种不同战略下职务管理的特点

Miles 和 Snow (1984)在《设计战略性人力资源系统》一文中提及组织战略与人力资源战略之间的配合，提出三种不同的组织战略：防御者战略、勘探者战略与分析者战略。“防御者(Defenders)”擅长于狭窄但稳定的单一产品市场，强调建立自身稳定的人力资源队伍；“勘探者(Prospectors)”不断地寻找新的商业机会，强调如何在恰当的时间获得恰当的人力资源；“分析者(Analyzers)”则重视人力资源的配置，举措介于防御者和勘探者之间。

1. 防御者战略下的职务管理

与迈克尔·波特提出的低成本战略类似，防御者战略要求组织将注意力集中在增加组织效能方面，内部实行相对集权控制，组织制度化程度高，控制系统严密。因此，防御者战略影响着职务管理，尤其是职务设计和再设计的特征。一般而言，与防御者策略相对应的职务管理特点有：

(1)高效率的生产：专业化分工，流水线生产流程，简单化职务，降低成本和提高效率；

(2)严格控制：固定的组织结构与职务责任；

(3)完善详尽的职务描述与职务指导；

(4)职务设计注重专业分工，并严格要求员工完成本职工作；

(5)详尽的工作计划与规则。

2.勘探者战略下的职务管理

勘探者战略要求组织持续不断地寻找新的市场机会，在广大的产品市场上不断变革、创新、发展。由于外部环境的变化无常，勘探者期望在人力资源管理上实行利用者策略，寻求适当的、立即可用的人员用以满足不断变化的需求。与之相对应的职务管理特点有：

(1)创新：繁文缛节是官僚机构与作风的体现，组织的业务流程与职务设计要简约、明了，自治小组与团队设计，能够有效协调和解决问题；

(2)弹性：无稳定的结构和职务，职务之间经常重组、转换；

(3)工作类别广泛：职务内容宽泛，不会集中在某个专业领域；

(4)职务设计上注重协调和快速反应；

(5)松散的工作规则。

总的来说，职务既可以是只包括范围非常小的、简单的一些任务，也可以是范围比较大、内容比较复杂而且要求任职者必须具备多种技能的综合任务。在过去，组织常常通过专业化(简单化)的职务设计来提高效率，而内容较为宽泛的职务设计则一直被用在增强创新方面。然而，随着全面质量管理方法以及像质量圈这样的各种员工参与计划(Employee Involvement Schedule)的引入，许多职务的范围都在向更广的方向发展。

二、组织业务流程

(一)流程概念与分类

《牛津英语大字典》对"流程"(Process)的定义是：一个或一系列有规律的行动，这些行动以确定的方式发生或执行，导致特定结果的出现——一个或一系列连续的操作。

迈克尔·汉默(Michael Hammer)认为流程是指把一个或多个输入转化为对顾客有用的输出的一系列活动的集合。

德夫帕特(Davenpart)等认为流程是为达到某一具体的输出而进行的一系列逻辑相关的任务的集合，它接收某一输入，经过处理后产生的输出对接收者来说更加有用和有效。

简单地讲，流程就是将多种活动步骤化：有输入，有输出；有开始，有结束。

组织中的流程由于其活动内容不同、服务目的不同、活动承担者不同、活动连接方式不同，呈现出不同的层面和形式。按照流程的处理对象分类，可以分为实物流程、信息流程等；按照流程范围分类，可以分为个人职务流程、部门流程、组织流程等。

按照哈佛大学教授安东尼的观点，企业的经营管理有三个层次：(1)战略规划层；(2)管理控制层；(3)操作执行层。为此，组织的流程可以分为战略规划流程、管理控制流程和操作执行流程。

迈克尔·波特提出的价值链活动有两大类：一为组织增加价值的基本活动，包括原材料储运、生产制造、成品储运、销售及售后服务；二为支持基本环节的辅助性活动，包括采购、技术研发、人力资源管理、基础设施与后勤。由此，组织的流程又可以分为基本流程和辅助流程。

总体而言，组织的流程可以分为经营流程和管理流程两大类。经营流程又可以再被分为生产作业流程和后勤支持流程。其中生产作业流程包括订单完成流程、产品生产流程、库存管理流程、原料采购流程等与组织核心价值链相关的活动流程；后勤支持流程包括研发流程、融资流程等。管理流程是为保证经营流程与结果得以有效实现而进行的诸如计划、组织、协调、领导与控制等活动的过程，管理流程比经营流程要复杂得多，包括市场营销流程、人力资源管理流程、质量管理流程、财务管理流程、信息管理流程等等。

(二)流程的特点与作用

一般来讲，流程具有如下特点：

(1)流程有输入和输出。如完成销售合同流程，其输入为顾客下订单，输出是交货给顾客并收款。

(2)流程有供应者和顾客。简单的流程仅仅考虑三个环节，即输入、过程和产出。但是如果没有考虑到输入的供应者以及产出的接收和使用者即顾客，那么流程分析是不完整的，因此，一个完整的流程应该包括 SIPOC 五个因素，即供应者(Supplier)，输入或投入(Input)，过程(Process)，输出或产出(Output)，顾客(Customer)。

(3)流程是为完成特定目的的。销售合同完成流程包括合同生成、执行，到顾客验收、付款，再到组织实现销售收入整个过程或周期，其核心处理对象是销售合同，其核心目标是保证合同的有效达成。

(4)流程往往有一定的范围，在一定的部门以内。但是，实际工作中更多的流程要涉及组织中不同的部门或人员(职务)，如下图所示。

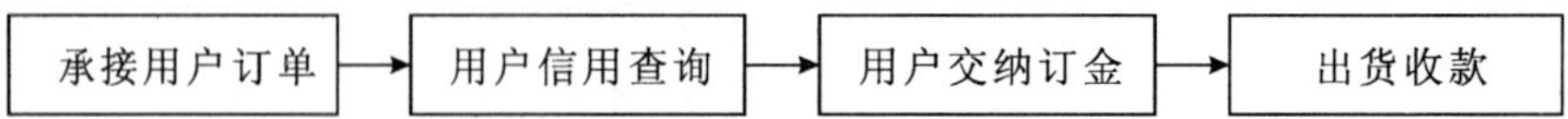

图 2-1 销售部门的销售流程

图 2-2　新品试产试销流程

表面上来看，组织通过职能化、部门化来实现组织活动。但实际上，没有一个部门能够单独地、持续地创造价值。流程是创造组织价值、实现组织战略与目标的真正所在。通过流程这样的一条条“线”将组织中不同职能部门、不同职务的人员链接了起来，共同合作为顾客提供产品和服务。

因此，对组织中的业务流程进行管理，至少在以下两个方面实现了组织的价值：

(1)顾客的满意。精简、高效、快捷、合法的流程保证了组织为顾客(包括内部顾客)提供他们所需要的产品和服务；

(2)组织竞争优势。不断分析和优化组织中的流程，并持续改进，确保了组织在内部效率和外部有效性方面获得比竞争对手更多的优势。

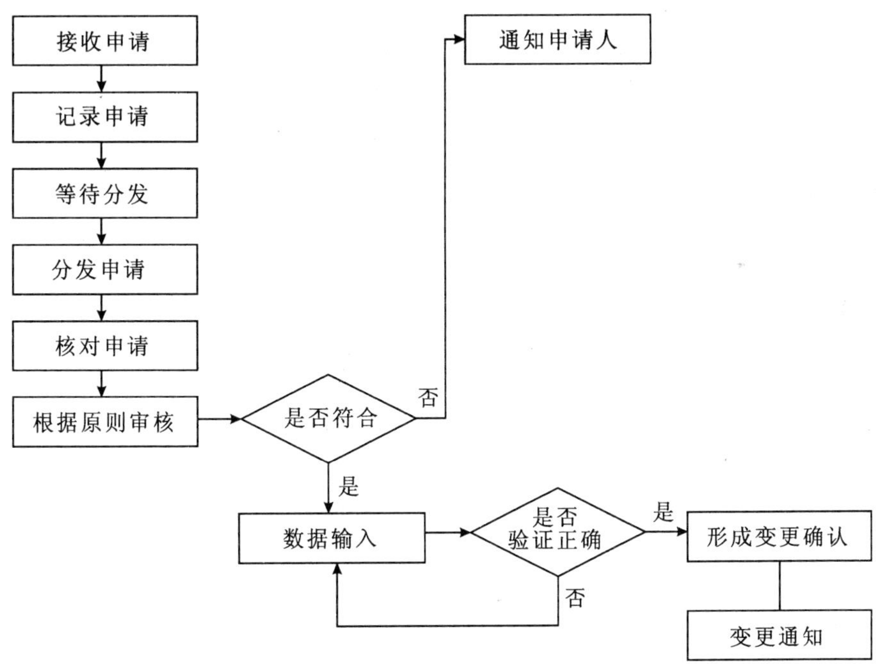

图 2-3　申请变更的直线型流程图

(三)流程描述的方法

描述流程有多种形式：文本法，表格法，图形法等，其中流程图是最为直观、清晰的方法。典型的流程图有三种：直线型流程图(Linear Process Map)；跨职能式流程图(Cross－Functional Process Map)；俯视型流程图(Bird's Eye View Process Map)。直线型流程图简单明了，但是详细信息较为缺乏。跨职能式流程图是基于角色的流程描述方法(RAD，Role Activity Diagram)，将活动执行过程中各部门、各职务、各小组等的角色、责任和权力描述得清晰明了，信息充足，但也增加了表述的复杂性，因此这种方法不便于表达复杂的流程。俯视型流程图不但描述了流程中涉及活动的先后顺序，而且将各活动的空间分布也描绘出来。

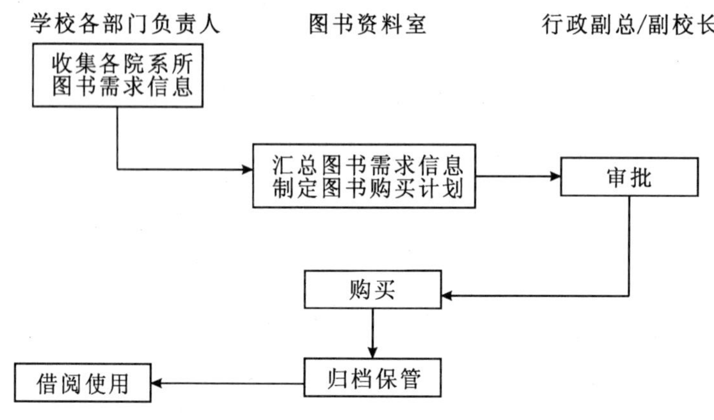

图 2-4 学校购买图书资料的跨职能流程图

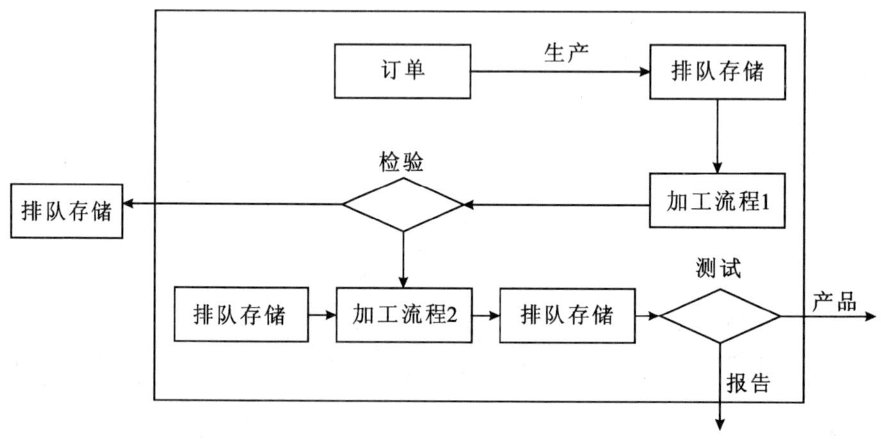

图 2-5 内部生产俯视流程图

三、组织结构

(一)组织结构概述

1.组织结构设计内容

一般而言,组织结构的设计包括以下几个方面:

(1)部门化或职能分工:是指各个工作单位在多大程度上是根据职能的相似性或流程的相似性而组合在一起的;

(2)权力层级:描述谁向谁报告以及管理跨度(管理下属员工的数量);

(3)集权化:指决策权力集中在组织结构图上层的程度。决策权保留在上层就是组织集权;决策权位于组织较低的层级上就是组织分权。这些决策权可能包括:购买设备、确定目标、选择供应商、制定价格、雇佣员工以及决定产品销售范围与手段等;

(4)职业化:指员工的正规教育和接受培训的程度。如果组织当中的员工需要较长时间训练才能掌握工作,那么该组织就被认为职业化较高;

除此之外,组织设计还应该包括不同职能或部门的人员配置比率,组织规模,组织技术,组织文化等方面。

2.纵向联系

组织设计要有助于部门与员工之间的沟通。这种纵向联系是用来协调和沟通组织上层和下层活动的,即监督与汇报关系,从而达到组织控制的目的,也就是我们经常说的上传下达。组织设计中达成纵向联系有多种策略:

(1)组织层级或命令链,以组织结构图中的竖线来体现。在某一层级无法解决的问题,应尽快提交到它的上一层级,解决后传回该层级。

(2)运用程序与计划。组织可以针对经常出现的问题建立一套标准的程序或规范,这样在不与上一层级进行实际沟通的情况下,也能根据事先制定好的计划、标准程序来解决问题。

(3)纵向信息系统。包括送给上一层级管理者的定期报告、书面信息以及基于计算机网络技术的沟通等,这样使得上下层级之间的联系与沟通变得更快捷和方便。

3.横向联系

组织设计要有助于部门与部门之间沟通。这种横向联系包括消除部门间的障碍,提供相互间协调、合作的机会,从而达到组织整合的目的。横向联系不同于纵向联系,其机制在组织结构图中一般不会得到明确的表示。组织设计时可以考虑应用以下策略或途径来进行横向联系与沟通。

(1)跨职能信息系统。福特汽车的每一款小轿车和卡车模型都有自己的内部网络地址,遍布整个工厂的管理人员、专业技术人员和一线工人可以非常方便地跟踪特定产品的设计、生产、质量以及销售,而且信息每小时就更新一次。这种信息共享系统保证了福特汽车的部门以及人员的横向联系。

(2)联络员。在部门中可以设置专门负责与其他部门进行沟通和协调的职位——联络员或秘书,它有着独特的工作职责,就是负责在研发、生产、销售等环节与其他相关部门进行信息沟通,保持组织的步调一致。联络员可以兼职,也可以专职。如果出现问题需要多个部门联合解决,来自各部门的联络员就共同组成一个任务组或委员会,代表各自部门的利益解决临时出现的问题,并将决策信息传回各自部门。

(3)产品经理或项目经理。联络员隶属于组织中的某个部门,需要代表这个部门来沟通、协调,并对这个部门负责。产品经理独立于各部门之外,负责多个部门之间的沟通与协调,不对某个部门负责。通常组织中的产品经理为了组织中的某种产品而协调研发、采购、生产等多个部门;品牌经理负责产品的市场营销,需要协调组织中的市场、销售与广告等部门或活动。项目经理可能负责一种新产品的设计开发、筹资金额、营销活动,它需要协调财务、工程技术、采购、市场等多个部门与环节,但通常项目经理在组织结构图中看不到,并且它独立于组织其他部门而存在。

(4)团队。是到目前为止一种最强的横向联系形式。波音(Boeing)公司在设计和生产新型777飞机时大约使用了250个专业项目团队。一些团队围绕飞机的部件如机翼、引擎等而设立,另一些团队则是为服务特殊的顾客而设立,如服务美国联合航空公司、英国航空公司等等。

(二)组织结构设计原则与方法

1.组织设计原则

(1)专业化原则:将组织全部活动或任务按照某种方式分开由更小的单位来完成,这样,复杂的任务经过分割就变成多项简单活动了。可以按照活动之间的紧密程度来划分,也可以按照工作或专业的相似性来划分;

(2)稳定原则:稳定的组织结构能够提高效率,稳定员工,使员工有安全感,为进一步发展壮大奠定基础;

(3)精简原则:在保证组织目标完成以及顾客满意的条件下,尽可能使组织结构简洁、高效,避免出现臃肿的官僚机构;

(4)统一指挥原则:明确控制与报告关系,对于下属而言,他或她只能接受一个直接上级的领导,并向其直接汇报,不能出现多头领导指挥和跨级指挥报告等问题；

(5)均衡原则：综合考虑组织各职能部门的关系、职责与任务的均衡性，以免出现部门之间职责不均，忙闲不等的现象；

(6)弹性原则：充分考虑到外部环境变化对组织结构的影响，使组织结构具有一定的弹性，保持对外部环境变化的敏感度；

(7)合理跨度原则：管理跨度设计并无一定的法则，一般是 3～15 人；高阶层管理跨度约 3～6 人；中阶层管理跨度约 5～9 人；低阶层管理跨度约 7～15 人。设定管理跨度时要考虑以下因素：①人员素质：主管或部属能力强、学历高、经验丰富者，可以加大控制；②沟通渠道：公司目标、决策制度、命令可迅速而有效的传达者，主管可加大控制；③职务内容：工作性质单一、标准化者，可加大控制层面；④幕僚运用：利用幕僚机构作为沟通协调者，可扩大控制层面；⑤追踪控制：设有良好、彻底、客观追踪执行工具、机构或人员者，则可扩大控制层；⑥组织文化：具有追根究底风气与良好的制度文化背景的公司可加大控制；⑦所辖地域：地域近可多管，地域远则少管。

2.组织结构设计方法

包括以下三个方面：

(1)确定组织活动。根据确定好的组织使命与战略目标，进一步明确为达到这一目标需要完成哪些活动或任务，这些活动或任务对于实现组织战略和目标是必要的、有价值的。

(2)确定报告关系。报告关系就是明确层级汇报关系，谁应该向谁负责，谁应该向谁汇报，它是组织中一条连续的、贯穿相关层级与职务的权力线。

(3)选择部门组合方式。组织中的各个部门必须通过一定的方式有机地组合在一起，才能发挥应有的效能。通常有四种组合方式可供选择：①职能组合：将一些履行相似或相同职能或提供相似知识和技能的人组合在一起，如负责产品制造的人员都在同一个上级手下工作；②事业部组合：把围绕组织某项产品或服务的人组合在一起，如空调事业部、小家电事业部等；③区域组合：将为特定地区或区域提供产品或服务的人组合在一起，如跨国公司的北美分部、欧洲分部、东北亚分部等；④多重组合：同时拥有职能和事业部或同时拥有产品和区域事业部等混合方式。

(三)常见的几种组织结构与设计

1.职能式

职能式组织是企业最常见的组织结构形态，其本质是将企业的全部任务分解成分任务，并交予相应部门完成。例如，一个生产制造型企业必须采购原材料，加工并销售产品。生产对象在这三个环节中流动，每个环节由专门的部门完成，以提高效率。

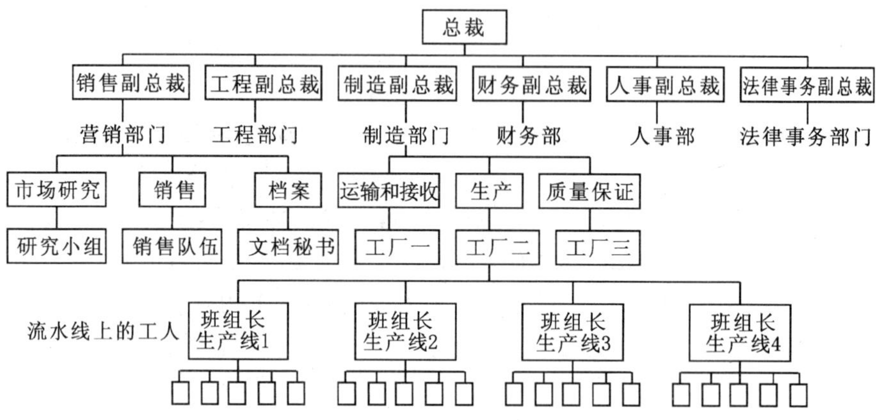

图 2-6 职能式组织结构

资料来源：John A. Wager and John R Hollenbeck, Organizational Behavior: Securing Competitive Advantages 3rd Edition, Prentice— Hall。

当外界环境稳定，技术相对例行，而不同职能部门间的协调相对不复杂时，这种结构是最有效的。组织的目标在于内部的效率和技术专门化。在职能式组织中，纵向控制大于横向协调，正式的权力和影响来自于职能部门的高层管理者。

职能式结构的优势首先是专业化分工：让一组人专注于生产，而另一组人专注于销售，比大家两者兼做的效率要高很多。其次，它鼓励职能部门的规模经济，即组合在一起的员工可以共享一些设施和条件，例如，一家工厂可以用一套机器设备生产所有的产品，或者不同技术的部门在同一套设备上生产不同的产品，提高利用效率。最后，部门和职务的设置是以技术种类和技术水平来划分的，部门和职务需要专一而有深度的技能，这促进了深层次技术的提高。

职能式结构的主要劣势是对外界环境变化的反应太慢，而这种反应又需要跨部门的协调。如果环境变化快，或者技术是非例行、相互依存的，则会出现纵向决策信息超载，高层决策缓慢的现象。在这样的组织中，大家习惯眼睛向上看，等待高层决策，而缺少横向联系和自主解决问题的意识。职能式组织的其他缺点还有：由于协调少导致缺乏创新，每个员工对组织目标认识有限等。

2. 事业部式

事业部式组织结构可以针对单一产品、服务、产品组合，主要工程或项目、地理分部、商务或利润中心来组织，常见的有产品事业部和地区(或区域)事业部。与职能式结构按照组织内部的分工来组合不同，事业部式结构是基于组织产出来进行组合。

事业部式结构适用于多种经营的大型企业集团，这类组织不但规模大，涉及多种产品或服务，通常也是跨区域经营，而且拥有众多的人力资源。事业部式结构对环境适应能力强，因为通过分权，每个事业部满足特定顾客的需求，达到自身效益与外部适应的有效性。

事业部式结构的优势首先是实行决策分权，鼓励灵活性和变革，每个事业部能够适应不确定的环境与变化。其次，具有高度的产品形象，并在跨职能部门协调方面非常有效。

事业部式结构的不足之处首先是组织失去了规模经济，事业部的相对独立性可能造成机构、设备的重复建设，资源无法共享；其次是不同事业部之间的沟通和协调变得困难了，这样组织整体形象与认知也难以形成，甚至会出现事业部之间由于产品或服务相互替代或争夺市场而造成“自相残杀”的局面。

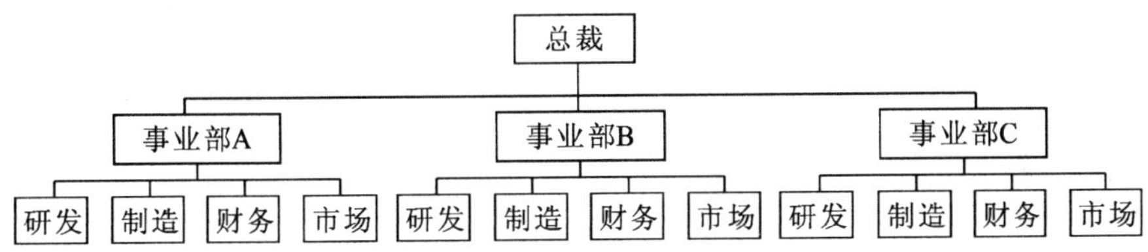

图 2-7　事业部式组织结构的基本形式

3. 矩阵式

矩阵式组织结构是将事业部式结构(横向)与职能式结构(纵向)结合在一起的特殊模式。当专业技术和产品创新与变革对实现组织目标都非常重要、难以割舍时，矩阵式组织结构可能是最适合不过的了。

矩阵式是一种实现横向联系的有力模式。产品经理和职能经理在组织中拥有同样的职权，员工要向两者负责和报告。这种结构适应性最强，兼具灵活性与稳定性，适用于有少量产品线，中度规模的企业组织。

矩阵式结构的优势在于它能使组织满足来自外部环境与顾客的双重要求，资源可以在不同产品之间灵活分配，使组织适应高度不确定性的环境变化。这种结构也给员工提供了获得特定职能与一般管理两个方面的技能发展机会。

矩阵式结构的劣势在于一些员工要面对双重领导,需要培养出色的人际交往、沟通、协调与冲突解决的技能;同时,此结构也要求管理者在协调和开会方面付出更多的时间,导致资源和效率的浪费。

表 2-2 三种常见组织结构优劣势比较

类型	优 势	劣 势
职能式	· 职能部门内部规模经济 · 提高专业知识技能 · 加强管理提高效率 · 一种或少数产品时最优	· 对外部环境变化反应较慢 · 部门间缺少横向沟通 · 眼界狭窄,不能顾全大局 · 高层决策堆积 · 不利于全能人才的培养
事业部式	· 适应不确定环境的变化 · 为不同地区和顾客提供特定的产品和服务 · 分权决策 · 事业部内跨职能的高度协调 · 适合多产品的大型组织	· 失去了职能部门内部的规模经济 · 资源重复设置 · 事业部间协调沟通不足 · 缺乏深度竞争力和技术专业化 · 产品线间的整合与标准化变得困难
矩阵式	· 适应不确定环境下复杂决策和经常性变革 · 满足顾客在职能和产品方面的双重要求 · 产品间人员的灵活共享 · 资源、信息共享 · 在多种产品的中等规模组织中效果最佳	· 员工要面对双重领导,导致沮丧困惑 · 需要员工良好的人际关系技能和全面培训 · 花费更多时间开会和解决冲突 · 需要很大精力来维持权力平衡 · 需要员工理解这种模式

(四)组织结构对职务性质的影响

职能式组织结构中的职务需要被界定得范围狭窄并且具有高度的专业化,在这样的组织结构中人们一般单独完成工作,各司其职,朝着职务专业的纵向方面发展;职务与职务之间横向交流沟通少,组织也不会要求承担特定职务的人员这样做,当然也不用担负此方面的责任;因为专业分工细,组织层级相对较多,注重纵向的沟通与报告,并且通常决策集中在高层。职能式部门和职务往往以“职能/专业”来称呼的,例如物流部,销售工程师;而部门内职务的区别是以技术水平的高低来区分的,例如财务分析助理、财务分析师、首席财务分析师。这样的组织结构、部门职务名称会非常稳定,很少变动,人员的升迁、调动也是以技术水平为依据的,路径单一。

事业部式组织结构和矩阵式组织机构中，职务人员需要具有一定的全面性和灵活性，工作更多以团队或任务组的形式进行，这些团队通常有着比较大的自主决策权。职务内容相对不固定，较多变动，注重横向的沟通与联系；个人升迁、调动路径不仅局限在自身职能领域，而且可以在自身职能领域和管理等多种领域获得技能发展与职业生涯发展机会。在矩阵式组织结构中，职务人员需要向多个领导沟通汇报，要求的能力更强。

第二节 社会文化与组织文化

文化恐怕是最难以描绘、难以度量的东西了。但文化却时时刻刻影响着我们每一个人，只有与其他文化的人相处、互动，包括与外国人，也包括与另外一个组织的人，我们才感觉到文化的存在并发生着作用。文化同样影响着组织内的职务管理活动。

这一节，我们关注一下文化和组织文化。

一、文化概述

1. 文化的概念

《美国传统词典》对文化的范畴做了清晰的概括和界定：文化是人类群体或民族世代相传的行为模式、艺术、宗教信仰、群体组织和其他一切人类生产活动、思维活动的本质特征的综合。

赫斯科维茨(Herskovits，1995)将文化定义为"被一个群体的人共享的价值观念系统"。

霍夫斯蒂德(Hofstede，1980，1991)将文化比喻成人的"心理程序"，并指出文化会影响人们关注什么，如何行动以及如何判断人和事物。他指出，文化不是一种个体特征，而是具有相同教育和生活经验的许多人所共有的心理程序(Hofstede，1996)。这种程序对人的价值观往往具有价值定向的作用，它使得一种文化背景下的人在同来自另一种文化背景下的人交往时，往往会按照自己的文化模式所提供的框架去理解和评价他人的文化，这样做的危险是人们常常错误地理解和解释来自另一种文化环境中的人们，从而容易引起误会和矛盾，产生冲突。

美国人类文化学家霍尔认为："文化是人的生存环境，人类生活的任何一方面无不受着文化的影响，并随着文化的变化而变化。文化决定了人类表达自我的方式(包括情感的流露)、思维方式、解决问题的方式、规划和建设城市的方式、运输系统的组织和运行以及经济与政府的关系和发挥作用的方式。然而，正是这些在一般情况下都是最明显、又习以为常的、也是研究得最少的文化侧面，却以最深刻和最微妙的方式影响着人们的行为。

特朗皮纳斯(Trompenaars，1998)认为文化是某一群体解决问题和缓解困境所采取的途径和方法，而非仅仅是一套价值观念系统。

邓坎(Duncan，1994)认为文化是为一个组织中的所有成员所共享的，并作为公理传授给组织新成员的一套价值观、指导信念、理解能力和思维方式，它代表着组织中不成文的、感性的部分。

2. 文化的特点

每个组织成员都参与到文化中，每个人也都受着文化潜移默化的影响，但通常文化并不为人所注意。只有当试图推行一些违背组织基本文化准则和价值观的措施或行动方案时，组织成员才会切身感受到文化的力量。

特朗皮纳斯(Trompenaars，2004)警告人们：第一，文化通常是非常强大的，当你尝试着去改变它时，它会尽力继续保持原样；第二，组织文化是活生生的，它们有它们自己的能量、目标、方向、价值观和处理信息的方法，如同超人的有机体一样。如果你胡乱摆弄文化，违反它们正常的秩序，它们将会猛烈地向你进行反击。

3. 文化的层次性

Schein(1985)的文化模型将文化发展分为三个层面：第一个层面由行为和人造物品组成；第二个层面的文化包括信仰和价值观；第三个文化层面包括潜在的假设。

因此，文化可以从三个层面来看：首先，文化是由物质性的事物组成的；其次，文化中还包含观点、价值观以及态度；第三，文化是标准化的行为类型。文化是生活在其中的人们拥有的、共同思考和共同行为的全部(Ferraro，1998)。

组织文化可以从两个层面上去理解：在表面上，文化是可见的物像和可观察到的行为，也就是人们的穿着和行为的方式，以及组织成员共享的表征、故事、口号、英雄人物和仪式。深层次的文化则反应了组织成员思想中的价值观、假定、信念、思维方式与习惯。如果把文化比喻成冰山，那么，穿着、行为和仪式就是浮在水面上的可视部分；而深层次的价值观、思维等则是隐藏在水面以下的不可视部分。我们平时观察到的文化表象仅仅是冰山的一角，真正的文化要比我们想象的大得多。

二、文化理论概述

1. 六大价值取向理论

早期的文化人类学家克拉克洪和斯乔贝克(Kluckhohn & Strodtbeck，1961)在《价值取向的变奏》一书中指出，不同文化的人们对于下列六大问题的回答就能区分出不同文化特征下人们的观念、价值取向和解决问题的方法，这六个问题是：(1)对人性的看法；(2)人们对自身与外部自然环境的看法；(3)人们对自身与他人之间关系的看法；(4)人的活动导向；(5)人的空间观念；(6)人的时间观念。表 2-3 归纳了按照六大价值取向而得出的美国文化与他国文化的区别。

表 2-3 六大价值取向之美国文化与他国文化对比

价值取向	美国文化	其他国家文化
人性看法	性本善和性本恶的混合	性本善或性本恶，难以改变
人与环境	人是自然的主人	和谐，受制于自然
人与人关系	个人主义，注重平等	集体主义，注重等级
行动取向	重视做事或行动	重视存在
空间观念	个人；隐秘	公共
时间观念	未来与现在；一个时间做一件事	过去与现在；同时做多件事

资料来源：陈晓萍，跨文化管理，清华大学出版社，2005 年 9 月，P33。

2. 文化维度理论

霍夫斯蒂德(Hofstede，1980，1991)从五个维度来区分不同的文化，分别是：①个人主义与集体主义；②权力距离；③不确定性规避；④男性与女性；⑤长期导向与短期导向。

个人主义与集体主义(Individualism/Collectivism)：指个体与其他人之间的关系紧密程度。个人主义是指个体行动时，他或她作为一个独立的个人而不是作为一个群体的成员采取行动的程度(即群体观)。个人主义维度得分高的国家有：美国、英国、荷兰；低的国家有：哥伦比亚、巴基斯坦、台湾。

权力距离(Power Distance)：指一种文化如何对待人与人之间层级性的权力关系——尤其是权力的不平等分配问题(即权力观)。权力距离维度得分低的国家有：丹麦、以色列、美国；高的有：印度、菲律宾、日本、墨西哥。

不确定性规避(Uncertainty Avoidance)：描述了一种文化是如何对待未来并不具有完全的可预测性这一事实的。它被定义为一种文化中的人们对于结构性或稳定性处境相对于非结构性处境的偏爱程度(即风险观)。此维度得分低的国家有:新加坡、牙买加;高的有:希腊、葡萄牙。

男性—女性(Masculinity—Femininity):它描述了在一个社会内部的不同性别之间的角色划分程度,即男性和女性分别所处地位以及所起的作用(即性别观)。在"男性"文化中,如德国和日本,炫耀、达成某种可见的成就、挣钱等等——渗透到整个社会之中;相反在"女性"文化中,如瑞典和挪威,将人与人之间的关系置于金钱之上,帮助他人、保护环境、强调服务、对弱者的关爱以及团结是文化的表现。

长期—短期取向性(Long—Term or Short—Term Orientation):长期取向性较强的文化着眼于未来,并且在当前持有一种未必会立即带来收益的价值观,比如节俭(储蓄)和持久性,并且推崇的是对传统的尊重以及满足承担社会责任的需求。短期取向性较强的文化着眼过去和现在。长期取向文化国家有日本、中国;短期取向文化国家有美国、俄罗斯、西非等。

3.其他文化理论

除此之外,特朗皮纳斯也使用如下7个文化的维度来表达他的理论:①普遍主义与特殊主义(即绝对的、能够普遍运用的还是相对的、有其情景的);②个人主义与集体主义;③中性与情绪化(人际交往时情绪含蓄微弱还是情绪表露鲜明夸张);④关系特定与关系散漫(交往时私人空间对特定群体或个人开放还是普遍开放);⑤注重社会成就与注重社会等级(注重成绩业绩还是注重身份);⑥长期导向与短期导向;⑦人与自然的关系。

Schneider(1988)指出从以下几个维度来解释不同的文化:对环境的控制;主动进取或被动存在;不确定性的态度;时间观念;对待变化的态度;对事实的感知。

三、文化对管理的影响

文化在组织中发挥着重要的作用,对组织中的管理活动产生着深刻影响。

一般来讲,文化对于整合组织成员以及帮助组织适应外部环境等方面有着很大的帮助。首先,通过内部整合,在组织成员中培养集体认同和凝聚感,员工知道如何独立工作以及通过合作来有效工作,并且决定和影响着员工的沟通和各种行为的可接受性,当然文化也决定着组织中权力的分配以及人与人之间的地位关系。其次,文化能够帮助组织迅速地对顾客的需求或对手的竞争做出反应,也就是说,文化通过对组织战略的影响来达到外部的适应，使组织与成员从容应对外部环境的变化。

除此之外，文化对管理的具体影响还体现在：

1.组织结构层级。一般而言，西方文化国家比东方文化国家更强调平等理念，这样的文化价值观反映到组织结构设计上，就是西方文化下的组织结构更扁平一些，层级更少一些。这一点从美国、韩国、中国等企业的组织结构比较中能够看得出①。在西方文化中，北欧国家的企业其内部的层级往往更少、更扁平。

2.决策程序与决策民主。存在两种极端的决策方式：一是完全由上层来决策；二是完全由下层来决策，在两种极端决策中间是双方互动的连续统一体。除此之外，决策的方向也是一个关键问题，亚洲国家的企业决策通常是自上而下。上层决策完后往下贯彻落实，在决策形成阶段以及决策执行阶段很少听取下层意见。而西方社会中的企业更多地由下而上来决策，有时即使不是完全从下层开始，一般也会征求下层员工的反馈意见。

3.制度建设与公平执行。西方文化强调理性思维习惯和公平意识，表现在组织运作上就是各项规章制度的建立与完善。在西方国家企业中，制度建设往往非常完善，小到每个职务的严谨设计与权责规范，大到员工绩效考核与报酬设计方案等，都有完整的书面材料。而一旦这种代表着理性思维的制度被建立起来，每个人都必须遵守，任何人都不能例外，这样才能实现真正的公平。

4.领导与管理行为。文化对领导者管理行为的影响可以通过以下几个问题体现出来：在员工眼里什么样的领导是合格的领导？如何看待领导与普通员工的关系？管理者的角色和责任有哪些？在领导眼里员工应该做什么……等等。

5.经营决策风险意识。霍夫斯蒂德的风险规避程度维度反映了不同文化国家中的组织及其成员在面对信息不完全的情况下，是否及时做出决策以及如何做出决策。德鲁克在提到富有开拓精神的管理时指出，其最关键的问题就是风险经营②。所以，不同文化的领导者在面对同样信息的时候，理解不同，反应不同，决策不同，结果也就有着很大差异。

总之，文化与管理有着不可分割的联系，哪里有管理活动发生，哪里就有文化影响着。管理者只有更多地理解文化因素，适度保持文化的敏感，培

① 陈晓萍，跨文化管理，清华大学出版社，2005年9月，P21。

② 刘光明，企业文化，经济管理出版社，2002年3月，P337。

养文化管理能力，才能使管理活动少一些误解，少走一些弯路。

四、文化对职务管理的影响

文化极大地影响着组织中的人力资源管理活动，尤其是作为人力资源管理活动基础的职务管理。文化对组织职务管理的影响是多方面的，尤其是职务设计和职务发展活动。

一般而言，文化会影响到职务内容的宽窄、权责的明确性等特征。西方国家社会职业与职务分类非常细，非常多，内容相对狭窄而专业，但是清晰性和系统性非常强，大家从美国、加拿大等国家职业分类词典(DOT)中可以窥见一斑。相对应，西方国家组织中的职务和人员各司其职，有着详尽的、明确的、书面的职务描述和考核标准，该向谁汇报清清楚楚，拥有哪些职务权力也清清楚楚。这些与西方国家的人们特定化或专业化思维文化分不开，比如厨房的厨具多种多样，每种都有其独特的用途等。

相反，在东方文化下，我国的社会职业分类较粗、较宽泛，职务描述和任职资格较为模糊、笼统、通用。组织中的职务设计相对较为模糊，职责清晰度不强，权责界定不清，每个人都似乎对组织(或部门)的经营结果担负责任，但又似乎谁也不承担。这种职务管理的特点固然与领导者、管理者有着极大的关系，也与中国特有的文化中的通用主义思维有关，比如我们日常生活中使用筷子，既可以用来吃汤面，又可以用来夹菜等等。

除此之外，还有一些文化研究的成果对如何组织工作完成有着较好的启示。美国学者厄雷(Earley，1989，1993，1994)的实验研究显示，当让集体主义者对某一工作负责时，他们的工作表现比让他们对个体负责要好；相反，个体主义者的工作表现在应用个体负责制时最好。跨国文化比较研究发现，在日本，被给予集体目标的工作团队比只给个体目标的工作团队表现更出色；而在美国，给予一个工作团队集体目标常常会导致团队成员“社会懈怠”或“搭便车”行为(Matsui 等，1987)。美国学者科克曼(Kirkman，1996)还发现个体主义观念越强的人对团队这个概念的抵触情绪越强，因为在一个团队里工作会减少个体的自主性，与“独立自我”的观念相矛盾。

第三节　职业与职业分类系统

劳动者是具有一定职业角色的人，定义劳动者行为必须考虑职业背景。企业文化是在职业活动基础之上产生的，劳动社会所特有的人际关系，是以职业为媒介而发生的。因此，在社会分工不断复杂化以及政治、文化背景差异化的今天，对不同的职业以及职业分类进行了解具有重要意义。

这一节，我们将介绍职业、职业分类的概念及有关职业分类系统的相关内容。

一、职业与职业分类

所谓“职业”，代表了一种工作类型，它包括劳动者的种种“工作”或“职位”。不同的职业意味着不同的工作内容，不同的职责，不同的声誉和地位。职业角色规定了从业者的劳动行为模式。

作为“工种”或“职位”意义上的职业和作为“劳动角色”意义上的职业是有区别的。前者是社会劳动分工的一个环节，后者是与这个特定环节发生关系的劳动者的社会标志和相应的行为规范。

《中华人民共和国职业分类大典》中明确规定：职业是指从业人员为获取主要生活来源所从事的社会工作类别。职业必须具备下列特征：

(1)目的性，即职业活动以获得现金或实物等报酬为目的；

(2)社会性，即职业是从业人员在特定社会生活环境中所从事的一种与其他社会成员相互关联、相互服务的社会活动；

(3)稳定性，即职业是在一定的历史时期内形成；

(4)规范性，即职业活动必须符合国家法律和社会道德规范；

(5)群体性，即职业必须具有一定的从业人数。

职业分类是以工作性质的同一性为基本原则，对社会职业进行的系统划分与归类。所谓工作性质，即一种职业区别于另一种职业的根本属性，一般通过职业活动的对象、从业方式等不同予以体现。

二、职业影响因素

职业的产生与变化是社会进步的反映。社会政治、经济和文化等因素对职业有重大的影响。

1.社会分工

社会分工是职业产生的基础。随着生产力的发展，畜牧业从原始农业中分离了出来，实现了人类历史上的第一次社会大分工，人类社会开始出现职业。以后，手工业与商业也先后独立，完成了第二次与第三次社会大分工，职业活动成了普遍的社会现象。

社会分工是职业划分的依据。在分工体系的每一个环节上，劳动对象、劳动工具以及活劳动的支出形式都各具有其特殊性，这种特殊性决定了一种职业与另一种职业的区别。

社会分工的发展决定和制约着职业的发展。科学技术的进步、生产工具的改进和生产的社会化，使分工愈益发达，专业化程度越来越高，职业越来越多。

社会分工的变化决定和制约着职业的变化。随着科学技术与生产力的发展，全社会劳动分工的模式或职业结构也发生着变化。一方面，随着一些行业规模的变化，一些新的职业产生了；另一方面，不少古老的职业正在消失。

2.政治、文化

除劳动分工以外，政治因素、文化因素等与职业的发生与发展也有一定关系。有的职业与一定的社会政治制度、甚至于一定的社会政策密切相关。

不同的民族有不同的发展历史，有不同的传统文化。传统文化是一定的民族精神与社会心理的反映。不同的民族对某些自然和社会现象往往有不同的理解和认识，从而产生不同的心理需要与处理问题的方式。不同的民族为了满足自身特殊的社会心理需要，就要求有特殊的职业。

三、国际标准职业分类

对职业进行科学分类是社会发展的客观要求。第二次世界大战以后，随着科技的进步与经济腾飞，世界许多国家特别是发达国家十分重视职业分类工作，分别建立和制定了符合本国国情的职业分类体系或职业分类词典。国际劳工组织也积极推动职业分类工作的开展。

为了给不同国家的职业分类提供一个规范化的基础标准，以便在国际间进行有关职业资料的比较与交流，1949年在国际劳工组织召开的第七届国际劳动统计专家会议上通过了《国际标准职业分类(草案)》，拟编制出版《国际标准职业分类》。在许多国家政府、国际组织的协助下，经过国际间深入细致的研究和长期的合作努力，1958 年《国际标准职业分类》出版发行，后经 1968 年、1988 年等几次修订，现已成为世界各国建立本国职业分类体系的蓝本。

《国际标准职业分类》对国际性标准职业分类体系作了详尽的描述。其结构共分四个层次：大类、小类、细类和职业项目。《国际标准职业分类》把职业由粗至细分为 8 个大类、83 个小类、284 个细类、1506 个职业项目，总共列出职业 1881 个。其中 8 个大类是：①专家、技术人员及有关工作者；②政府官员和企业经理；③事务工作者和有关工作者；④销售工作者；⑤服务工作者；⑥农业、牧业、林业工作者及渔民、猎人；⑦生产和有关工作者、运输设备操作者和劳动者；⑧不能按职业分类的劳动者。

本分类体系采用十进制编码方法，每一项职业都有一个特定的编码。例如"打字员"属于大类 3（"事务工作者和有关工作者"），小类 3－2（"速记员、打字员和卡片、纸带穿孔机操作员"），细类 3－21（"速记员、打字员和电传打字电报员"），职业项目 3－21.40（"打字员"）。

《国际标准职业分类》划分职业类别所采用的基本原则是按照从事工作的类型来归类，并根据具体的职业范围确定从事工作类型的同一性的含义。《国际标准职业分类》对各国制定适合本国国情和需要的职业分类起着重要的参考作用，但它并不能替代任何一个国家的职业分类。不同的国家由于在自然环境、经济发展和科学技术水平等方面存在着很大的差异，因此，每个国家的职业结构各有自己的特点，其职业分类的标准、内容和方法也不尽相同。

四、中华人民共和国职业分类大典

我国现行的国家标准职业分类系统是于 1995 年初开始启动建立、1999 年 5 月正式颁布的《中华人民共和国职业分类大典》（以下简称为《大典》），它是我国第一部对社会职业进行科学划分和归类的权威性文献。《大典》的编制不仅体现了长期以来我国在劳动人事管理实践中积累的经验，而且还借鉴了国际劳工组织和其他发达国家的职业分类成果。颁布后被广泛应用于社会经济信息交流、劳动力社会化管理以及人口统计等研究和实际工作领域，对中国职业发展和社会经济的发展起到了重要作用。

《大典》将我国职业归为 8 个大类，66 个中类，413 个小类，1838 个细类（职业）。8 个大类分别是：①第一大类：国家机关、党群组织、企业、事业单位负责人，其中包括 5 个中类，16 个小类，25 个细类；②第二大类：专业技术人员，其中包括14个中类，115个小类，379个细类；③第三大类：办事人员和有关人员，其中包括4个中类，12个小类，45个细类；④第四大类：商业、服务业人员，其中包括8个中类，43个小类，147个细类；⑤第五大类：农、林、牧、渔、水利业生产人员，其中包括6个中类，30个小类，121个细类；⑥第六大类：生产、运输设备操作人员及有关人员，其中包括27个中类，195个小类，1119个细类；⑦第七大类：军人，其中包括1个中类，1个小类，1个细类；⑧第八大类：不便分类的其他从业人员，其中包括1个中类，1个小类，1个细类。

例如"图书资料业务人员"属于大类2即专业技术人员，小类2—12即新闻出版、文化工作人员，细类2—12—06即图书资料与档案业务人员——从事图书资料和档案的收集、整理、编目、保管、利用等服务的专业人员。职业项目2—12—06—01即图书资料业务人员——从事图书资料的收集、整理、编目、保管、利用等服务的业务人员。

此职业具体从事的工作任务主要包括：

(1)搜集、采选电子、声像、缩微品等类型图书资料；

(2)进行图书编目、加工、整理、组织和保管，入藏和注销图书；

(3)编制图书资料书目、索引、文摘，为用户提供参考咨询服务；

(4)编制书目数据库和读者数据库，管理阅览室，提供阅览流通服务和外借服务；

(5)提供完题和专题的文献研究及信息咨询服务；

(6)根据工作和社会需要开展学术交流活动。

五、其他国家或地区的职业分类系统

(一)美国的职业分类

美国是进行职业分类研究较早的国家，其职业分类的方法有多种。

1. 美国的国家职业分类

美国现行国家职业分类系统是2000年修订的标准职业分类系统(Standard Occupational Classification System，以下简称2000SOC)。该系统根据职业工作活动以及技能要求的相似性将类似的工作进行归类，该系统包括23个大类，96个中类，449个小类和821个细类(职业)。23个大类的情况如表2-4所示。

表 2-4　美国职业分类系统的 23 个大类说明表

代码	名　称	代码	名　称
11—0000	管理类职业	35—0000	食品加工和餐饮相关职业
13—0000	商业和金融事务类职业	37—0000	建筑和地面清洁类职业
15—0000	计算机和数学类职业	39—0000	个人护理和服务类职业
17—0000	建筑和工程类职业	41—0000	销售以及相关职业
19—0000	生命、体育和社会科学类职业	43—0000	办公、行政支持类职业
21—0000	社区和社会服务类职业	45—0000	农业、林业和渔业
23—0000	法律类职业	47—0000	建筑和酿造业
25—0000	教育、培训和图书馆相关职业	49—0000	安装、维护和维修类职业
27—0000	艺术、设计、娱乐、体育和传媒类职业	51—0000	生产类职业
29—0000	保健实践和技术类职业	53—0000	交通和运输职业
31—0000	保健支持类职业	55—0000	军队特殊职业
33—0000	保卫以及服务类职业		

2.按脑力劳动和体力劳动的性质、层次进行的职业分类

这种分类把工作人员划分为白领工作人员和蓝领工作人员两大类。它是社会学者们的笼统职业分类,较为简单扼要。

白领工作人员包括:(1)从事专业性和技术性工作的人员,如会计、工程师、律师和法官、作家、艺术家等等;(2)农场以外的经理和行政管理人员;(3)销售人员;(4)办公室工作人员。

蓝领工作人员包括:(1)手工艺及类似工人,如石匠、木匠等;(2)非运输性的技工,如组装工、钻探工等;(3)运输性的技工,如公共汽车司机、调度员等;(4)农场以外的工人,如建筑工人、园艺工人、伐木工等;(5)服务性行业工人,如清洁工、健康服务人员等等。

3.安妮·罗欧的职业分类

这种分类是便于职业指导的分类方法。该方法首先根据职业活动的性质把职业划分为 8 种类型,分别是:

(1)服务性职业。主要包括那些能照顾自己需要及别人福利的职业。主要指辅导、社会和福利性职业,家政和保护性职业。

(2)商业性职业。主要包括涉及人与人之间劝说买卖等直接关系的职业,如拍卖商、代理商等。

(3)组织性职业。主要包括与政府组织和私人企业有关的职业,如政府的工作人员。

(4)技术性职业。主要包括与现代工业有关的职业,如科学家、工程师、

技术人员等。

(5)户外性职业。主要包括畜牧、耕种、农、林、渔、矿等方面的职业,如农民、渔民、牧民、矿工等,其共同的职业特点是工作大部分在户外,且需要一定的体能。

(6)科学性职业。主要包括所有进行科学研究及非技术范围应用的职业,如医生、护士、药剂师等。

(7)一般文化性职业。主要包括保存和传递一般文化遗产的职业,如教育、新闻、法律、语言学等方面的工作人员。

(8)艺术和娱乐性职业。主要包括美术、音乐、舞蹈和各种形式的大众娱乐领域的职业,如画家、音乐家、艺术创作者与表演者等。

在划分 8 种职业类型的基础上,再进一步根据工作的技能水平和责任程度,将每种职业划分为 6 种水平,即:

(1)专业性和管理性(A)。这一水平包括具有独立责任感的革新者和创新者,以及高级的管理和行政人员,他们的受教育程度很高,一般要达到博士水平。

(2)专业性和管理性(B)。它与 A 水平的差异在于程度上的不同,相对 A 水平来讲,这一水平的职业具有真正的自主权和较少的责任感,要求教育水平在学士以上。

(3)半专业性和小型商业。这一水平的职业要求有对他人的低程度的责任,按政策行事,教育水平为职校或技校即可。

(4)技能性。其职业要求受过特殊训练或当过学徒,水平要求较高。

(5)半技能性。其职业需要某些训练和经验,但水平要求较低。

(6)非技能性。这一水平的职业不需要特殊的培训,只是按简单的指示行事,从事简单的重复劳动。

安妮·罗欧的职业分类系统就是从横向划分为 8 种职业类型,从纵向把每种职业类型划分为 6 种不同的职业水平,相应产生出 48 组职业群,650 种典型职业。

(二)日本的职业分类

日本的职业分类通常使用的是《日本标准职业分类》。这种标准职业分类是依据下列分类标准进行的:①必要的知识和技能的程度;②生产的产品或提供服务的种类;③使用的原材料、工具、机械设备的种类;④工作的环境;⑤在事业机关或其他组织中所起的作用;⑥从事各种职业的人数。

《日本标准职业分类》将职业划分为 12 个大类、53 个中类和 393 个小类。其中大类包括:(1)专门的、技术性的职业从事者;(2)管理性的职业从事者;(3)事务性职业从事者;(4)销售性职业从事者;(5)农林作业者;(6)渔业作业者;(7)采矿、采石作业者;(8)运输、通讯业从事者;(9)技能工、生产工程作业者;(10)保安职业从事者;(11)服务职业从事者;(12)不能分类的职业。

(三)加拿大的职业分类

加拿大的职业分类主要依据的是由加拿大移民局会同统计局于1977年编辑出版,后经多次修订的《职业岗位分类词典》。加拿大的《职业岗位分类词典》是一部描述加拿大人所从事的各种职业并进行系统和全面分类的工具书,其中有关各种职业的说明扼要地介绍了不同企业、单位或行业中的类似职业或工种的主要活动。各个职业进行分类的主要依据是每种职业的主要职责或"从事的工作"。职业分类的结构由四个层次组成,即主类、子类、细类和个别职业。每个层次都比上一层次更细致、更具体。主类共有23个,子类有81个,细类有499个,职业有7500多个。其中主类包括:(1)管理行政及有关职业;(2)自然科学、工程学和数学方面的职业;(3)社会科学及有关领域的职业;(4)宗教方面的职业;(5)教学及有关职业;(6)医疗和保健方面的职业;(7)艺术、文学、表演艺术及有关职业;(8)体育运动和娱乐方面的职业;(9)文书事务性工作及有关职业;(10)销售职业;(11)服务职业;(12)农业、园艺和畜牧职业;(13)渔业、捕捉及有关职业;(14)林业和采伐职业;(15)采矿和采石职业;(16)加工职业;(17)机械加工及有关职业;(18)产品的制造、组装和修理职业;(19)土建行业的职业;(20)运输设备操作职业;(21)材料搬运及有关职业未归他类者;(22)其他手工工艺和设备操作职业;(23)未归他类的职业。

在该《词典》中,职业是分类系统中划分得最具体的范畴。每种职业都有定义,逐一说明每一种职业从业人员的合格条件,并采用规范化的资格检测表列举该职业对从业人员在普通教育程度、具体的职业培训、能力倾向、兴趣、性格以及体质等方面的要求。此外,还注明了申请者的从业参考条件、训练与录用的要求及晋升与职业变动的可能性等等。

《词典》对每一职业岗位提出的资格要求有以下8个方面:

(1)从业者受过普通教育的程度(GED)。包括培养从业人员的推理能力、领会能力,以及为学习数学、语文等工具知识而接受正规教育和非正规教育的年限。某一职业所需的普通教育的水平可用数字表示,分别代表所需的大体年限,如表2-5所示。

表 2-5 GED 水平及其所需培养年限对应表

GED 水平	大体所需的培养年限	GED 水平	大体所需的培养年限
1	不足 6 年	4	11 至 12 年
2	6 至 8 年	5	13 至 16 年
3	9 至 10 年	6	17 年以上

在解释 GED 水平时，必须注意非正规教育，如以前的工作经验、自学程度、旅行经历以及业余爱好、闲暇活动等。凡是对职业活动有较大影响的都必须加以考虑。上述列举的教育年限不是绝对的，只是用来衡量从业人员达到的大致水平。

(2)具体职业培训(SVP)。即指为达到从事某一职业的技术、技能水平而所需学习、训练的时间。SVP 和 GED 显然是分开的，但又相互依存。为确定某一职业所需的培养时间，两者必须兼顾。一般认为，4 年制大学的学习相当于 2 年的具体培训；大学研究院学习相当于 1 年的 SVP；在职业学校学习 1 年折合 SVP 为 0.5 年，其他具体的职业培训全部记入。

表 2-6 SVP 水平及其所需培养年限对应表

SVP 水平	时　间	SVP 水平	时　间
1	短期示范表演即可	6	1 年以上到 2 年(包括 2 年)
2	30 天以内(包括 30 天)	7	2 年以上到 4 年(包括 4 年)
3	30 天以上到 3 个月(包括 3 个月)	8	4 年以上到 10 年(包括 10 年)
4	3 个月以上到 6 个月(包括 6 个月)	9	10 年以上
5	6 个月以上到 1 年(包括 1 年)		

例如，一般的工程师要求 GED5、SVP8；航空航天设计开发工程师 GED6、SVP8。

(3)环境条件。即某一职业人员所处的客观环境，如室内、室外；高温、噪声等。

(4)体力活动。即职业对身体的要求，如一定的体力要求，或视力、听力的要求。

(5)从业人员职能。它表示从业人员职能的复杂程度，并表明这一职业岗位人员处理各种关系的能力要求。

(6)能向因素。定义为：一个人学习从事某项工作，承担岗位职责所需技能的具体能力或潜力，采用的能向因素有 11 种，每一种给出一个等级，如智力、语言表达能力、计算能力、空间感、形体感、办公事务能力等。一般来说，使用从业人口中相应百分比人口所能达到的水平：①最高的 10%；②较高的1/3(不包括最高10%);③中间的1/3;④较低的1/3(不包括最低10%);⑤最低的10%。

(7)从事某一职业有重要意义的资格要求。

(8)性格因素。即一个人比较稳定的个性品质,表现出他特有的偏爱、倾向或性情。

从业者在某一职业岗位能称职工作,必须具备或基本具备上述的职业资格要求,这些职业资格要求往往是雇主在招聘员工、人员测试的标准。

加拿大的《职业岗位分类词典》是迄今为止世界上各工业发达国家已出版的类似工具书中篇幅最大、内容最为充实的一部,并且它在不同社会制度的国家中具有广泛的通用性。

(四)我国台湾省的职业分类

1962年,台湾出版了《台湾职业分类典》,将职业划分为9个大类,70个中类,208个小类和1423个细类。1978年,为配合人力资源开发工作的需要,《台湾职业分类典》将职业划分为9个大类,85个中类,308个小类和1646个细类。1990年,《台湾职业分类典》再次进行了修订。修订后的职业分类仍为四个层次,共有9个大类,85个中类,326个小类和2445个细类。9个大类包括:(1)专门性、技术性及有关人员;(2)行政及主管人员;(3)监督及佐理人员;(4)商业工作人员;(5)服务工作人员;(6)农、林、渔、牧、狩猎工作人员;(7)生产及有关工人、运输设备操作工及体力工;(8)职业不能分类的工作者;(9)现役军人。

《台湾职业分类典》中对各个层次的职业均有定义。大类、中类、小类的职业定义主要在于概述该类职业所涵盖的职业范围;细类职业定义主要分为任务摘要与任务叙述两部分,任务摘要即介绍职业的主要任务,任务叙述则是以各职业的工作程序或工作时间比率大小为序,描述各职业的主要任务。其内容包括:(1)工作者的动作;(2)工作的目的或目标;(3)工作所使用的机具设备;(4)原料、产品或服务;(5)工作者的职能;(6)其他。该分类典将全部经济人口的职业进行了系统的分类,较全面地概括了台湾社会现实的职业情况。

除了上述几个国家和地区外,英国、德国、澳大利亚等国也都建立和制定了符合本国国情的职业分类体系或职业分类词典,广泛应用于统计、就业、培训、经济等领域,取得了良好的效果。

思考题

1. 不同组织战略安排对于职务管理有着什么样的影响？

2. 从身边找出一些流程的例子，识别出流程的各项要素，画出流程图。

3. 组织结构中的横向联系和纵向联系各是什么？通过哪些方式能够达成横向联系的有效性？

4. 职能制、事业部制以及矩阵制组织结构各有哪些特点？它们如何影响组织职务的设置与管理？

5. 什么是文化？霍夫斯蒂德的五个文化维度各是什么？

6. 文化对职务管理有什么样的影响？

7. 职业分类与职业词典对组织中的职务管理有着什么样的支持和影响？

参考文献

1.【美】雷蒙德·A. 诺伊. 人力资源管理：赢得竞争优势. 中国人民大学出版社，2001 年

2. 蒋志青. 企业业务流程设计与管理. 电子工业出版社，2002 年

3.【美】理查德·L. 达夫特. 组织理论与设计精要. 机械工业出版社，2005 年

4.【英】弗恩斯·特朗皮纳斯等. 跨文化人员管理. 经济管理出版社，2005 年

5. 陈晓萍. 跨文化管理. 清华大学出版社，2005 年

第三章

职务设计系统

本章学习要点

- 掌握职务设计的内容与设计理念
- 掌握定岗定员的方法
- 了解职务设计的方法以及发展思想
- 掌握根据不同职务的特点来设计职务

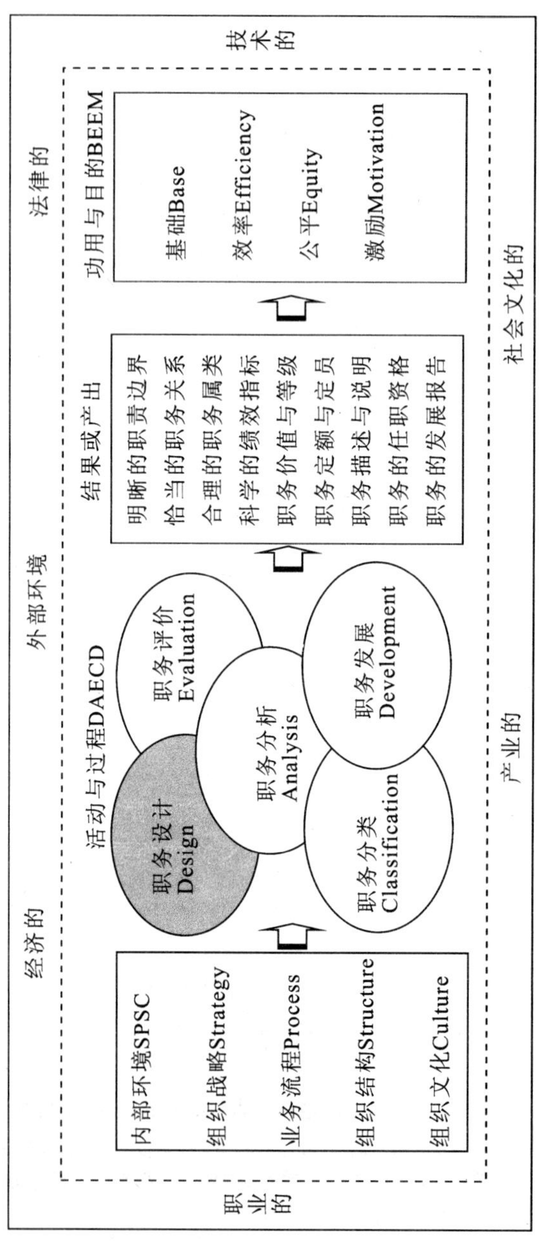
外部环境
经济的
法律的
技术的
职业的
产业的
社会文化的
内部环境SPSC
组织战略Strategy
业务流程Process
组织结构Structure
组织文化Culture
活动与过程DAECD
职务设计
Design
职务评价
Evaluation
职务分析
Analysis
职务分类
Classification
职务发展
Development
结果或产出
明晰的职责边界
恰当的职务关系
合理的职务属类
科学的绩效指标
职务价值与等级
职务定额与定员
职务描述与说明
职务的任职资格
职务的发展报告
功用与目的BEEM
基础Base
效率Efficiency
公平Equity
激励Motivation

职务设计是构建职务的过程。经由职务设计，组织才能将任务活动层层落实到每一个职位上以及每一个人或若干人身上，形成职务特有的任务群，进而形成特有的关系，承担特定的责任。实际工作中，职务设计不但包括任务、职能、关系的设计即定岗，还包括职务人员数量的安排即定编定员，职务工作时间和空间（环境）的设计等内容。

第一节　职务设计的涵义与内容

一、职务设计概念

职务设计（Job Design），也称工作设计，是指为了有效达成组织目标，将组织的任务分解、组合，进而构造一个人或一组人要进行的具体职务活动的过程与方式。也就是根据组织任务和业务流程安排，将组织目标和工作层层分解，落实到具体职务上，从而确定每一个职务的工作任务、职责、关系、权限以及其他相关内容的过程与技术。一般地，职务设计发生在新组织刚刚建立，或者组织变革需要设置新的业务流程、部门以及职务时，对于现存组织的职务进行改变属于职务再设计（Job Redesign）。

职务设计的主要功能是创建职务、职位，说明职务要完成哪些任务，承担什么职责，如何完成职务，在此类职务上应该配备多少人，职务与职务之间的关系如何，等等。职务设计的目的是为了落实组织目标，完成组织任务，提高组织的工作效率。

二、职务设计内容

职务设计主要包括对某一职务工作内容、职能及工作关系等方面的设计。职务设计的内容包括以下六个方面：

（1）工作内容。是关于工作范畴的问题，确定工作的一般性质，包括任务种类、工作自主性、工作复杂性、工作难度和强度、工作完整性等。

（2）工作职责。这是关于工作本身的描述，包括工作责任、工作权限、工作方法、协作和信息沟通等。

（3）工作关系。主要指工作中人与人之间的关系，包括上下级之间的关系、同事之间的关系、个体与群体之间的关系等。

(4)工作结果。主要指工作所提供的产出情况,包括工作产出的数量、质量和效率,以及组织根据工作结果对任职者所做出的奖励或惩罚等。

(5)工作反馈。主要是指任职者从工作本身所获得的直接反馈以及从上、下级或同事那里获得对工作结果的间接反馈。

(6)任职者的反应。主要指任职者对工作本身以及组织对工作结果奖惩的态度,包括工作满意度、出勤率和离职率等。

在组织实践中,职务设计主要包括职务名称、职务内容、职务责任与权限、职务任职者人数、职务汇报关系、职务工作时间、职务工作空间等设计内容。

(1)职务的内容,也就是职务人员应该承担哪些任务、职责等活动。职务内容要充实饱满,并且该职务要在组织中起到特定的、其他职务不可替代的作用。

(2)职务的名称要符合职务内容特点,做到简洁、清晰、明确,在专业科学性与艺术性、完成组织任务与激励任职者等方面进行权衡,同时还要考虑社会上以及其他组织相似职务内容与名称的设定情况。

(3)职务的责任与权限要根据职务内容、组织集权与分权程度等因素来综合确定。

(4)职务任职者数量,即定员定编工作应该根据组织任务量以及相应的定额或效率等因素来确定。

(5)职务的汇报关系设计包括以下几个方面:该职务处于哪个部门,什么科室,哪一班组,向谁汇报,监督谁的工作,需要接触哪些外部的机构和人员,接触频率如何等。

(6)职务工作时间指的是建立该职务的工作班制,合理安排职务的工时制度。

(7)职务的工作空间是指职务工作场所以及工作环境的设计,比如作业设备、空间大小、照明、色彩、湿度等。

三、职务设计功用与原则

1.职务设计的功用

(1)提高组织效率。职务设计应有助于发挥员工的才能,提高组织效率。这就要求职务设计全面权衡经济原则及社会原则,找到一个最佳的结合点,并保证每个员工满负荷工作。

(2)符合组织的总目标。全部职务的集合应能顺利完成组织的总目标、总任务，即组织运行所需的每一件事都应该落实到职务中去。

(3)职务与人相匹配。职务是由人来完成的，因此，职务设计不应仅仅从组织角度来考虑是否能够提高效率，还要考虑到人的身体条件、智能水平以及心理感觉，达成人与职务的匹配。

(4)责任体系与总目标相符。全部职务所构成的责任体系应能有利于总目标的实现，即组织运行所要达到的每一个结果，组织内每一项资产的安全及有效运行都必须明确由哪个职务负责，不能出现责任空缺。

2.职务设计遵循的原则

(1)因事设岗原则。组织的发展目标决定了工作任务，职务是为了完成工作任务而设置的。以组织任务为中心，从客观需要出发进行职务设置，按照各部门职责范围来划定职务，而不是因人设岗，这是职务设计的基本原则。职务和人应当是设置和配置的关系，不能颠倒。现代组织越来越需要依据规模和业务发展情况来安排工作，需要什么职务，就设置什么职务，不存在不履行任何任务的职务。因此，应从组织整体出发，能在组织体系中发挥作用的，就设置，反之不设，这样才能保证组织职务数量精简。

(2)劳动分工原则。比如将直接生产性的职务与管理性、服务性职务分开；将不同工艺阶段的工种分开；将准备性职务与执行性职务分开；将基本职务与辅助职务分开；将技术水平要求高低不同的职务分开等。

(3)满负荷原则。我们经常看到这样的情况：工作时间有些员工无所事事，空耗时间。对于有能力的员工来说，这是难以忍受的。职位不应设置很多，要尽可能的少。从经济角度来说，所有工作应该尽可能的集中，避免分散。每一个职务的工作人员都应该承担很多责任，满负荷工作就是力求使员工的各项指标都达到最佳状态，做到人尽其力、物尽其用，避免成本的浪费。每个职务的工作量饱满、有效劳动时间得到充分利用，这是职务设计的一项基本任务。但同时，也要符合科学原理，如果职务数量过少，可能某项事情没有人管，或者某一个职位的员工负担特别重而产生怨气，这项工作就做不好。

(4)职务之间实现有效配合原则。职务设置应以组织的工作目标和任务为中心，将组织目标和任务层层分解为部门的、职务的工作目标和任务。明确各职务的职责，使工作活动具有更高的输出效率，同时还要确保各职务之间有效配合，使组织目标顺利达成。设计职务的时候，要对承担的责任进行划分，使每个职务发挥最积极的作用。每一个职务都有相应的主责，然后有部分责任或支持责任。“主责”是指某一个人所负的主要责任；“部分”指只负一部分责任;"支持"是指责任很轻,只协助他人。每个人的主责、部分责任和支持责任要划分清楚。如果工作分工里没有主责,都是部分责任或者支持责任,员工的积极性就会受影响。同时,每个职务要与其他职务的关系保持协调,即每个职务之间的责任不交叉、没有空白。既要明确上下级职务之间的管理与被管理关系,也要明确同级职务之间的信息沟通与协作关系。

(5)动静结合原则。市场的发展、组织的变迁使职务设计越来越趋向动态,难度也越来越大。为了有效配合组织的快速发展以及使每个员工都清晰地掌握自己的工作内容与责任划分,职务设计必须采用动静结合的原则。即对于基础性的职务,宜采用静态为主的分析方法;对于与组织业务紧密相连的职务,适合以动态分析为主,随着组织的发展,不断丰富着职务的工作内涵。

(6)员工能力开发。组织的发展依赖于员工个人的发展和能力的提升。而员工能力的开发不仅仅通过培训完成,工作实践中的锻炼也是最有效的方法。职务的设置应该能够使员工的能力得到提升,职务设计应该在全面权衡经济效率与员工生理心理需要的情况下,使员工在适度的挑战中不断提高自己的能力。由于职务设计主要是针对职务而不是针对个人,因而要求一方面打破传统职务的界限,深化职务的工作内涵,另一方面要考虑人员与职务的匹配。

此外,职务设计还需要考虑工作环境的优化。利用现代科学技术,改善办公场所中或工作地的各种因素,使之适合于劳动者的生理、心理安全健康,建立起人一机一环境的最优系统。

总之,职务设计应体现经济化、科学化、合理化和系统化的原则。在设置职务时,应把组织看作一个完整的系统,自上而下全面分析和评价职务存在的合理性。科学设计职务数量和结构,用系统论的思想进行职务设置,使职务设置和组织机构设计、部门职能相吻合。

四、职务设计理念

1.基于任务的职务设计

基于任务的职务设计是将组织的任务明确化后层层分解,并最终落实到每个人承担的具体职务上。这种设计的优点首先是简单明了,容易操作,任职者也非常明确自身职务与部门任务及目标、组织任务及目标的关系;其次是便于管理者实施监督和管理,效率较高。基于任务的职务设计缺点是没有考虑到职务任职者的个体特征和需要,员工沦为职务的"附庸",知识、技能无法得到多方面提升。利用组织任务分析的方式来设计职务有一个前提要求，就是必须有一个相对稳定的业务环境和发展战略，否则难以形成相对稳定的组织结构和职责分工。因此，基于任务的职务设计比较适合于大工业生产组织，其外部环境相对稳定，内部以追求稳定和效率为目标。

2.基于团队的职务设计

这种职务设计理念是在满足客户需求的导向下，将组织的目标和任务分解给一群人，以团队的形式来工作。其优点首先来自对顾客需求的快速反应；其次克服了组织各职能部门、各职务的自我封闭、各自为政的弊端；最后基于团队的职务设计提供给员工更多学习、轮换等机会。当然，这种职务的设计要求组织内部各职能部门给予团队很大的支持，要求相应人员有较高的管理协调能力。

3.基于能力的职务设计

基于能力的职务设计是以人为中心的职务设计理念。它并不是对组织任务的分解，而是分析、确定为确保组织目标达成，组织在未来一段时间到底需要哪些知识和能力，之后将这种知识和技能进一步分解落实到一项职务中去。根据这样的设计理念得到的职务没有太明确的职责界限，完全根据外部环境的变化来调整职务所承担的职责。基于能力的职务设计其优点首先是能够根据外部市场变化而及时地调整职务，不像基于任务的职务设计那样刚性，因此灵活性强；其次，不需要太多的管理监督职务或层级，员工能够实现自我管理与控制，因此要求组织对相关人员充分授权。这种设计理念的缺陷可能来自于职务和组织目标、任务完成没有明显的联系。基于能力的职务设计比较适合于高科技组织，其外部市场变化大，要求组织以创新和柔性来获取竞争优势。

4.基于市场的职务设计

基于市场的职务设计是指组织在进行自身职务设计时根据本行业中比较成功的组织作为标杆，以它现行的职务设计为参考进行本组织的设计。有些国家的政府部门（如美国劳工部）每年对本国主要行业的职务、人数、营业额及职务的平均工资进行统计并公布，这些数据可作为组织进行职务设计的参考。这种设计理念直观简单，设计成本低，费时少。但由于各组织的战略、自身条件等总会有差异，所以也不能简单地照搬照抄，而应该在实践中根据自身情况不断进行调整。

五、职务设计的影响因素

1.环境因素

环境因素包括人力供应及社会期望。职务设计必须考虑是否能找到足够数量的合格人员。一个失败的例子是由于忽视了人力资源的制约,认为花钱可以买到技术进步,于是进口最先进的生产设备,结果由于本地区或本国缺乏合格人员,只能以高薪从外地聘请有关技术人员任职。

社会期望是指人们希望通过工作满足些什么。工业化初期,由于在城市找工作不容易,许多人可以接受时间长、劳动强度高的工作。但是随着文化教育水平的提高,人们对工作和生活质量有了更高期望,单纯考虑机械效率、工作流程等就会引起不满,从而要求职务设计更多考虑“人性”因素。

2.组织因素

组织因素包括专业化、业务流程及工作习惯。所谓专业化就是按照所需工作时间最短、所需努力最少的原则分解工作,形成很小的工作循环。例如汽车装配线上专门安装前灯,完成操作只需半分钟,掌握这种技能只要几分钟。业务流程就是考虑在相互协作的工作团体中,每个职务负荷的均衡性问题,以便保证不出现所谓“瓶颈”的状况。例如,汽车装配线装前灯只要半分钟,装灯座要 4 分钟,如果安排一个人装前灯,一个人装灯座,就会出现前灯装配工人等待灯座作业完成的情况,灯座作业就成为“瓶颈”。工作习惯是在长期工作实践中形成的传统工作方式,它反映工作集体的愿望,这往往成为职务设计的制约因素。例如,美国某汽车公司的一家工厂为提高生产效率,决定给一些员工增加工作量以减少某些职务,结果因改变了原有工作习惯而导致工人罢工。

3.行为因素

从行为科学角度出发,职务设计不能只考虑效率因素,还应当考虑满足员工的个人需要。行为因素包括以下几方面:

(1)多样性。多样性是指做不同工作的机会。若缺乏多样性,会导致厌烦,引起疲劳,因而产生失误。一项研究表明,职务变换对于有效的工作会产生部分积极作用。以啤酒厂为例,由于员工已习惯在一定运行速度的装瓶线上操作,若装瓶线的运行速度发生变化,可能减少了厌烦,又减轻了疲劳。另一项研究表明,多样性是员工满意的主要原因之一,因为通过在职务中加入了多样性,能减少因单调的、机械的操作而引起的疲劳,从而也减少了由此引起的失误,增强了员工对工作的自信心。

(2)整体性。整体性是指做完整工作的机会。员工往往缺少参与完整工作的机会,从而造成他们几乎毫无责任感和成就感。只有当任务组成能使员工感到自己做出了可以看到、可以识别的贡献时,工作的满意程度才会大大提高。

(3)重要性。重要性是指该工作对其他人的生活或工作的影响程度。让员工知道自己所从事的该项工作对于企业内部或外部的其他人是重要的,从而使得职务对于员工来说更有意义。因为他们知道其他人正依赖自己的工作,所以加强了自身重要性的感觉,自豪、承诺、激励、满意及较好的绩效就会产生。

第二节　职务设计过程

职务设计过程主要包括确定职务和确定职务任职人员数量两个过程,也就是人们经常所说的定岗定员。

一、确定职务

广义上的职务设计包括组织任务的确定、部门任务的确定和职务任务的确定,具体包括如下步骤:

1.明确组织任务。组织任务的确定需要在组织宗旨与SWOT分析的基础之上,明确组织发展的目标和战略,既而确定哪些活动是组织要做的,哪些暂时不做,哪些将来也不会做。组织的外部环境包括社会的、经济的、政治的、技术的和法律的,外部环境的任何一个因素的变化都会影响着组织内部的深层次变化,如科技进步,组织的工艺、生产方式也会发生重大变化;内部环境包括自身的优势和劣势(包括产品、技术、人员、经营范围等),尤其是与竞争者相比。在此基础上,明确组织的目标和努力的方向。

2.流程设计:需要设立一个什么样的业务流程才能高效达成组织目标和任务。

3.组织结构设计与部门化:在组织的产品或服务流程中,需要哪些部门?哪些是基本职能部门?哪些是关键的职能部门?哪些是辅助的职能部门?它们各自在组织产品或服务的流程中处于什么地位?扮演什么角色?在实际工作中,很多组织采取“哑铃”型结构设计,注重产品研发以及营销等关键职能。管理者在部门设计时还应该注意以下几个方面原则：

(1)精简原则：在保证组织目标有效完成的前提下，尽量设置最少的部门；

(2)满负荷及均衡原则：各个部门独立完成组织中的一部分任务，但任务的分配应该均衡，避免出现一个(些)部门忙而另一个(些)部门却无所事事的情况；

(3)弹性原则：随着组织的发展变化，部门可以增加，也可以撤销、合并；

(4)系统原则：有着紧密联系的职能应该放在同一管理子系统内，最好不要将它们分开；

(5)独立原则：存在相互制约关系的职能则应该分开，比如业务工作和检查工作，不能由同一部门或管理子系统来承担，从而保证各自职能独立、公正地发挥作用。

4. 确定部门任务，将组织的任务按照具体的业务流程分解就形成了部门的职责与任务，进而确立部门的内部结构。

5. 任务的分解和设计

确立了组织和部门的工作任务后，就需要将任务继续分解成为独立的、可操作性的具体业务活动。在分解过程中，要考虑到任务的相近性。组织的各项职能，如生产、营销、战略等，都由许多具体的工作内容，需要多名员工甚至是多个部门共同承担才能完成。因此，需要通过工作任务的分解，列出各项基本职能的具体工作内容，作为分派职务的依据，指定专人或某个团队或部门来负责执行。

工作任务的分解可以采取逐级分级的方法，即从一级职能到二级业务活动再到三级业务活动，最后将其中一项或若干项三级业务活动归入一个职务或由一个团队来完成，如图 3-1 所示。

6. 确定职务以及任务职责：明确职务的名称、工作任务与职责、职务与职务之间的关系、职权等内容。

二、确定职务人员数量

(一)定编定员的含义

所谓的定编就是按照一定的程序，采用科学的方法，从组织条件出发，合理确定组织的结构、形式、规模，以及人员配置数额。定员是确定组织每个职务人员配置数量和质量的过程与技术。

定编定员是组织人力资源管理的基础，它为制定人力资源计划提供了

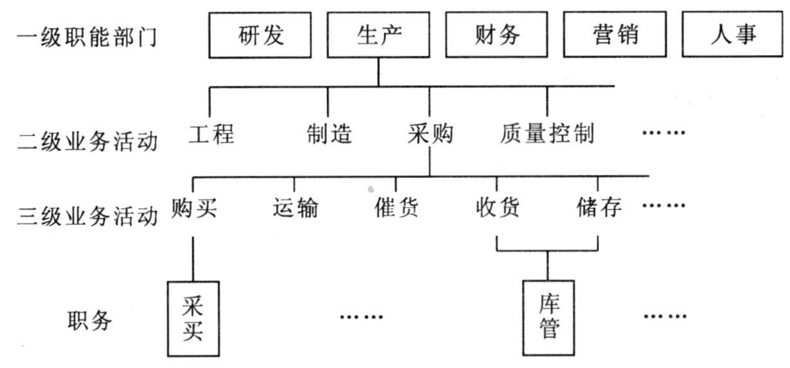

图 3-1 组织任务分解到职务的过程

基础和依据;同时能够有效防止在人员招聘方面的盲目性,克服机构臃肿、人浮于事、效率低下的现象,提高劳动生产率与管理水平。

组织中的职务变化较大,定编定员时只需要确定一些关键的职务或者对某几类职务人员的配备即可。按照员工所在的职务,工作性质和执行职能的不同,通常可以分为以下五大类职务人员。

(1)工人。是指组织中直接从事基本生产和辅助生产活动的全部工人。包括:基本生产车间和辅助生产车间(或附属生产单位)中直接从事工业性生产活动的工人,以及厂外运输及对厂房建筑物进行大修理的工人。

(2)学徒工。是指在技术工人或熟练工人的指导下,在生产劳动中学习生产技术,并享受学徒工待遇的人员。

(3)工程技术人员。是指组织中负担产品设计和工程技术职务,并且具有工程技术职称的专业工程技术人员和从事工程技术管理工作的人员。

(4)管理人员。是指组织中各职能部门和各基本车间与辅助车间(或附属生产单位)从事生产、经营、行政管理的人员。

(5)服务人员。是服务于员工生活或者间接服务于生产的人员,包括福利人员、文教卫生人员、警卫消防人员、住宅管理人员、勤杂人员、维修人员和社会性服务机构人员。

(二)定编定员的原则

1.以生产经营目标为中心,科学、合理地进行定编定员

所谓科学,就是要符合劳动管理的一般规律,做到"精简又有效",即满负荷。在保证生产和工作需要的前提下,参照国家制定的通用标准、行业标准或条件大体相似的其他组织的标准来进行,体现出组织机构精干、用人相对较少、劳动效率相对较高的特点。

所谓合理，是指从组织实际情况出发，实事求是地结合技术装备水平、管理水平和员工素质，考虑到提高劳动生产率和挖掘员工潜力的可能性来确定定员数。在此基础上，如果能高于国家主管部门颁布的或行业颁布的定编定员标准，当然更好。

2.各类人员的比例关系要协调

注意处理好以下几个关系：

(1)正确处理组织中直接与非直接生产人员的比例关系。直接生产人员是物质财富的直接创造者。他们处于生产第一线，对于劳动生产率的提高起着决定性影响。非直接生产人员，为直接生产人员服务，对于保证组织生产经营活动正常进行也是必不可少的。

(2)正确处理组织中生产工人内部基本工人与辅助工人的比例关系。基本工人与辅助工人都是直接从事物质生产的人员，是生产过程中不可缺少的，但是他们两者的作用还是不一样的。前者对于生产起着直接的作用，而后者只是起着辅助的作用，辅助工人过多，必然会影响劳动生产效率的提高。他们两者之间的比例，要根据生产的条件和各自的工作来进行合理的安排。

(3)正确处理基本工人与辅助工人内部各工种之间的比例关系。在基本生产工人和辅助生产工人内部，由于劳动分工的不同，又可分为许多不同的工种，这些工种需要相互协作，才能使生产经营活动协调进行。进行定编定员时，对这些工种应进行合理的安排，以避免不同工种忙闲不均或窝工浪费现象的发生。

(4)合理安排管理人员与全体员工的比例关系。管理人员占员工总数的比例，与组织规模、生产类型、专业化程度、自动化程度、产品性质、员工素质、组织文化以及其他一些因素有关。组织在保证各项管理工作完成的前提下，应力求降低管理人员的比重，消除机构臃肿和人浮于事的现象。

(5)合理安排服务人员与全体员工的比例关系。各种服务人员定员，应按照主管部门规定的各项标准来进行，而且市场经济条件下，这些服务人员以及相应的机构完全可以交由社会来办，组织可以通过资源外取来获得相关服务。

(6)正确处理全体员工中男女员工的比例关系。国外心理学研究表明，女员工在场时，可以很大程度地提高工作效率。在可能的情况下，应尽量将一些职务安排给女工。另外，还应考虑行业的特点安排男女员工，比如，建筑安装部门的女工比例不应超过30%；机械制造业女工比例可在20%～

30%;电子仪器、纺织、工艺、美术等部门的女工可达70%以上。

需要指出的是,各类人员的比例不是一成不变的,它是随着生产力的发展、科学技术的进步以及管理水平的提高而不断变化的。

3.坚持科学性,保证员工正常休息时间

定编定员必须坚持科学性,并遵守国家有关的工作时间规定,保证员工正常休息时间,不能用增加劳动强度和延长工作时间的办法减少定员。此外,对于劳动强度大、噪音大、空气污染严重等有毒、有害的职务定员,应该留有一定弹性空间,配备适当的预备人员。

(三)定编定员的方法

1.劳动效率定员

是指根据生产任务和工人的劳动效率以及出勤率等因素来计算定员人数的方法。它实际上就是根据工作量和劳动定额来计算人员数量的方法。因此,凡是实行劳动定额的人员,特别是以手工操作为主的工种的定员,一般都适用这种方法来计算。

其计算公式如下:

定员人数=计划期生产任务总量/(工人劳动效率×出勤率)

如果劳动定额不是产量定额形式,而是时间定额,其计算公式如下:

定员人数=(计划期内生产任务×时间定额)/(工作班时间×出勤率)

2.设备定员

是指根据工作量确定机器设备的数量,再根据设备数量、设备利用率、开动班次以及工人看管定额和出勤率等因素来确定定员人数的方法。这种定员方法属于效率定员的一种特殊表现形式,适用于机械操作为主,使用同类型设备,采用多机床看管的工种。

计算公式为:

设备定员人数=$\sum$(同类型设备开动台数×单机定员标准×该设备平均开动班次)/出勤率

3.职务定员

是指根据职务的多少、各职务的工作量大小、工作班次等因素来确定定员人数的方法。它主要适用于看管大型联动设备的人员、自动流水线生产的职务定员;也适用于有一定职务但没有设备又不能实行劳动定额的人员。如检修工、质检工、电工、水泵和空压机的运行工、警卫人员、茶炉工、清洁员、收发员、门卫等。在计算时还要考虑生产班次、倒班及替班方法,对于采用连续生产、实行轮休制的单位,还要根据轮班形式,考虑此轮休人数。

其计算公式如下：

职务定员人数＝$\sum$(同类职务人数×职务定员标准×班次)×轮休系数/出勤率

4.比例定员

是指按照组织员工总数或某一类人员总数的比例，来确定某类人员定员人数的方法。在组织中，由于劳动分工与协作的要求，某一类人员与另一类人员之间总是存在着一定数量的比例关系。组织对这些人员定员时，可以严格根据国家、主管部门、行业标准确定的比例来进行。

计算公式为：

某一类人员的定员数＝服务对象人数×定员的标准比例

这种方法主要适用于组织中各种辅助性生产或服务性职务的定员，如，炊事员可以按照就餐人数的一定比例确定；保育员按照入托儿童数量分日托、全托，按比例确定；教师按照学生人数的一定比例确定；医务人员根据员工总数、病床数或患者就诊数量等按比例确定。这种方法也可用于生产车间中无法精确考核劳动量的某些辅助性生产工人的定员，即按辅助生产工人与基本生产工人的比例关系来确定人员需要量；同样，对于组织中类似政治思想工作人员、工会、妇联、共青团脱产人员，以及某些从事特殊工作的人员，也可按照此种方法确定人数。

5.组织机构、职责范围和业务分工定员

这种方法一般是先确定组织机构和各职能科室，明确各项业务分工及职责范围以后，根据业务工作量的大小和复杂程度，结合管理人员和工程技术人员的工作能力和技术要求来确定定员人数的方法。这种方法主要适用于企业管理人员和工程技术人员的定员。

第三节　职务设计理论与方法

一、职务设计思想的发展与演变

早在200多年前，亚当·斯密(Adam Smith)就曾指出，把工作分解成独立的单元可获得经济性。几个世纪以来，职务的内容及其设计一直是工程师和经济学家感兴趣的一项课题。在现代企业管理中，职务设计对于企业和员工个人都是非常重要的，它不仅关系到企业的生产效率，还会影响到团队和个人的工作体验及激励。职务设计一直和专业化密不可分，最近几十年，人们逐渐把职务设计的重点从工作任务及专业化转移到设计方法当中所蕴含的人性需求上来。大量不同学科的知识开始用于职务设计，除工程学外，还包括生理学、生物学、人类学、社会学及心理学等等。

职务设计的发展依随管理科学的发展与社会历史的进步，大致经历了古典职务设计与现代职务设计两个阶段。

(一)古典职务设计阶段

古典职务设计理论始于20世纪初的科学管理运动。其特点是强调工作任务的简单化、标准化和专业化，以实现工作活动的高效率。1911年泰勒(Frederick W・Taylor)所概括的科学管理理论强调工作是生产过程。他设计职位强调的是以下内容：组成职位的内容更简单、非常专业的职位描述，以及系统的工作程序和计划、严密的监控。

强调劳动的分工细化，作业活动的高度标准化和简单化，这方面最为经典的就是流水线作业式的职务设计。它采用固定运行节律，工作活动单调反复，技能要求低，限制工作中的社会交往，至今仍在许多企业中应用。

应该承认，通过古典职务设计，工作活动变得非常简单易行，确实极大提高了企业的生产效率。但是，员工的工作实践表明，古典职务设计思想下形成的工作系统亦存在许多弊病。例如工作单调乏味，缺乏内在激励，容易疲劳和紧张，进而造成工作动机的下降和组织功能降低。依据心理学的行为活动理论，在活动刺激总是单调不变的情况下，个体的“唤起”水平与活跃水平均会下降，从而出现工作中的白日梦、无休止闲谈、频繁停止活动、变形的工作姿态等不良工作现象。如果能够在工作中经常变化刺激模式，就能保持员工的较高活动水平与敏感性。因此，许多企业采用了工作轮换和任务扩大等新的职务设计，周期性地改变员工的工作体验，对员工提出必要的技能要求，降低工作单调性，提高员工在工作中的活动性与满意感，获得了相当广泛的应用。但是这类设计中，工作本身并没有发生实质性的改变，如果新的工作任务像老任务一样单调乏味，则人们对新的刺激亦会很快适应并感到厌烦。

(二)现代职务设计理论

随着社会进步，人的需求层次的提高以及现代化生产对人员的更高要求，古典职务设计越来越难适应现代管理的要求。从20世纪60年代开始，在新的职务设计理论思想的指导下，职务设计开始步入新的阶段。

现代职务设计十分强调工作生活质量的改进，力求做到人与职务的完善配合，在提高工作效率的同时保证工人较高的工作满意感。为此，职务设计立足于工作本身内在特性的改进，增强工作本身的内在吸引力，相当大地改变了工作活动的性质、功能、人员关系与反馈方面的特性。在实际应用中，现代职务设计已取得了不少有意义的成果。尽管在现代职务设计中并没有什么普遍的标准准则，但也逐步形成了一些基本共识。一般而言，现代职务设计一般都倾向于：

1. 改变有关工作的责任要求，增加具体工作人员的工作责任，提高工作中的自主性，包括自我做出有关工作计划和检查，自我决定具体的工作程序和方法，自我确定工作节奏，自我处理与工作客户有关的事宜等。

2. 重新组合那些依据古典设计理论而被割裂和简化的零碎工作任务，使之形成一个有意义的完整工作任务系统。在具体的职务设计活动中，一类是以员工的工作心理需要为框架，激发工人的工作动机、提高工作满意为目的，通常称之为"工作丰富化"活动；另一类是把职务设计为团体的任务形式，并授权某个工作小组对这一较大的和有意义的完整工作任务负全部责任。该工作小组对工作进行自主性管理，可用自认为合适的方式进行工作作业，并以整个团体的名义接受报酬、奖励和上级的评定，甚至还可承担起本团体成员的选择、训练和解职等责任。

二、基于学科基础的职务设计方法

职务设计的基本学科基础来自心理学(psychology)、管理学(management)、工程学(engineering)、工效学(ergonomics)。

1. 基于机械论的职务设计方法(Mechanistic Approach)

这种方法有其深远的历史根源——古典产业工程学。这种方法关注于找到一种最佳的方式来工作，从而使效率最大化。这常常需要降低工作的复杂性，提高人力方面更大的效率和弹性，这意味着使工作变得简单，任何人都能够被快速训练来完成工作。这种方法关注围绕任务专业化、技能简单化和工作任务重复性来设计工作。科学管理(Scientific Management)是最早的、最著名的机械论职务设计方法。这种职务设计方法使得组织降低了对该技能员工的依赖，员工可以容易地被替换，快速而廉价。

2. 基于生物学的职务设计方法(Biological Approach)

这种方法最初源自于生物力学(身体运动研究)、工作生理学和职业医药学，而且也经常被称为工效学(Ergonomics)。工效学关注检查个体生理特征与物理工作环境之间的结合处。这种方法的目的是通过调整组合围绕个体工作的环境，而使身体疲劳最小。因此，它关注诸如身体疲劳、疼痛和痛苦以及健康方面的抱怨等问题。

生物学方法已经应用于在需要体力的工作中对设备的重新设计。这种设计通常是为了减低工作对体力的要求，以使女性也能从事类似工作。另外，许多生物学职务设计变革关注于对设备和技术的重新设计，如调整计算机键盘的高度以减少职业病(如腕部血管综合症)。对桌椅的设计从而使它们更符合坐姿的要求，是办公室工作设计的另外一个非常重要的例子。一项研究表明让员工参与到生物学职务设计活动中来，会导致减少累积性外伤和紊乱的数量及严重性，同时也能减少损失的生产时间。

3. 基于知觉/运动神经的职务设计方法(Perceptual/Motor Approach)

这种方法根源于社会学、心理学等学科，是在人性的基础上进行职务的设计。相比生物学方法关注身体的能力和局限，知觉/运动神经方法则关注于人智力的能力和局限。它的目的是设计工作以保证它们不会超出人们的智力能力和限制。总体而言，这种方法试图通过减少工作中的信息处理的要求来提高可靠性(reliability)、安全性(safety)以及使用者的反应(user reaction)。在设计中，需要考虑能力最差的员工，然后构建工作要求，以使最低能力水平的员工也能够达到。与机械学设计方法相类似，这种方法有降低工作认知要求方面的效应。

诸如空中交通控制员、原油提炼操作工以及质量控制检验员等职务需要大量的信息处理活动。相反，很多文职性职务和装配线职务，则几乎不需要信息处理活动。经理人员应该在职务设计中考虑不能将职务设计得超出人的智能范围。

表 3-1　机械论职务设计方法

1. 工作专业化(job specialization)：工作是否按照目的和活动而进行了高度专业化？
2. 工具和程序的专业化(specialization of tools and procedures)：工作中的工具、程序、材料是否按照目的而高度专业化？
3. 任务简单化(task simplification)：任务是否简单、不复杂？
4. 单一活动(single activities)：工作是否要求任职者一次仅完成一项任务？工作是否不要求任职者同时完成多项活动？
5. 工作简单化(job simplification)：工作是否需要相对少的技能和培训时间？
6. 重复性(repetition)：工作是否需要重复性地完成相同的活动？
7. 备用(多余)时间(spare time)：工作中各项活动间是否没有空闲时间？
8. 自动化(automation)：工作中的多项活动是否采用自动化？

表 3-2 基于生物学的职务设计方法

1. 力量(strength):工作本身是否需要适量少的肌肉力量?
2. 举高(lifting):工作是否需要适量少的举高活动,被举的物品是否足够轻?
3. 耐久力(endurance):工作是否需要适量少的肌肉耐久力?
4. 坐(seating):工作中坐的安排是否适当?(空间、舒服的座位、良好的坐姿支持)
5. 尺码区别(size difference):工作地是否允许不同尺码的员工,如间隔、可触及空间、眼睛高度、腿的活动空间等?
6. 手腕活动(wrist movement):工作是否允许手腕保持垂直,而不是连续运动?
7. 噪音(noise):工作地是否远离连续的噪音?
8. 气温(climate):是否舒服?(温度、湿度以及是否远离过多的灰尘和烟雾)
9. 工作休息(小憩)(work breaks):按照工作要求,是否有适当的小憩时间?
10. 轮班工作(shift work):工作是否不需要轮班或过多的加班?

表 3-3 基于知觉/运动的职务设计方法

1. 照明(Lighting):工作地的照明是否适当、不耀眼?
2. 显示(Displays):工作中使用的显示器、量规、米尺以及计算机设备是否方便读取和理解?
3. 程序(Programs):工作中计算机设备的程序是否容易学习和使用?
4. 其他设备(Other equipment):工作中所使用的其他设备是否容易学习和使用?
5. 印刷性的工作材料(Printed job materials):这些材料是否方便阅读和解释?
6. 工作场所设计(Workplace layout):工作场所是否方便员工看到或听到完成工作的信息?
7. 信息输入要求(Information—input requirements):完成工作所需要的信息数量是否适当最小化?
8. 信息输出要求(Information—output requirements):按照相互影响与沟通的原则,员工从工作中的产出信息数量是否适当地最小?
9. 信息处理要求(Information—processing requirements):根据思考和问题解决的原则,处理的信息数量是否适当最小?
10. 记忆要求(Memory requirements):工作中必须要记忆的信息数量是否适当最小?
11. 压力(Stress):工作中是否相对没有压力存在?
12. 厌烦(Boredom):工作中产生厌烦的可能性是否较小?

表 3-4 职务设计方法优缺点比较表

职务设计方法	积极结果	消极结果
机械学	减少培训时间/高应用程度/低差错率/低心智负荷与压力	低工作满意度/低激励/高缺勤率
生物学	少体力付出/低身体疲劳/低健康抱怨/低医疗事故/低缺勤率/高工作满意度	高财务成本/(工作环境设备的更换改进)
知觉/运动	低差错率/低事故率/低心智负荷与压力/低培训时间/高应用程度	低工作满意度/低激励

三、职务专业化设计

早期的职务设计注重对工作进行分工，使职务变得简单化、标准化和专业化，主要基于以下假设：

(1)一个人掌握工作过程中的一个操作远比掌握整个工作过程要容易得多，因此让每个工人从事整个工作过程中的一个环节的操作，那么他们就很容易变得熟练，能够最大限度地提高工作效率。

(2)如果一个人做所有的工作环节，那么他从一个工作环节转换到另一个工作环节一定需要花费时间，因此一个人只做一个环节可以做到更加节省时间。

(3)高度专业化的分工可以减少培训的成本，因为不需要为员工提供全面的培训，只需要训练员工掌握特定领域的技能就可以了。

(4)标准化的操作程序可以使组织的生产流程更加清晰化和具有可控性，有利于进行管理。

(5)劳动分工可以使人们使用各种专门的、节省时间提高效率的工具和机器进行生产工作。

这种职务设计理念强调工作的专业化和简单化，在其开始阶段确实为无数组织带来了效率和效益的提高，并且使得一些员工成为熟练掌握某种技能的专家。但是后来，其负面作用便会不断体现出来：

(1)由于工作是简单重复的，使工作变得单调乏味；同时流水线的节拍决定员工的工作速度，工人被限制在狭窄的工作范围内，也限制了员工之间的社会交往，他们感到疲劳和厌倦，工作积极性下降。

(2)导致工作效率降低，生产事故不断出现，缺勤率和离职率也在上升，员工消极怠工、罢工不断出现。

(3)简单的工作对员工的技能要求程度低，无法满足员工在工作中成长和发展的需要；因为每位员工只完成整个工作或成果的一部分，他们只了解片面的情况，不知道最终产品的情况，感到自己成了机器和规则的附属物。

(4)由管理部门决定工作设备和工作方法，员工只能服从，员工在工作中缺乏自主控制。

(5)职务设计刚性，对环境，尤其是对来自于顾客方需求的变动反应迟钝。

(6)残次品率上升，产品质量下降；员工工作情绪化，对工作不满，工作的责任心差，出现消极对抗行为以及管理人员与工人的隔阂；缺勤率和离职率上升，优秀人力资源流失。

鉴于早期的职务设计的不足，后来的职务设计逐渐向着丰富化、扩大化的方向发展，更多地考虑员工在工作中的兴趣和发展需要。

四、职务类型与职务设计

职务类型的分类很多，下面是一个和职务设计紧密相关的职务类型分类方法，即从专业化和自主性这两个维度对职务进行分类，如图 3-2 所示。

职务的专业化，主要是指分工的精细程度、任务的广度和深度。不同职务的专业化程度不同，专业化程度高的职务分工比较精细，任务广度不大而深度较大；专业化程度低的职务往往分工不是很精细，任务较广而不深。所谓职务的自主性，就是指任职者在工作中决定自己的工作方式和工作节奏的独立性和自由度，自主性越高，工作中的独立性和自由度就越大。按照专业化的高低和自主性的高低大致可以将职务划分为四种类型：

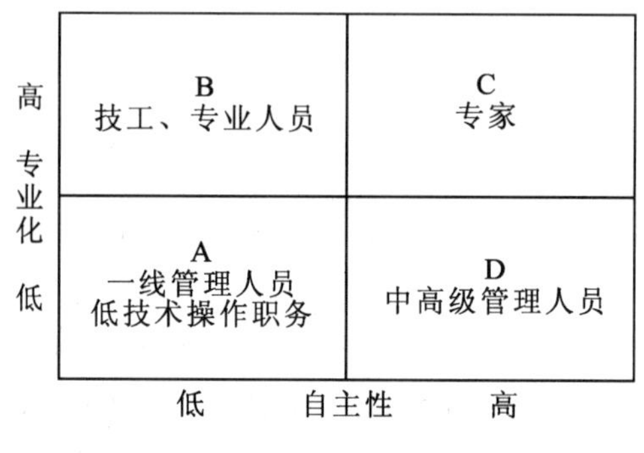

图 3-2 职务矩阵图

在职务矩阵图中，A 类职务是专业化和自主性都低的职务，它可能包括一些不需要太多专门技术的操作性职务，如行政事务管理、普通的销售人员等，还有在一线从事生产及管理的人员。

B 类职务是专业化程度高但自主性较低的职务。这类职务主要包括那些按照规定的程序和方式从事技术和专业工作的人员，例如技术工人、工程师等。

C 类职务是指那些专家职务，这类职务的专业性和自主性都很高。B 类职务随着专业技能的提高，成为某个领域的专家、顾问，他们对工作的自主性就会不断提高，就会有更大的决定自己工作方式的自由度，从而发展成为 C 类职务。

D类职务是专业化程度不高但是自主性很高的管理职务。这类管理人员要负责较大范围内的工作,因此他们并不是专门掌握一个领域的技能。虽然专业化程度不高,但他们对自己所管理范围的决策具有很大的自主性。

一般来说,A类职务是一些较初级的职务。从事这些职务的人员会有两种主要的未来发展可能性,一种就是向具有更高技术专业性的职务发展,一种就是向具有更高自主性的中高级管理职务发展。

从对职务类型的分类中我们可以看出,尽管职务设计的时候努力使工作丰富化和扩大化,但这只能在一定的范围内进行,并不可能使所有职务的内容都非常丰富和广泛,毕竟那些不具有太多挑战性的操作性职务和分工精细的专业化职务也是客观存在的,丰富化和扩大化只是相对的。而且,任职者本人对职务的专业化和自主性的需求也有所不同,不同类型的职务会得到不同任职者的喜好。

五、职务工作时间设计

组织中职务的工作班制有单班制和多班制两种。单班制是指每天组织一个班生产,多班制是指每天组织两班及以上的员工轮流生产。选择单班制还是多班制,主要取决于生产工艺特点,如果生产工艺过程是不能间断进行的,如发电、化工、石油、冶金等行业,其工作时间必须实行多班制。相反,工艺过程可以间断的,如机械制造、纺织等行业,可以结合组织的其他要求与特点,实行单班制。一般而言,单班制组织起来比较简单,有利于员工的充分休息和身体健康,但不利于厂房、机器设备的充分使用。多班制有利于充分利用机器设备,缩短生产与交货周期,合理使用劳动力,但组织工作比较复杂。

下面简单地介绍一下这些传统的工作时间安排。

1. 两班制

是指每天早、中两个班的工作方式,一般不用上夜班,一段时间后(比如一周后)轮换一次。这种安排既利于机器设备的保养,也利于员工的休息和健康。

2. 三班制

是指每天分早、中、晚三班工作的方式。实行三班制必须组织好员工的倒班和轮休。四班三运转(即“四三制”)是目前采用最为普遍的轮休方式,它是以八天为一个循环周期,组织四个轮班,实行早、中、晚三班轮流生产,员工每八天轮休两天。

表 3-5 四班三运转倒班方式

	1	2	3	4	5	6	7	8	9	10	11	12	13	14	15	16
甲	早	早	中	中	晚	晚	休	休	早	早	中	中	晚	晚	休	休
乙	中	中	晚	晚	休	休	早	早	中	中	晚	晚	休	休	早	早
丙	晚	晚	休	休	早	早	中	中	晚	晚	休	休	早	早	中	中
丁	休	休	早	早	中	中	晚	晚	休	休	早	早	中	中	晚	晚

3. 四班制

是指每天组织两个班进行生产。其轮班组织又可以分为两种形式："四八交叉"和"四六工作制"。"四八交叉"是指一昼夜 24 小时内组织四个班生产，每班工作 8 小时，前后两班之间的工作时间相互交叉（详见表 3-6 所示）。交叉时间内接班员工可以进行生产准备工作、讨论关键问题，这样大大加强了班次之间的协作。"四六工作制"是指每一个工作日由原来组织三班生产，改为四班生产，每班由 8 小时工作制改为 6 小时工作制。这种安排适合井下采煤、挖掘、矿山等工人的工作，它相对缩短了员工工作的时间，但是需要增加人手。

表 3-6 "四八交叉"工作安排

班次	1	2	3	4
时间	8:00～16:00	14:00～22:00	20:00～4:00	2:00～10:00

除了上述传统的工作时间设计形式外，还有一些组织根据自身的特点，将一些职务的工作时间设计为比较灵活的方式，如弹性工作时间、非全日工作、职务分享、在家工作等，这样满足了任职者的实际需要，有利于调动他们的积极性。比如，弹性时间规定了每天中的核心时间，在此时间段内必须出勤，此核心时间外可以自由选择上下班时间。这样的工作时间安排适用于高级管理人员职务和一些普通管理技术职务。职务分享是指一份职务的工作由两个人分做，报酬也按照各自的工时和成果来分配。在家工作比较适合那些需要独立创造和思考的职务，如研发职务、广告创意以及其他一些白领职务。

六、职务工作空间与环境设计

1. 照明

一般分自然采光和人工照明两种形式。在设计照明时，应该尽量利用自然光柔和以及有利于人体机能与健康等特点。人工照明设计亮度越高看得越清楚，但过高则会造成眩目。一般来讲，以观察物体和操作舒适为原则，人工照明值在50～200勒之间。当然另外一个考虑的问题是不同的工作地点，照明度应有区别，比如，工作地和加工部位照明要高于周围环境；运动中物体的照明要高于静止物体的照明。但是，在一间厂房中，各部分照明度不可悬殊过大，一般不能超过20勒。

2.色彩

工作环境适当选用色彩使人在工作时有着视觉的色彩对比，比单纯照明度高效果更好。色彩对人的生理影响主要表现为提高视觉器官的分辨能力和减少视觉疲劳，因此工作场所中有效色彩的运用可以调节员工的情绪，降低疲劳程度。除此之外，色彩还影响人的情绪，甚至改变一个人的性格，明快的色彩使人感觉轻松愉快，阴郁的色彩则会令人沉重郁闷。因为人们对于色彩的明度和饱和度分辨较差，所以，选择色彩对比时，一般以色调为主。通常，容易使人产生视觉疲劳的色调依次是蓝色、紫色、红色、橙色等。

3.噪音

噪音对人的听觉和其他器官都有严重的危害。工作场所控制噪音的方式有：

(1)消除或减弱噪音源，比如相关设备改造或更新；

(2)使用吸音或消音设备或工具控制噪音的传播，比如消声器、隔声罩、隔音墙等；

(3)将高噪音和低噪音设备分开管理；

(4)个人防护措施，比如防噪耳塞等。

4.温度与湿度

组织应该根据不同的职务性质、工作地点以及不同的自然气候条件，采取适当的措施，保证工作环境正常的温度和湿度。通常，人体在夏季舒适的温度范围为18～24摄氏度；冬季为17～22摄氏度。因此，当工作场所温度经常高于35度或者低于5度时，应考虑采取降温或者保温措施。

除此之外，工作环境设计还包括：

(1)工作地工具、设备布置应该尽量减少人员走动的距离，缩短相应的时间，提高效率，减轻劳动强度。

(2)保持工作地的清洁卫生以及良好的通风。

(3)作业空间设计以符合生产作业以及人的身体正常活动为原则，不要过于狭窄等。

【案例】跳板原则的困惑

在JD公司，张玲和李晓分别担当市场部的市场专员职务和技术中心的产品主管职务。张玲负责收集客户对公司产品和服务的反馈意见，整理后将市场报告提交给市场部的主管。李晓负责公司产品的技术改造，根据市场部提供的报告，提出技术改进方案，将改进方案提交给技术中心的主管。

在一次客户投诉中，客户对产品的安全性能提出了强烈不满，认为公司产品的安全性能没有达到产品说明书的要求，并声明，如果公司在两天之内不给出合理的解释，他将向消协投诉该问题。在此情况下，张玲通过非正式渠道告知李晓此事以及严重性，希望李晓能够立即到该客户那里，配合解决此类问题。李晓面临跳板原则的困惑：因为在他的职位说明书中规定，经由技术中心主管或公司领导(特殊情况)的指派，他应该及时到客户现场为他们解决产品的技术问题。

案例思考题

1.假设你是李晓，应该如何决策？采取什么行动？

2.张玲和李晓的职位说明书是否需要进一步改进？

3.跳板原则的适应范围以及应用时该注意哪些问题？

4.JD公司应采取何种职务设计方式避免该类似情况的发生？

思考题

1.什么是职务设计？职务设计包括哪些内容？

2.职务设计需要遵循哪些原则？

3.有哪些不同类型的职务设计理念？它们有怎样的区别？

4.通过哪些主要的过程或步骤可以确定职务(定岗)？

5.职务定员的方法各自适用的条件是什么？

6.基于机械论、生物论以及心理运动论的职务设计存在哪些区别？

7.如何根据不同的职务类型来考虑职务设计特点？

参考文献

1.安鸿章．工作岗位的分析技术与应用．南开大学出版社，2001年

2.安鸿章．现代企业人力资源管理．中国劳动出版社，2000年

3.【美】雷蒙德·A.诺伊．人力资源管理：赢得竞争优势．中国人民大

学出版社,2001 年

4. 周文. 工作分析与工作设计. 湖南科学技术出版社,2005 年

5. 高艳. 工作分析与职位评价. 西安交通大学出版社,2006 年

6. 吴志明. 工作分析实务. 机械工业出版社,2001 年

第四章

职务分析系统

本章学习要点

- 掌握职务分析系统的内容
- 了解职务分析的组织实施过程以及操作要点
- 掌握职务分析常见技术及其适用条件
- 掌握根据不同情境职务分析技术的选择

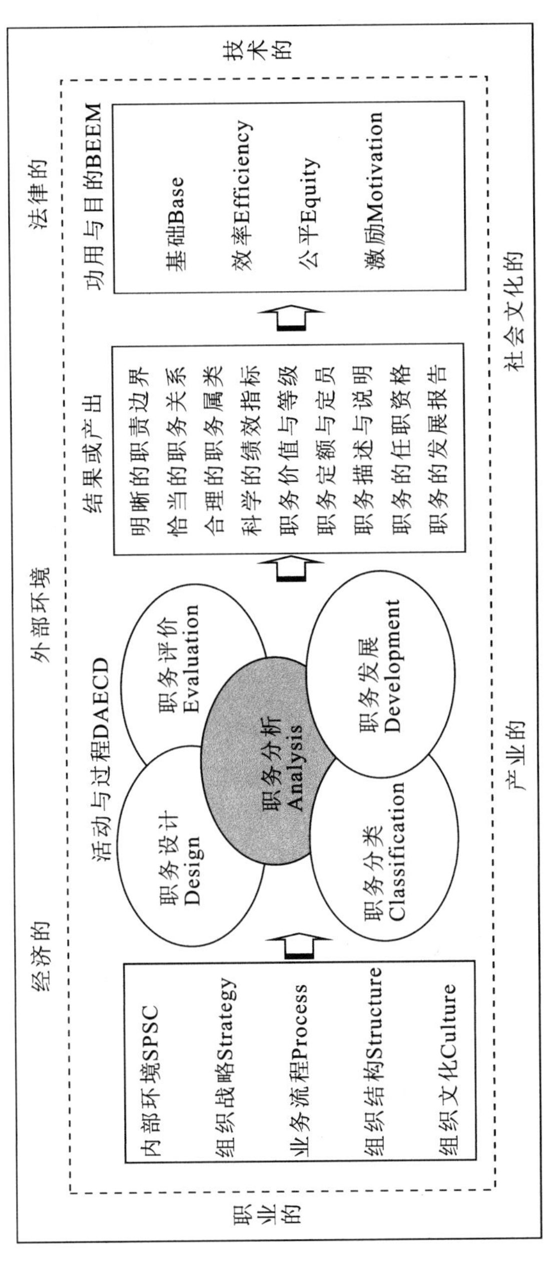
外部环境
经济的
法律的
技术的
社会文化的
产业的
职业的
内部环境SPSC
组织战略Strategy
业务流程Process
组织结构Structure
组织文化Culture
活动与过程DAECD
职务设计
Design
职务评价
Evaluation
职务分析
Analysis
职务发展
Development
职务分类
Classification
结果或产出
明晰的职责边界
恰当的职务关系
合理的职务属类
科学的绩效指标
职务价值与等级
职务定额与定员
职务描述与说明
职务的任职资格
职务的发展报告
功用与目的BEEM
基础Base
效率Efficiency
公平Equity
激励Motivation

职务分析是职务管理的核心，是最具灵动性的环节。它贯穿全部职务管理活动，构成了其他的职务管理环节的基础。职务分析系统是指由职务信息、信息源、信息收集与分析技术、职务分析层面、产出与结果以及分析目的等要素构成的、有着内部联系的过程。本章对职务分析系统做一个概述，接下来的四章分别就职务分析的四个层面，即任务分析、人员分析、方法分析、环境分析进行详细介绍。

第一节 职务分析概述

一、职务分析概念

首先简单回顾一下其他学者对职务分析的不同界定。

职务分析(Job Analysis)是指一种系统地收集和分析与职务有关的信息的过程(McCormick，1979；Milkovich，1999)。

职务分析是一种在组织内执行的管理活动，专注于收集、分析、整合职务相关的信息，以提供组织规划与设计、人力资源管理及其他管理功能的基础(Ghorpade，1988)。

职务分析是将组织中各项职务的内容、责任、性质与员工应具备的基本条件，包括知识、能力等加以研究分析的过程(黄英忠，1989)。

职务分析是对一项特定职务所完成的任务以及能胜任此项职务所必需的个人特征进行细化的过程，通俗地说，就是通过一定的程序，来确定某项职务的任务和性质，以及哪些类型的人可以承担这一职务。

在本书中，我们将职务分析定义为组织系统收集、分析有关职务信息，以便组织在此基础上对职务以及与此职务相关的事宜、人员进行决策，并最终为组织管理活动提供基础的持续性过程、技术和理念。

职务分析是职务管理系统中的一项核心活动，也是最具有灵动性的一项活动。只有通过职务分析获得职务内容与性质，并对任职人员的资格条件做出科学的分析和界定，才能对职务的价值进行评定和比较(职务评价)，也只有根据职务分析了解到特定职务的职责与任务范围以及任职者的生理、心理要求，才能对组织的内容、环境、关系等要素做出适当的变革(职务再设计)，从而使员工获得职务上的发展。

需要注意的是，职务分析是对职务本身进行分析，而不是对目前职务的任职者的个人特征进行分析。虽然我们一般通过与职务任职者访谈或通过观察员工如何完成工作等方式来获取职务相关的信息，但是决不是对特定的人来分析。

二、职务分析信息

1. 5W1H 信息

职务分析主要的任务是要收集与职位相关的信息，这些信息可以用5W1H来表示，它们分别是指：

(1)Why：组织为什么要设立某项职务？这项职务在组织中扮演什么角色？发挥什么样的作用？

(2)What：特定职务具体做什么？工作职责有哪些？任务有哪些？承担什么责任？

(3)When：在什么时间内完成(正常班、两班制、三班制)？

(4)Where：在哪里完成？在什么样的物理环境和社会环境中完成工作？

(5)Who：谁来完成某项职务？具备什么资格条件的人才能胜任工作？

(6)How：工作是如何被完成的？采用什么作业方法？借助什么工具、设备、机器？

2. 3W 信息

职务分析信息也可以被归类为三种：与职务内容相关的信息(Work Content)、与任职者相关的信息(Worker)以及与职务背景相关的信息(Work Context)。职务内容信息包括职责、任务、责任等信息；任职者信息包括履行职务对人要求的信息，如体力、智力、知识、技能、能力、经验以及其他个人特征；职务背景信息包括特定组织中职务的状况，如工作的时间(含轮班)安排、工作地点、监督汇报、工资等级等信息。

3. 两种类型的职务信息

(1)职务的职责任务责任等信息(TDRs)：这类信息是职务中客观存在的部分，也是可以观察的部分；任务是指在紧凑的时间内完成的工作要素的组合，有一定意义(Meaningful)和可识别(Identifiable)的产出(Outcome)；职责是任务的组合，是为完成一个共同的目标。

(2)知识技能能力以及其他个人特征(KSAOs)：这类信息是职务中较为主观的、不能被观察的部分；知识是指成功完成工作任务所需要的事实性(Factual)或程序性(Procedural)信息；技能是指个体完成一特定任务的熟练程度或层次；能力是指个体拥有的一种更普遍（General）和更持久（Enduring）的才能（Capability）；其他个人特征是指个性特点（Personality Traits）。

4.职业内容模型

美国劳工部国家职业网（O'NET）发展中心提出的职业内容模型（The Content Model）为我们提供了一个理论框架来识别与职务有关的几类最重要的信息，该模型将六类反应职业特征的信息划分为两大部分：以职务为导向和以人为导向。

（1）人员特征（Worker Characteristics）：这些特征不但影响工作绩效，而且影响获得与完成职务相关的知识与技能的能力，包括：能力、职业兴趣、工作价值观和工作风格等。

（2）人员要求（Worker Requirements）：是指能够通过工作经验学习或教育发展而来的特征，包括：基本技能、跨职能技能、知识和教育等。

（3）经验要求（Experience Requirements）：指履行职务之前的工作活动类型与时间，包括：经验与培训、入职基本技能、入职跨职能技能和证照等。

（4）职业特定信息（Occupation－Specific Information），包括：任务、工具与技术等。

（5）劳动力市场特征（Labor Market Characteristics）：指影响职业要求的外部因素，包括：劳动力市场信息、职业前景等。

（6）职业性要求（Occupational Requirements），包括：一般工作活动、特定工作活动、组织环境、工作环境等。

5.职务信息来源与比较

一般而言，可以从以下来源获得职务相关信息（Spector，2000）：

①职务任职者（Job Incumbent）

②主管或督导（Supervisor）

③职务分析人（Job Analyst）

④主要事件专家（Subject－Mattered Experts，SME）

除此之外，职务相关信息还可以取自以下几个来源：

（1）内部资源：现有职务描述、职位责任书、组织结构图、业务流程图、员工手册、教育培训手册等。

（2）外部资源：包括其他组织的相关职务描述以及官方相关资源，如《中华人民共和国职业分类大典》，国外的《职业名称词典》（Dictionary of Occupational Title，DOT）等。

表 4-1　外部信息来源

美国劳工部	中华人民共和国人力资源与社会保障部
○ 美国劳工局与职业名称词典(Dictionary of Occupational Title, DOT),网址:http://www.oalj.dol.gov/libdot.htm ○ 美国劳动局职业信息网(Occupational Informational Network, O'Net),网址:http://online.onetcenter.org ○ 职业生涯区(Career Zone),网址 http://www.explore.cornell.edu/newcareerzone http://www.nycareerzone.org	○ 中华人民共和国人力资源与社会保障部 ○ 中华人民共和国职业分类大典

相比而言,职务现任者可以提供具体工作任务所花费时间的准确信息,其主管或督导可以提供工作职责重要性方面的信息。

国外学者对职务现任者的特征对职务分析结果的影响(如时间分配、任务的重要性、任务得分等方面)进行过较为深入的研究,部分结果见表 4-2。

表 4-2　职务现任者特征对职务分析结果的影响

绩效高和绩效低(绩效)	研究表明基本无影响,但还不能十分肯定
男性和女性(性别)	有较小差异
黑人和白人(种族)	有较小差异
经验水平高与低(经验)	有较大差异

因此,为减小误差、提高职务分析的有效性,信息来源样本的选择应具有足够的代表性。

三、职务分析需求与目的

让我们关注一下,为什么一个组织要进行职务分析,也就是说,组织中哪些功能缺位或不完善才促使管理者通过职务分析来解决问题,职务分析要达到什么样的目的。

1.需求分析

(1)新组织建立,需要设定职务,并明确职责,指导新员工工作,这时职务分析首次被引进,职务分析等同于职务设计;

(2)新的职务产生时;

(3)员工对特定职责产生分歧,造成无人完成特定职责,或交叉完成、但对各自应承担什么界定不清;

(4)职务由于新技术、新方法、新工艺或新系统的变化而发生重大变化;

(5)薪酬设计缺乏内部公平而导致员工不满,从而引发职务评价需求时;

(6)组织缺乏正式的、有效的人力资源规划,几乎全部依赖经理人员和人力资源管理人员的个人经验;

(7)人一职匹配性不好,造成人才浪费、员工工作负荷不合理等现象;

(8)人员甄选方法与程序主观性强,不能科学有效地选人;

(9)针对员工的绩效考核主观性强,考核内容与职务内容缺乏有效联系;

(10)员工晋升阶梯及相对应的资格能力要求不清晰;

(11)没有系统的培训需求分析,造成培训效果差。

2.职务分析目的

德斯勒把职务分析的用途归结为五个方面,分别是人员招募与甄选、教育培训、绩效评价、职务评价和职责划分与理清(Dessler,2003)。

的确,职务分析能够为组织管理活动,尤其是为人力资源管理活动提供坚实的、合法的、以职位管理为基础的保障。比如在选拔任用员工时,组织需借由职务分析,才能了解职务需要具备哪些知识和技能的人以及如何将适当的人安排到适当的职务上去;在人员培训中,组织通过职务分析,明确了特定职务人员培训的内容、培训方法以及培训的时间等;在员工绩效评价活动中,组织通过职务分析,才能了解考核的内容与标准,由此根据员工的表现进行比较和评定。当然,经过系统地职务分析,有助于职务权责范围的划定,改善劳动关系,避免双方因职务内容界定不清而发生抱怨和争议。此外,职务分析还有助于组织人力资源研究、工作环境改善、员工安全与健康方案的制定以及员工晋升路径的明确等。

因此,职务分析的目的是建立一套以职务管理为基础的雇佣程序,包括人员培训、人员甄选、报酬以及绩效评价等。具体而言:

(1)确定培训需求。在培训需求分析(Training Needs Analysis, TNA)中应用职务分析或任务分析来识别或开发:培训内容;测量培训有效性的评价工具;培训传递中使用的辅助设备或工具;培训的方法(如小组培训、以计算机为基础的培训、课堂培训或录像等)。

(2)薪酬。职务分析服务于薪酬设计,可以被用来识别或决定以下职务相关的特性:技能水平;工作环境(如危险、注意力集中度和体力付出等);责任(如财务责任、监管责任等);所需教育水平等。

(3)甄选程序。职务分析服务于甄选程序,可以被用来识别或开发:组织空缺职务招聘广告中的工作职责;确定提供给候选者适当的薪水水平;职务甄选的最低要求(如教育水平或经验等);面试问题;甄选工具或仪器(如书面测试、口头测试或职务仿真模拟等);职务候选人评价表格;新入职员工社会化培训材料等。

(4)绩效评价与面谈。职务分析可以服务于绩效评价,帮助识别职务考核的内容指标,明确考核的标准,确定考核的时间以及选择评价的主体等。职务管理同样可以服务于绩效面谈,可以被用来识别或开发:面谈内容与目标;应达到的绩效标准;哪些职责是重要的等。

四、职务分析结果

将职务分析收集的信息进行系统的整理就形成了职务分析的产出或结果。职务分析通常有如下两类产出:

(1)职务描述或类似东西(如能力清单;知识清单等);

(2)为卷入分析的职务相关人员提供一个更清晰的职务认识。

第二种产出具有不可视性,但它却是更重要的产出。

职务分析的结果通常以职务描述和职务任职资格说明的形式出现,即第一种产出类型。职务描述(Job Description)一般用来表达工作内容、任务、职责、环境、关系等与职务有关的客观信息等;职务任职资格说明(Job Specification)则用来表达职务任职者所需具备的基本资格要求,如知识、技能、经验、能力以及其他人格特征等。

一般而言,在职务描述中可能会涵盖如下与职务相关的内容:职务标识信息如职务名称、编码、所属部门等;职务概要;职责与任务;权限与责任;完成职务所需要接触的组织内外人员、机构或部门;职务绩效标准;使用的设备工具;工作条件与环境。在任职规范说明中可能包括:知识与学历要求;技能与经验要求;身体条件要求;心理要求等。

表 4-3　职务描述与任职资格说明

一、职务标识信息			
职务名称	员工关系专员	职务编码	ABCD—0003
隶属部门	人力资源部	职务定员	1
职务等级	E04	所辖人员	0
直接上级	人力资源部经理	直接下级	无
批 准 人		分析日期	2007 年 5 月 30 日

续表

二、关键职责与任务	三、关键绩效标准
关键职责一:建立、维护员工与公司的沟通渠道与制度;制定员工沟通计划;	
关键职责二:管理员工投诉与抱怨。具体任务包括:建立员工抱怨管理渠道,处理抱怨,反馈处理意见,编写年度总结与建议;	及时处理抱怨 撰写年度(季度)员工抱怨分报告
关键职责三:代表公司协助处理劳动争议;	
关键职责四:管理员工纪律处分。具体任务包括:建立、维护、修正公司劳动纪律,监控职能部门与下属分公司对员工的纪律处分,存档统一管理,分析、定期报告;	严格根据公司劳动纪律审查员工纪律处分,保证公平,统一归类存档 定期撰写员工纪律处分报告
关键职责五:管理员工晋升、降职、调动、离职。具体任务包括:建立、维护、修正公司员工晋升、降职、调动、离职制度,办理相应手续(含符合条件的户口办理),办理劳动合同续订、变更、解除与终止,进行离职面谈,分析离职情况,定期报告;	统一归类存档 定期撰写员工离职分析报告
关键职责六:出具员工政审材料,建立员工请销假制度,办理请假手续;	
关键职责七:收集与宣传国家与地区人力资源管理最新法律法规;	
关键职责八:协助经理进行员工职业生涯规划及管理工作。主要任务包括:起草编制公司员工职业发展制度与实施细则,设计员工职业发展路径,提供职业发展咨询等。	
完成上级安排的其他工作	
四、职务权限	
员工投诉的核实权与处理权 公司劳动纪律的监控权 其他可能连带的权限	
五、职务必须之辅助仪器、设备及工具	
计算机	
六、职务关系	
所施监督	无
所受监督	直接接受人力资源部经理的工作指导与监督
组织内部联系	公司各职能部门及下属分公司各岗位

续表

<table>
<tr><td>组织外部联系</td><td colspan="3">劳动争议处理机构；劳动与社会保障局</td></tr>
<tr><td>可直接升迁的职位</td><td colspan="3">人力资源部经理</td></tr>
<tr><td>可相互转换的职位</td><td colspan="3">无</td></tr>
<tr><td>可升迁至此的职位</td><td colspan="3">无</td></tr>
<tr><td colspan="4">六、职务环境</td></tr>
<tr><td>工作场所</td><td colspan="3">室内</td></tr>
<tr><td>工作时间</td><td colspan="3">公司制度时间内工作，有时会加班加点；一般无出差要求</td></tr>
<tr><td>危险性</td><td colspan="3">无</td></tr>
<tr><td colspan="4">七、任职资格</td></tr>
<tr><td>受教育程度要求</td><td colspan="3">本科以上学历，劳动关系管理或心理学相关专业</td></tr>
<tr><td>体力要求</td><td colspan="3">1　（2　3）　4　5
轻　　　　　　重</td></tr>
<tr><td>经验技能要求</td><td colspan="3">1 年以上员工管理工作经验</td></tr>
<tr><td>知识要求</td><td>精通</td><td>熟练掌握</td><td>了解</td></tr>
<tr><td>1. 人力资源管理或员工关系管理</td><td style="background:#ccc"></td><td></td><td></td></tr>
<tr><td>2. 计算机常用办公软件使用知识</td><td></td><td></td><td style="background:#ccc"></td></tr>
<tr><td>3. 劳动合同及相关法律法规</td><td></td><td style="background:#ccc"></td><td></td></tr>
<tr><td>4. 管理学基本知识</td><td></td><td style="background:#ccc"></td><td></td></tr>
<tr><td>5. 心理学知识</td><td style="background:#ccc"></td><td></td><td></td></tr>
<tr><td>能力与其他素质要求</td><td colspan="3">分析能力；沟通（书面与口头）能力；工作要求富有责任心；细心</td></tr>
</table>

需要注意的是，大多数组织将职务描述和任职资格说明看作一项必不可少的人力资源管理工具，因此，它代表了记录职务分析信息的最流行的方法或载体，用来传达工作责任以及规定最低的工作要求。但是，职务描述与任职资格说明仅仅提供了一份关于职务分析信息的简单摘要，对某些人力资源管理应用来说缺乏足够的细节，也不够深入；其他记录职务分析信息的方法与职务描述相比，包含较少的内容，但特别专业，即研究和分析较为深入。

因此，职务分析的结果和产出又并不局限于上述两种规范性文件，职务分析所服务的目的不同，职务分析结果的形式也不同，具体见表 4-4。

表 4-4　职务分析目的与产出结果对应表

目　　　的	可能的产出/结果
提高效率；制定定额	职务定额；工作标准；最佳方法与行为
明晰职责；定岗；安排任务	业务流程图；职务描述；职务职责表；职务职权表
定岗定员；人力资源规划	定岗定员标准；人员需求表

续表

目　　的	可能的产出/结果
人员甄选与聘用	任职资格说明;心理图示
培训与开发	工作流程与步骤;工作目标与难点;关键事件与行为
绩效考核	关键绩效指标 KPI;绩效标准
职业发展与管理	职务分类;职务关系图;职务晋升发展路径
安全保护	工作地点/危险性/防护措施清单;工作失效模式报告
职务评价	薪酬要素;职务描述与职务任职资格要求
工作设计与再设计	职务轮换表;各种职务发展报告

五、职务分析系统构成

根据前面铺垫性的介绍,我们给出职务分析的一个系统框架,如图 4-1 所示。

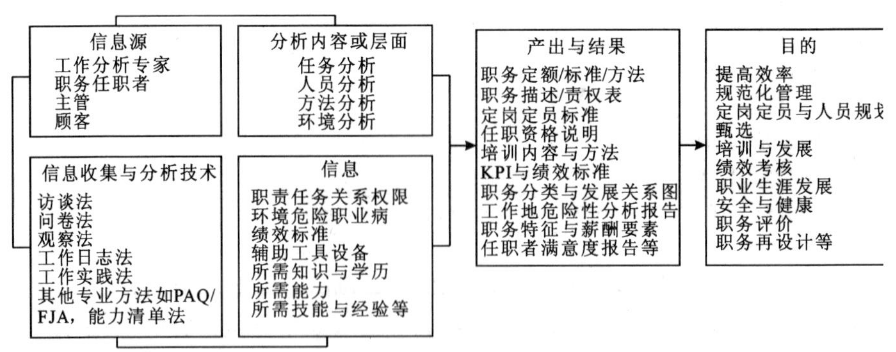

图 4-1　职务分析系统

整个职务分析系统由六个要素构成,分别是职务信息、信息源、信息收集与分析技术、分析层面、产出与结果以及分析目的(或分析功用)。其中信息收集与分析技术中的常见方法,我们将在本章介绍。其他专业性方法,如职务分析问卷 PAQ、关键事件法 CIT、管理职务描述问卷 MPDQ、功能型分析 FJA、能力清单问卷、任务清单分析法等,因为它们服务于不同的目的,比如任务清单法是任务分析的主要方法,人员分析中经常用到能力清单问卷或 Fleishman 职务能力分析系统,因此,这些专用方法我们将在具体职务分析的第五章任务分析、第六章人员分析、第七章方法分析以及第八章环境分析中介绍。

职务分析内容或层面可以从以下四个方面来进行:

(1)任务分析。对职务中较为客观的工作职责与内容、职务权限与责任、职务关系以及绩效标准等来分析，其核心是任务分析。通过任务分析，管理者才能明确：特定职务是做什么的？承担什么责任？与谁建立工作联系？考核的指标和标准是什么……

(2)人员分析。分析职务要求的人员所必须具备的知识、能力、生理、心理、个人特征等内容。由此，才能为人员甄选、培训内容设定、职业生涯发展素质要求以及职务评价等提供支持。

(3)方法分析。是指要分析履行特定职务时，所采用的方法、遵循的作业程序、辅助的工具设备、运用的劳动组合等内容，方法分析是在任务分析基础之上的深入化工作。

(4)环境分析。是指分析履行职务过程中所处的物理环境(如工作地点的温度、光线、湿度、噪音、粉尘、异味、污秽、危险性、地理位置、室内室外、地上地下等)、安全环境以及社会环境(如工作群体中的人数、完成工作所要求的人际交往的数量和程度、压力、冲突、难缠的人等)。

六、职务分析的意义

1.职务分析与效率、成本。如果一名不合格的工人被安排到一个职务上去，这家公司可能会面临的后果有：生产率低下、发生事故的可能性加大、相应的医疗支出升高、补偿增加、替代受伤的工人的支出、客户的需要没有及时达成、信誉下降等等。通过职务分析以及职务管理，组织的这些成本能够得到有效的降低，效率能够得到有效提高。

2.职务分析与人力资源管理。首先，在选人方面要达成人与职务的相互匹配，就要首先明确职务对人员的要求，并以此建立合理、科学的人员甄选制度，所有这些都要求对职务进行分析，从而合理确定人员资格条件。其次，在用人方面，定岗定员需要分析任务特点与考察任务量情况；人力资源规划也需要了解未来职务的设定以及对人员的素质要求；对员工的绩效考核维度与考核标准需要通过职务分析来确定。再次，在激励人和保护人方面，经由职务分析得到职务责任大小、工作繁简程度、有无危险性以及所需知识技能要求，为职务评价及薪酬体系设计提供支持；通过环境分析确定人员安全与健康的措施；还为职务设计与发展提供了基础。最后在育人方面，为人员培训内容、时间、方式等提供了支持，并为人员职务晋升、轮换明确了轮廓和方向。

3.职务分析与法律要求。通过职务分析活动，得出的人员筛选标准、绩效期望标准、培训需求分析等均是与职务相关的，一般不会引起雇员的诉讼，从而减少了组织的损失。如果没有系统的职务分析，所有这些活动只能“通过雇主在黑暗中瞄准，并靠盲目的运气来达成有效性”。

职务分析与职务管理能够提升组织的管理有效性，并帮助组织赢得竞争优势。正是如此，美国著名行政管理学家怀特称：“人事管理建立在职务分析和科学用人这两个基础之上”，并将职务分析比喻为人力资源管理的“基石”。Lawrence S. Kleiman 也曾说过：“土地受到了适当的耕耘，种子才可能开花结果；同样的道理，有职务分析作为土壤，人力资源管理实践的果实才会出现。”

第二节　职务分析组织实施过程

职务分析首先是一项技术性很强的工作，需要做科学的方法选择、周密的准备以及详尽的程序安排。其次，职务分析活动涉及到多个部门的工作与配合，需要调动各相关部门及人员的积极性，这其中包括人力资源管理专业人员、直线经理与主管、参与的普通员工。当然，组织高层管理与决策人员必须参与其中。

一、职务分析过程模型

德斯勒等人认为职务分析步骤为：

(1)明确搜集信息的功用(撰写职务说明抑或进行职务评价)，因为特定功用影响所采用的信息及信息收集的技术；

(2)成立职务分析小组，明确职位范围、时间、费用等；

(3)回顾相关背景信息，如组织结构图、工艺图以及先前的职位描述；

(4)选择代表性职务来分析；

(5)收集职务相关信息；

(6)反馈信息给职务现任者及其直接上司，用以修正、完善职务描述，也便于使员工接受；

(7)撰写职务描述和任职规范说明；

(8)结果应用。

高培德(Ghorpade)设计了职务分析过程与控制的模型，详见图 4-2 所示。一些学者对职务分析程序的阐述被归纳在表 4-5 中。

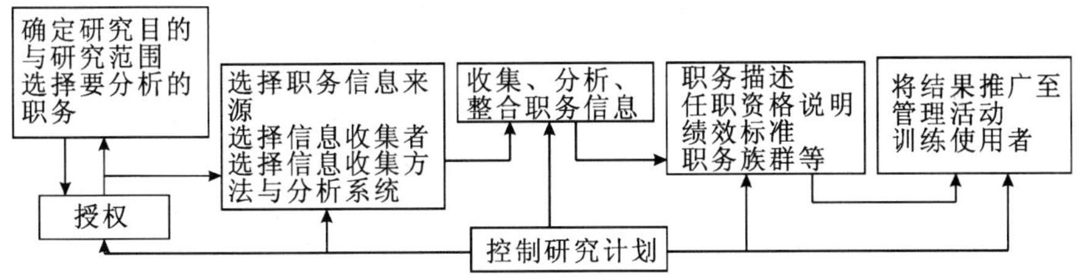

图 4-2　职务分析过程模型

资料来源：Ghorpade，J. V.（1988）．"Job Analysis：A handbook of the human resource director"，1st ed.，Prentice Hall，p. 8.

表 4-5　职务分析程序归纳

学　者	工作分析程序
德斯勒（Dessler）（1994）	（1）决定职务分析用途；（2）收集背景资料； （3）选择代表性职位来分析；（4）收集职务信息； （5）让任职者及其直属上级认可收集到的信息； （6）编制职务描述与任职资格说明。
安东尼（Anthony）等（1994）	（1）确认职务分析的目的；（2）选择职务分析样本； （3）建立共识，决定员工参与程度； （4）决定信息收集方法并收集信息； （5）进行职务分析；（6）反馈与修正。
高培德（Ghorpade）（1988）	（1）将职务分析目的具体化； （2）确定与目的相关的信息类别与属性； （3）确定信息收集者与来源； （4）选择信息收集与分析的方法； （5）收集、分析、整合职务相关信息。

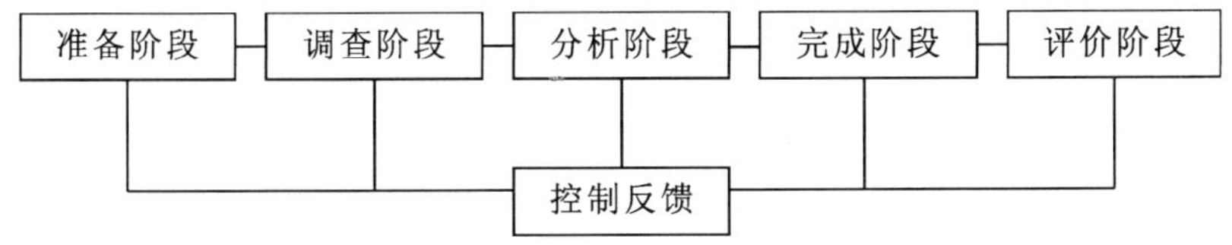

图 4-3　职务分析组织实施过程

二、职务分析实施阶段

1. 准备阶段（计划阶段）

第一，建立职务分析小组。小组成员通常由职务分析专家构成。所谓职务分析专家，是指具有分析专长，并对组织结构及组织内各项职务了解较深入的人员。一旦小组成员确定之后，应该做好分工，并赋予他们进行分析活动的权限，以保证分析工作的协调和顺利进行。

一般而言，职务分析小组必须由组织高层直接领导，由人力资源部牵头，组成由相关职能部门人员、资深员工、工人代表等组成的有代表性的小组。相关的职务分析人员应该具有以下基本素质：具有人事管理/心理学一般知识；对职务分析的技术与程序比较了解；掌握观察/面谈/记录等技巧；较强的文字表达能力；了解被分析的职务；较强的责任心/耐心；良好的理解力/记忆力/分析能力；获得他人信赖与合作的能力。

第二，分析小组要明确职务分析的目的。有了明确的目的，才能确定分析的范围、信息内容，确定收集信息的技术，明确分析的方法。

第三，初步了解背景资料，确定职务分析的样本。

第四，确定要收集的信息以及收集信息的技术。

第五，如果是以制定或修订职务描述为目的，还需要大体明确职务描述与任职资格说明的内容与框架。

第六，根据任务量确定完成的方式与分工，明确时间，并制定职务分析总体实施方案与预算。

第七，培训职务分析人员，并向参与的有关人员宣传、解释，让员工做好心理准备，建立友好的合作关系。

2.调查阶段(实施信息收集)

调查阶段就是根据准备阶段所制定的活动计划一步步实施，收集职务的信息。需要注意以下几个方面：

(1)动员。普通员工可能对职务分析的意义与作用不理解，认为会增加他们日常工作的负担。因此，沟通和动员是必不可少的。员工认知并了解了职务分析的重要性后，才可能保证提供真实的信息供分析者判断。

(2)综合选择信息源，减少信息失真，提高信息的真实程度。这是一项科学与艺术相结合的工作，它不但要求职务分析人员在选择信息源时要考虑到不同层次的信息提供者提供的信息存在差别；同时还要求职务分析人员站在公正的角度听取不同的信息，不要事先存有偏见；还有就是使用信息归类与编排的技术，减少信息的遗漏；最后，收集完成的信息，要请任职者及其直属上级认可。

(3)信息收集方法的选择。不同目的的职务分析要收集的信息类型不同，职务分析的技术也不同，选择适合的方法不但能有效收集到特定信息，还减少了时间浪费，这些内容我们将在本章第三节介绍。

3. 分析阶段

分析阶段就是要对收集到的信息进行综合、分析，它是整个职务分析过程的核心部分。在这一阶段，主要任务是对有关职务特征及工作人员特征的调查结果进行深入全面的分析。

表 4-6　美国劳工部规定的 16 项基本分析项目

1. 职务内容	9. 技能培训
2. 工作职责	10. 见习制度
3. 有关的工作知识	11. 与其他职务的联系
4. 精神方面的机能	12. 身体动作
5. 灵巧程度	13. 工作环境
6. 经验	14. 工作对身体的影响
7. 年龄	15. 身体状况
8. 教育	16. 所需体质

根据职务分析系统，分析阶段主要从四个层面上进行分类，即任务分析、人员分析、方法分析以及环境分析。

(1)任务分析包括：职务名称、职务人员数量、隶属部门或工厂、职责、任务、责任、权限、关系、工作量等。

(2)人员分析包括：知识、基本智力(包括判断、决策、警觉、反应等)、要求熟练程度与技能、经验、身体素质、灵巧程度、年龄、教育学历、能力、个人其他特征等。

(3)方法分析包括：机械设备工具、工作姿势(如站立、弯腰、半蹲、跪下、旋转)、身体动作、工作时间安排、操作程序、步骤、工时利用等。

(4)环境分析包括：自然环境，如室外、井下、温度、照明、噪音、异味、震动、粉尘、辐射等；安全环境，如危险性、可能发生的事故、事故发生率、发生原因、职业病等；社会环境，如工作地点的生活方便程度、环境的变化程度、环境的孤独程度、与他人交往的程度等。

4. 完成阶段

分析人员将获得的信息予以整理并写出报告，即职务分析产出或结果。通常职务分析所获得信息以下列方式整理：

(1)文字说明。将职务分析所获得的资料以文字说明的方式表述和描述，如叙述式的职务描述、职务分析报告等。

(2)职务列表及问卷。职务列表是把职务加以分析，按照职务的内容及活动分项排列，由实际从事职务的人员加以评判，或填写分析所需时间及发生次数，以了解职务内容。列表或问卷只是处理形式不同而已。

(3)活动分析。该分析实质上就是作业分析。通常是把职务的活动按工作系统与作业顺序一一列举，然后根据每一作业进一步加以详细分析。活动分析多以观察及面谈的方法对现有职务加以分析，所得到的资料作为教育及训练的参考。

(4)决定因素法。该种方法是把完成某项工作的几项重要行为加以列举，某项“需要性”在积极方面说明工作本身特别需要的因素，在消极方面说明亟待排除的因素。

至于职务分析结果的形式，其编排应该根据分析的目的加以选择，以简短清晰的字句，撰写报告初稿，送交有关主管和分管人员，获取补充建议后，再修正定稿。一般来说，职务分析的结果为：

(1)职务定额，作业标准，操作程序与操作方法，作业指导书；

(2)职务描述，职务职责与权限对照表；

(3)职务定岗定员标准规范；

(4)任职资格说明；

(5)职务人员培训课程与培训方法；

(6)关键绩效考核指标(KPI)与绩效考核标准；

(7)职务分类表，职务晋升发展关系图；

(8)工作地危险性分析报告，职业病分析报告，社会环境分析报告；

(9)薪酬要素；

(10)任职者职务满意度分析报告，职务轮换图，职务再设计报告。

5.结果运用与评价阶段

职务分析是实现管理特定目的的手段，它并不是目的本身。因此，必须将职务分析的结果和产出运用于管理实践中，才能最终实现目的，并经由这样的应用来对职务分析过程进行检验和评价。

通常，可以从以下几个方面来评价职务分析的效果：

(1)职务分析的信度，即分析结果的一致性或可靠性。对同样一项职务进行分析，几名职务分析人员之间对职务信息的分析一致性程度如何是构成信度的重要部分(评价人间信度)；同一分析人员在不同的时间对同样的职务进行分析(前提是职务内容与性质没有发生大的变化)所整合的信息的一致性被称为再测信度。

(2)职务分析的效度，即分析结果的准确性。通过职务分析整合出的结果与真实的职务之间吻合的程度如何是职务分析的效度的含义。收集的信息失真会大大影响职务分析产出的效度。效度差的工具(包括职务描述等)与实际工作差异太大,不是对职务的真实反映,其结果不能用于管理活动。

(3)成本收益分析。一般而言,组织中工作划分越细,需要收集的信息也越详尽,工作间的差别和界限越要进行区分,成本也越高。

(4)灵活性与刚性。职务描述的柔性使得组织发展变革需要对职务进行调整时,有较强的灵活性。

(5)相关人员的接受程度,如职务现职人员是否满意?是否接受?其直接上级是否满意?等等。

6.控制与反馈

控制活动贯穿着职务分析的始终,是一个不断调整的过程。职务分析的任何阶段发生变化,都会影响它前期的工作以及后续的工作。比如分析阶段发现一些信息比较模糊,就需要对这些信息重新收集或重新确认,这样的控制和反馈保证了职务分析过程中活动的环环相扣。

三、职务分析组织实施中的问题

1.职务分析需要注意的问题

(1)首先,职务分析是一种系统收集、整理、分析和整合信息的过程与技术,这种技术对于职务分析的实施者而言有一定的专业素质要求。

(2)其次,职务分析是一个过程,需要时间整理分析信息,有时需要时间来协调、决策,甚至需要时间来沉淀思考。职务分析的结果运用有时不能立即给组织带来明显的收益和变化,因此,从这种意义上讲,职务分析并不是一项“立竿见影”能够见到明显成效的工作,职务分析与职务管理更多地是在帮助组织“夯实基础”。

(3)第三,职务分析工作不是人力资源部门单独可以完成的,它需要组织中的每一个部门,甚至是每一位员工的协助,这要求组织中的相关人员思想、行动要一致。职务分析工作不仅对人力资源部门有帮助,对于其他部门同样有着非常重要的价值,对整个组织的效率以及外部的适应性提高意义更为重大。但是,有时一些部门可能受部门本位主义影响,认为职务分析工作是为人力资源部门做“嫁衣”而不愿配合。

(4)第四,职务随着组织环境因素的变化而发生相应变化。职务的这种特点要求管理者要时刻处处跟踪、监控职务变化的因素,适当时候提出对职务进行重新分析的要求。反之,如果管理者认为职务分析能够“一劳永逸”地解决问题,那又会“陷入另外一片沼泽”。

(5)最后,惯性思维。对于一些组织而言,组织中的选人、用人、励人、育人,以及其他人力资源管理活动,依赖于一些管理者的主观认识,以及他们所认为的“艺术”。其实,这种没有建立在科学基础之上的“艺术”是地地道道的“伪艺术”。转变的方式就是彻底打破先前的惯性思维,真正建立职务管理、职务分析的思维和理念。

概括起来,职务分析成功的要素可能包括以下几个方面:

(1)高管支持:财力方面和心理方面;言语方面和行动方面;

(2)业务部门及人员配合,关键是各级经理和主管人员;

(3)训练有素的职务分析人;

(4)良好的职务分析计划与缜密的实施方案;

(5)时间与金钱;

(5)心理支持,如领导对错误的宽容等。

2.职务分析应该坚持的原则

(1)客观性(准确性)。对职务进行深入细致的调查与研究,不能想当然;并且时刻注意,职务分析是“对岗不对人”,是分析职务,而不是分析任职者的个人特征。

(2)科学性。抓住职务的本质特性,以科学的态度、选择科学的调查方法来分析。具体而言,职务分析的科学性体现在:明确特定职务分析的目的,选择适当的方法来收集信息;选择客观、诚实、有能力的职务分析人;分析中采用创造性的方法来发现问题的本质等。

(3)实用性与灵活性。组织所处的行业、所采用的主要技术、战略选择以及组织所面对的环境因素,都会对工作流程提出不同的设计类型要求,如是以产品或服务为导向还是以职能为导向,或者是并行设计还是流水线式的串行设计等。以上因素会影响组织采取哪种类型的职务描述,系统性的还是通用性的?因此,要根据上述因素选择适当的方法以及职务分析的产出形式,在成本与实用性间进行平衡;一般而言,处于传统制造生产价值链上的组织、以大型生产设备或机械为主的组织、通过严格成本控制来追求效率的组织、劳动分工(专业化)程度高的组织、面对比较稳定、变化较少的竞争环境的组织,更多地采用系统性较强的职务描述。除此之外,还要考虑在灵活性和法律要求之间平衡。

(4)变动性。组织中的职务不是固定不变的。时间因素、技术因素、组织因素、情景因素等都可能对职务的内容、环境、工作方法、关系产生影响,这些客观事物的变化也会相应地导致任职者所需基本资格条件的变化。因此，应当监控影响工作变动的环境因素，及时进行变动和再分析，以提高管理的有效性。

第三节　职务分析常见方法与技术

职务分析方法按照功用可以分为常见(基本)方法和专业方法；按照分析内容的结构性程度可以分为结构性分析方法和非结构性分析方法。基本方法包括：观察法、问卷调查、面谈法、工作日志、参与法(或职务实践法)等；另外还有一些辅助性方法，如职业分类系统回顾、专家小组(Expert Panels)、清单检查(Check Lists)、关键事件法等。

一、观察法(Observation)

1.涵义与分类

观察法是指职务分析人员在工作现场运用感觉器官或其他辅助设备对职务任职者在履行职务过程中的行为、活动、状态等进行观察，获取职务信息，并通过对信息进行比较、分析、汇总等方式，得出职务分析成果的方法与技术。

通过观察和分析，职务分析人能够获得某项职务的具体工作内容、责任、操作方法、作业工序、技术复杂程度、精力集中程度、工时利用以及工作环境等方面的第一手资料。当然，在应用观察法时，要求职务分析人在观察前事先制订较为详细的观察提纲或观察计划，在观察中以标准格式记录各个环节的内容、原因和方法，在观察后缜密归纳、分析所收集的信息。

观察法可以分为瞬间观察和定时观察。另外，由于不同观察对象的工作周期和工作突发性有所不同，所以观察法具体又可分为直接观察法、阶段观察法和工作表演法。

(1)直接观察。职务分析人员直接对员工工作的全过程进行观察。直接观察适用于工作周期很短的职务，如保洁员，他们的工作基本上是以一天为一个周期，职务分析人员可以一整天跟随着保洁员进行直接工作观察。

(2)阶段观察。有些员工的工作具有较长的周期性，为了能完整地观察到员工的所有工作，必须分阶段进行观察。比如行政文员，她或他需要在每年年终时筹备企业总结表彰大会等工作。职务分析人员就必须在年终时再对该职务进行观察。有时由于阶段间跨度太长，职务分析工作无法拖延很长时间，这时采用“工作表演法”更为合适。

(3)工作表演法。对于工作周期很长和突发性事件较多的工作比较适合。如保安工作，除了有正常的工作程序以外，还有很多突发事件需要处理，如盘问可疑人员等，职务分析人员可以让保安人员表演盘问的过程，来进行该项工作的观察。

2.优缺点

(1)直接对职务任职者履行职务的过程与活动进行观察，可以使职务分析人员获得被分析职务的第一手资料，其他方法如访谈或问卷仅仅是间接获得信息，那样的信息可能会由于任职者忽略或夸大内容而失真，通过直接观察，这些误差源能够被消除。

(2)直接观察允许职务分析人看到职务所处的工作环境、所使用的工具和设备，以及职务人员和其他人员的互动，并了解到职务的复杂性等特征。

(3)直接观察的一个问题是由于职务分析在场观察，可能影响职务任职者改变他们平时正常的工作行为，从而导致不正确的观察结果。当然，如果职务分析人员的出现不唐突，并表现出谦虚、不多嘴等态度或行为，对于获得真实的行为信息是很重要的。

(4)另外一个缺点是无法观察出职务的心理层面的活动。

(5)观察法依赖于职务分析人能够通过对任职者的行为来获得以及分析信息的能力，同时要求分析人有一定知识和经验。

3.适用范围与要求

观察法适用于体力工作者和事务性工作者以及工作周期短的职务，如搬运员、机床操作人员、建筑工人、巡逻警察、飞机服务人员、公共汽车驾驶员、管家、看门人、装配线工人、保安人员、手艺工匠、文秘等。这些职务一般都带有一定程度身体部位的移动，而且其职务行为能够在短时间内观察彻底。

不适用于脑力劳动成分比较高的工作和需要处理紧急情况的间歇性工作。有些工作内容中包括许多思想和心理活动、创造性和分析运用能力，如律师、教师、急救站的护士等等，这些工作就不宜使用直接观察法。

应用观察法对职务进行分析时，一般应注意：

(1)注意所观察的工作应具有代表性；

(2)观察人员在观察时尽量不要干扰被观察者的工作，在适当的时候，职务分析人员应该以适当的方式将自己介绍给员工；

(3)所观察的职务行为一定要具有代表性，时间允许的话，可以多观察几个样本以消除员工个体的差异性；

(4)观察前应确定观察计划，包括观察提纲、观察内容、观察时刻、观察位置等；

(5)观察时思考的问题应结构简单，并反映职务有关内容，避免机械记录；

(6)对于不能通过观察法得到的信息，应辅以其他方法如访谈法来获得。

二、问卷调查法(Questionnaire)

1.特点与分类

问卷调查是采用问卷来获取职务信息的技术。职务分析人员首先要设计一套切实可行、内容丰富的问卷，然后由员工进行填写。问卷法适用于脑力工作者、管理工作者或工作不确定因素很大的员工，比如软件设计人员、行政经理等。问卷法比观察法更便于统计和分析。要注意的是，调查问卷的设计直接关系着问卷调查的成败，所以问卷一定要设计得完整、科学、合理。

问卷调查突出的优点是方便快捷，不用到职务现场收集信息，能够在较短时间内对大量的职务进行信息的收集与分析，员工填写问卷的时间也比较宽裕，不会影响工作；而且结构化的职务分析问卷还可以直接通过计算机进行数据的处理与分析。

缺点是问卷调查是一种单项沟通的形式，如果问卷问项设计不清晰或容易引发歧义，可能会影响问项含义的理解；当然，员工填写不清楚、不认真等都可能导致问卷调查的信息质量被打折扣。

按照问卷中问项的结构化程度可以将问卷分为结构性问卷(或量化问卷)和非结构化问卷(或质性问卷)。按照收集信息的侧重不同可以划分为职务导向问卷与人员导向问卷，前者比较强调职务本身的条件与结果，后者则集中了解人员的职务行为。

表 4-7 结构化职务分析调查问卷

姓名　　　　　　　　　　　　职位名称
部门　　　　　　　　　　　　工作地点
填表日期　　　　　　　　　　直属上级签署
工作时间

——正常的工作时间为:每日自(　　)时开始至(　　)时结束
——每周平均加班时间为(　　)小时
——实际上下班时间是否随业务情况经常变化?(总是　　有时是　　否　　)
——所从事的工作是否忙闲不均?(是　　否　　)
——若工作忙闲不均,则最忙时常发生在哪段时间:
——每周外出时间占正常工作的(　　)%
——外地出差情况每月平均(　　)次;每次平均需要(　　)小时
——本地外出情况平均每周(　　)次;每次平均(　　)小时

工作目标

工作概要(简要描述您的工作)

工作内容

工作内容项目　　　　权　限　　　　占工作时间比重(%)

工作顺序

费用支出

费用支出项目　　　　　　　　您的权限(万元)

失误造成的损失:若您的工作出现失误,将会给公司带来哪些损失?

工作名称	损失类型	等级	严重程度				
			1	2	3	4	5
	经济损失		轻	较轻	一般	较重	重
1.							
2.							
	公司形象损害						
1.							
2.							
	经营管理损害						
1.							
2.							
	其他损害(请注明)						
1.							
2.							

续表

若您的工作出现失误，影响的范围将是：

□1.不影响其他人工作的正常进行

□2.只影响本部门内少数人

□3.影响整个部门

□4.影响几个部门

□5.影响整个公司

内部接触　频繁程度

偶尔　经常　非常频繁

1——2——3——4——5

在工作中不与其他人接触　□

只与本部门内几个同事接触　□

需要与其他部门的人员接触　□

需要与其他部门的部分领导接触　□

需要同所有部门的领导接触　□

外部接触　频繁程度

偶尔　经常　非常频繁

1——2——3——4——5

不与本公司以外的人员接触　□

与其他公司的人员接触　□

与其他公司的人员和政府机构接触　□

与其他公司、政府机构、外商接触　□

监督

直接和间接监督的属下人数（　　）

监督你的上司人数（　　）

直接监督人员的层次：一般员工、下级管理人员、中级管理人员

管理

□只对自己负责

□对属下有监督指导的责任

□对属下有分配工作、监督指导的责任

□对属下有分配工作、监督指导和考核的责任

□对自己的工作结果不负责任

□仅对自己的工作结果负责

□对整个部门负责

□对自己的部门和相关部门负责

□对整个公司负责

□在工作中时常做些小的决定，一般不影响其他人

□在工作中时常做一些决定，对相关人员有些影响，但一般不影响整个部门

□在工作中要做一些决定，对整个部门有影响，但一般不影响其他部门

□在工作中要做重大决定，对整个公司有重大影响

□有关工作的程序和方法均由上级详细规定，遇到问题时可随时请示上级解决，工作结果须报上级审核

续表

□分配工作时上级仅指示要点，工作中上级并不时常指导，但遇困难时仍可直接或间接请示上级，工作结果仅受上级要点审核

□分配任务时上级只说明要达成的任务或目标，工作的方法和程序均由自己决定，工作结果仅受上级原则审核

□完成本职工作的方法和步骤完全相同
□完成本职工作的方法和步骤大部分相同
□完成本职工作的方法和步骤有一半相同
□完成本职工作的方法和步骤有大部分不同
□完成本职工作的方法和程序完全不同

工作内容与能力要求

在每天工作中是否经常要迅速做出决定？
没有□ 很少□ 偶然□ 许多□ 非常频繁□
您手头的工作是否经常被打断？
没有□ 很少□ 偶然□ 许多□ 非常频繁□
您的工作是否经常需要注意细节？
没有□ 很少□ 偶然□ 许多□ 非常频繁□
您所处理的各项业务彼此是否相关？
完全不相关□ 大部分不相关□ 一半相关□ 大部分相关□ 完全相关□
您在工作中是否要求高度的精力集中，如果是，约占工作总时间的比重是多少？
20%——40%——60%——80%——100%
在您的工作中是否需要运用不同方面的专业知识和技能？
否——很少——有一些——很多——非常多
在工作中是否存在一些令人不愉快、不舒服的感觉？
没有——有一点——能明显感觉到——多——非常多
在工作中是否需要灵活地处理问题？
不需要——很少——有时——较多——非常多
您的工作是否需要创造性？
不需要——很少——有时——较需要——很需要
您在履行工作职责时是否有与其他员工发生冲突的可能？
否——很少可能——有可能——可能较大——很可能
1. 您常起草或撰写的文字资料有哪些？
等级 1——2——3——4——5
频率极少 偶尔 不太经常 经常 非常经常
通知、便条、备忘录
简报
信函
汇报文件或报告
总结
公司文件
研究报告
合同或法律文件

续表

其他
2.学历要求：
□初中　□高中　□职专　□大专　□大本　□硕士　□博士
3.受培训情况及要求：
培 训 科 目　培 训 内 容　培训时限(日)

4.您认为您的职位的初任者，要多长时间才能基本胜任工作？

5.为了顺利履行您所从事的工作，需具备哪些方面的其他工作经历，约多少年？
工作经历：　最低时间要求：

6.在工作中您觉得最困难的事情是什么？您通常是怎样处理的？
困难的事情：　处理方式 ：

7.您所从事的工作有何体力方面的要求？
轻——较轻——一般——较重——重
8.其他能力要求
等级：1——2——3——4——5
程度：极少　偶尔　不太经常　经常　非常经常
领导能力
指导能力
激励能力
授权能力
创新能力
计划能力
资源分配能力
管理技能
时间管理
人际关系
协调能力
谈判能力
说服能力
公共关系
表达能力
写作能力
信息管理能力
分析能力
决策能力
实施能力
其　他
请您详细填写从事工作所需的各种知识和要求程度。
需要程度：1——2——3——4——5
等级：　低　较低　一般　较高　高

续表

知识内容： 1. 2. 其他：针对您的职务，您还有哪些需要说明的？

2. 专业性问卷

国外的组织行为专家和人力资源管理专家研究出了多种科学的、庞大的问卷调查方法，有些方法我们会在以后的章节中较为详细地介绍其内容与应用，这里仅做一般性介绍。

(1)职务分析调查问卷(PAQ)

由美国普渡大学(Purdue University)的研究员麦考米克(Emest J. Mccormick)等人研究出一套数量化的工作问卷分析法。由 194 项要素组成，其中 187 项为工作要素、7 项为薪酬要素，这 194 项要素共划分为 6 个类别方面，它们分别是信息输入、思考过程、工作产出、人际关系、工作环境以及其他特征。

对每一种要素用 6 个维度来衡量，它们分别是使用程度、对工作的重要程度、耗费的时间、发生频次、适用性和其他。衡量后，就可以决定某一职务在沟通、决策、社会责任、熟练工作的绩效、体能活动等五个方面的性质。根据这些性质，就可以比较职务与职务间的差异和相似点，从而划分出职务族(Job Family)，为撰写职务描述和职务评价奠定了基础。

PAQ 着重分析职务人员的行为，是一种常见的人员导向型问卷，能够适用各种不同的职务类型，可以用于职务评价、职务分类、职务描述、任职资格说明、培训等。

表 4-8 PAQ 工作要素的分类情况

类别	内容	举例	要素数目
信息输入	员工完成工作的时候是从何处(Where)获得信息？如何(How)获得的？	如何获得文字和视觉信息？	35
思考过程	工作中如何对信息进行处理？如何推理、决策、规划？	解决问题的推理难度	14
工作产出	工作需要哪些体能活动？哪些辅助工具和设备？	使用键盘式仪器	49
人际关系	工作中与哪些人发生联系？	指导下属；与公众和顾客接触	36

续表

类 别	内 容	举 例	要素数目
工作环境	完成工作的物理环境和社会环境是什么?	在高温环境中工作 在与内部其他人员冲突的环境下工作	19
其他特征	与工作相关的其他活动、条件或特征是什么?	工作时间安排;报酬方法 职务要求	41

Source: Emest J. Mccormick and Daniel R. Ilgen, Industrial Psychology, Englewood Cliffs, Nj: Prentice—hail, Inc., 1980, p. 42.

(2)管理职位描述问卷(MPDQ)

由W. W. Tornow和P. R. Pinto在1976年提出,与PAQ方法非常类似,包括208个用来描述管理人员职务的问题,分13个类别:计划/协调/控制/产品和服务责任/公共关系/咨询指导/自主性/财务审批权/雇员服务/监督/复杂性和压力/重要财务责任/人事责任。

MPDQ适用于不同组织中的管理性职务,基本上属于职务导向型问卷,侧重考察管理人员的职务本身。存在的问题是由于应用时由管理人员自己评分,所以管理人员总是描述自己在实际中做的,而忘了自己应该做什么。

MPDQ可以用于职务评价、培训、职务分类以及绩效评价。

(3)任务清单(Task Inventory)

任务清单是包含一系列特定任务的问卷,这些任务都是针对某项要被分析的职务设计而准备的,由填写者针对每一项任务的花费时间长短、完成任务的频繁程度、任务的相对重要性、任务完成的相对难度以及职务中学会这些任务的相对快慢程度等进行评估。

TI着重对特定职务需要完成的任务本身进行有效的分析,是任务分析中常见的技术,由于侧重任务,因此适用于一些常规型、重复性职务以及体力为主的职务。有很多变种,CODAP是其中一个(具体详见:www.codap.com)。

(4)能力清单问卷(Ability Inventory Questionnaire, AIQ)

能力清单问卷侧重对完成职务所需要的能力进行收集分析的技术,其中比较典型的是体能清单问卷(Physical Abilities Analysis Questionnaire, PAAQ),是用来分析以体力为主的职务。问卷将人的体能分为九种,分析这九种体能在每项任务中7个等级上的分布:极其具备、明显具备、具备、略微具备、不具备、明显不具备、极度不具备。九种体能为:①动态力量:重复地、不间断地运用肌肉力量的能力;②躯干力量:运动能力的派生,是指重复使用躯体肌肉后,躯体的抗疲劳能力;③静态力量:指用于举起、推动、拉动、携带物体的力量;④爆发力量:在一瞬间释放出的最大力量;⑤局部灵活性:躯体、手臂、腿部肌肉在运动中的伸展能力;⑥动态韧性:经过剧烈的、重复的弯曲运动后,肌肉的恢复能力;⑦躯体协调性:协调同时运动的躯体各个部位或主干部位的能力;⑧躯体的平衡性:在不稳定的姿势或有推力的情况下,躯体保持平衡的能力;⑨耐力:持续操作而躯体不感到疲劳或力竭的能力。能力清单问卷主要用于人员甄选工具的开发。

(5)阈值特质分析方法(TTA)

劳普兹(Lopez)等人在1981年设计了“阈值特质分析”(TTA)问卷。特质取向的研究角度是试图确定那些能够预测个体工作成绩出色的个性特点。TTA方法的依据是:具有某种人格特性的个体,如果职务绩效优于不具有该种特质者,并且特质的差异能够通过标准化的心理测验反映出来,那么就可以确定该特质为完成这一工作所需的个体特质之一。TTA是人员导向型问卷,可以用于人员甄选。

(6)职业分析问卷(OAQ)

美国控制数据经营咨询企业在1985年设计了职业分析问卷,来对职务进行定量的描述。OAQ是一个包括各种职业的任务、责任、知识技能、能力以及其他个性特点的多项选择问卷。例如,在OAQ中,软件职务被规划分为19种责任、310个任务和105个个性特点。

三、面谈法(Interview)

1. 分类与优缺点

也称访谈法,是通过个体或团体询问的方式,即职务分析人员与员工面对面的谈话来收集职务信息资料的方法。在面谈之前,职务分析人员应该准备好面谈问题提纲,以便在面谈时能够按照预定的计划进行。

按照面谈对象不同可以分为任职者面谈、主管面谈;按照被面谈人数多寡可以分为个别面谈和集体面谈等。

面谈法是一种被广泛采用的职务分析的方法,尤其是用来达到编制职务描述与任职资格说明的目的;访谈法也常常作为其他信息收集方法的辅助,如问卷填写不清楚、观察员工工作时存在问题等等。

相比而言,面谈法是相对简单、便捷的信息收集的技术,适用面较广,几乎适应任何职务,有时甚至是收集某些职务资料的唯一方法。这种方法不但方式亲切，能拉近访谈者与员工的关系，而且能了解到大量较为丰富的，甚至是不为管理层知晓的内容，如工作态度、工作动机等较深层次的东西。

面谈法的缺点首先是打断了被访问人员的正常工作，占用的时间相对较长，可能会影响生产进行。其次是信息的收集依赖访谈者的面谈技巧，对职务分析人员的语言表达能力和逻辑思维能力有较高的要求，职务分析人员要能够控制住谈话的局面，既要防止谈话跑题，又要使谈话对象能够无所顾忌地、真实地表达信息，否则可能会因问题不够明确或不够准确而造成双方误解或信息失真。最后，被访问者可能会有所顾忌比如担心效率革命而带来薪酬变化等导致信息的失真。

面谈法适合于脑力职务者，如开发人员、设计人员、高层管理人员等。同时，面谈法也是其他职务分析方法的有效辅助手段，如为了核实问卷调查中模糊的信息，可以采用与任职者面谈的方式，从而有效地修正工作信息。

2.面谈原则与成功的职务分析面谈

麦考米克(1979)提出了面谈法的一些原则，它们是：

(1)所提问题要和职务分析的目的有关；

(2)职务分析人员语言表达要清楚、含义准确；

(3)所提问题必须清晰、明确，不能太含蓄；

(4)所提问题和谈话内容不能超出被谈话人的知识和信息范围；

(5)所提问题和谈话内容不能引起被谈话人的不满，或涉及被谈话人的隐私。

一般而言，成功的职务分析面谈应该做到：

(1)预先准备面谈提纲；

(2)在确定面谈样本时，与主管密切配合，找到最了解职务内容、最能客观描述工作职责的员工；

(3)尽快与被访谈者建立较为融洽的感情氛围，比如知道对方姓名、打招呼、明确访谈目的及选择对方的原因等；

(4)访谈中应该避免使用生僻的专业词汇；

(5)访谈者应只能被动地接受信息；就工作问题与员工有不同意见，不要与员工争论；员工对组织或主管有抱怨，也不要介入；

(6)不要流露出对某一职务薪酬的特殊兴趣；不要对工作方法与组织的改进提出任何批评与建议；

(7)请员工将工作活动与职责按照时间顺序或重要程度顺序排列，这样就能够避免一些重要的事情被忽略；

(10)面谈结束后,将收集到的信息请任职者和主管阅读,以便修正。

表 4-9 职务分析访谈提纲(样本)

一、(打招呼,简单地介绍自己,明确访谈目的)你好,我是XX大学的XX,这次职务分析我担任访谈员,我们的任务是对整个公司的职务任职者进行访谈,目的是用来制定职位描述和任职资格说明,从而能有效地指导新员工的工作以及为人力资源管理的其他活动奠定基础,(我们的访谈不是对员工进行评价,也不会对员工的工资产生任何影响),您是否有充分的时间接受访谈(访谈时间可能会在半个小时以上),好了,现在我们开始吧!

二、请问您目前正在从事什么工作,它的职务名称是什么?它隶属于哪一个部门?在本部门从事相同职务的共有几人?您的直接上级主管的职务名称?您是否有直接的下属,有几个,他们分别是什么情况?

三、请您用一句话来概括一下您目前的职务工作在贵公司中所起到的作用?(如果困难,请做如下提示,如某公司财务经理的工作是"科学地进行公司的融资和投资活动";某公司材料采购经理的工作是"经济地为公司进行原材料的采购活动,并对材料的运输、保管进行相应的管理活动"。)

四、请您详细地描述一下您工作的各项职责和为完成职责所进行的各项工作活动,包括您所采取的方法,使用的辅助工具或设备等等,以及您认为的工作标准。(这是我们访谈的一个主要内容,请您尽可能按照活动发生的时间顺序或活动的重要性程度来详细地、慢慢地描述!)

五、为了有效地完成上述工作,在公司内部,您在哪些方面接受谁的指示和受谁的直接监督?

您又在哪些方面或领域监督别人的工作或给别人发布指示?

您的日常工作需要哪些同级部门和人员的配合与协作,您的工作又配合了哪些部门或人员的工作?频率如何?

您工作中哪些方面需要经常与哪些公司外部的机构或人发生联系?频率如何?

六、为了完成职务活动,您都拥有哪些权限?(如招聘专员在职位申请者面试工作中拥有组织权,在建立公司招聘制度活动中拥有制定权等。)

七、您日常工作都是被安排在什么时间内进行的,是正常班,还是夜班,工作是否有加班,加班发生在什么时间?所占比率如何?工作是否忙闲不均(是　否　),最忙时发生在哪段时间?出差时间如何?

八、您是否日常都在(办公室、车间)内工作,如果不是,那您的工作场所都在什么地方,在这些场所工作的时间大概占多少比例(　　%)?环境如何(噪音、温度、湿度、照明、污染、辐射、视疲劳、颈疲劳、粉尘、空调、有无危险、有无职业病发生的可能)?

九、以您的经验看,在这个职务上工作需要具备哪些方面的知识?(工作专业知识、基础知识)

十、具备哪些能力的人可以承担这项工作?

心智要求

特殊能力(在哪些领域表现)(如领导能力、激励能力、计划能力、人际关系、协调能力、公共关系、分析能力、决策能力、书面表达、口头表达、谈判、演讲、与人沟通与交往、判断、接受指令等)

个人素质(非智力因素)(细心、耐心、有责任感、忠诚如保密工作)

续表

十一、岗位要求承担者具备哪些身体素质和生理方面的要求(如无色盲和听力障碍,手指灵敏性、身体协调性、反应速度等)?有无特殊性别要求(有 无)?有无特殊年龄要求(有 无)? 十二、需要哪些学历、资历或经验要求?相关证书或执照? 十三、针对你日常的工作,还有哪些我们没有谈及到? 十四、请您看一下我们的访谈记录。(确认无误后,请对方留下联系方式,以便日后有不明之处,再回访,最后道谢!)

四、日志法(Work Diary/Log)

也称工作日志法,是由职务任职者记录每日完成的工作任务及状况的分析方法,即让他们每天记录一天的工作活动,通过现场工作日记或日志可以提供完整的工作图景。日志法需要事先由职务分析人员设计好详细的工作日志单,让员工按照要求及时地填写职务内容,从而收集工作信息。需注意的是,职务日志应该随时填写,比如以10分钟、15分钟为一个周期,而不应该在下班前一次性填写,这样是为了保证填写内容的真实性和有效性。

日志法一般不作为单独收集信息的方法,而是和其他方法一起使用,比如在分析日志后,同员工和主管进行面谈,这样收集信息的效果更好。最后由专家、上级与本人就工作内容进行讨论与汇总,据此完成职务描述或职务分析报告。

日志法适合对一些工作周期比较长的职务分析使用,因为它是一种工作日写实的技术,因此,如果运用和控制得好,能够获得大量准确真实的信息。

日志法可能存在的问题首先是日志内容的真实性问题,因为员工可能会忽略一些细微的任务,也可能存在夸大自己职务重要性的倾向。其次是这种方法加大了员工工作的负担和对工作的关注程度。最后日志信息较为凌乱,在后期整理分析时比较耗费时间和精力,也可能由于记录有偏差或记录不完整而导致无法准确分析。

表4-10 工作日志实例

2007年5月30日		工作开始时间:8:30		工作结束时间:17:30	
序号	职务活动名称	活动内容	活动结果	时间消耗	备注
1	复印	协议文件	4张	6分钟	存档
2	起草公文	贸易代理委托书	2000字	1.25小时	报上级审批

续表

2007年5月30日		工作开始时间:8:30		工作结束时间:17:30	
序号	职务活动名称	活动内容	活动结果	时间消耗	备注
3	贸易洽谈	玩具出口	1次	4小时	承办
4	布置工作	对日出口业务	1次	20分钟	参与
5	会议	讨论欧洲贸易	1次	1.5小时	参与
6	请示	佣金数额	1次	20分钟	报批
……					
17	计算机录入	经营数据	2屏	1小时	承办
18	接待	参观	3人	35分钟	承办

五、参与法(Participation)

也称工作实践法,职务体验法等,就是职务分析人员直接参与到员工的工作中去,真实扮演员工的职务角色,体会职务要求,了解职务任务、技术与环境的过程与方法。参与法是由职务分析人员亲自进行工作日写实的技术,与观察法、问卷法相比较,这种写实技术能够获得更准确真实的信息。为此,职务分析人员需要真正地参与到职务中去,去工作,去体会,而不是仅仅模仿一些职务行为。

由职务分析人员亲自参加职务活动,体验工作的整个过程,从中获得有关工作及要求的第一手资料。亲自实践无疑是深刻了解某一职务最好的办法,这样可以细致、深入地体验、了解和分析某种工作的心理因素及工作所需的各种心理品质和行为模型。

参与法的优点是可以了解工作的实际任务以及该工作对人的体力、环境等方面的要求;能够观察、记录与核实工作负荷与工作条件;能够观察、记录、分析工作流程及工作方法,找出不合理之处。

参与法的缺点是收集信息的时间较长。另外,它的适用范围也不广,并不是所有的职务都可以通过参与法来分析。

一般而言,参与法只适合于比较简单的职务或短期内可以掌握的、技术要求不高的职务,不适用于需要大量训练才能掌握的或有危险的职务,如飞行员、脑外科医生、战地记者、凶猛动物摄影等工作。

六、关键事件法(Key Incidents Technique)

关键事件法是指确定履行职务的关键事件和关键行为的过程与技术,而关键事件是指使工作成功或失败、高效或低效、有效或无效的行为特征或事件，这些特别好或特别差的行为或事件对于职务有着关键性影响。

关键事件法是在二战期间由 John Flanagan 开发出来用于识别各种军事环境下提高人员绩效的关键性因素的手段和方法。Flanagan 认为，关键事件法应对完成工作的关键性行为进行记录，以反映特别有效和特别无效的工作行为。

识别关键事件，应该把握以下原则：

(1)关键事件应尽量具体(如单一行为)；

(2)应着重在工作中可观察到的行为；

(3)应简单描述行为发生的背景；

(4)应指出行为的结果或后果。

关键事件法是一种人员行为导向方法，侧重职务要求的特定行为。应用这种技术需要对实际工作中最具代表性的人员(最好的或最差的)的职务行为进行描述、分析和整合。

这种方法的局限首先是无法收集到一般情况下的工作信息，无法涵盖所有的工作内容，不能提供对职务全方位或完整的描述和探察。其次收集、概括、分类"关键性事件和行为"需要专业人员，耗费大量时间。最后是对于一些不具显著特征的工作行为可能造成遗漏，这样就遗漏了平均绩效水平的员工行为。

应用关键事件法进行职务分析，其用途包括：人员甄选标准的开发；绩效考核标准尤其是行为锚定等级评价即 BARS 的评价标准开发；培训标准的建立，如告诉员工如何完成工作等。

七、其他方法

1. 职业分类系统回顾

通过对国家职业分类系统的回顾，查询到相关的职业或职务，结合其他类似组织的职务分析结果，就可以对自己组织中的职务进行分析，这种方法适合于新创办的组织。

2. 专家小组(Expert Panels)

也称专家讨论法，是指邀请一些相关领域的专家或者经验丰富的员工进行讨论，来进行职务分析的一种方法。这种方法适合于发展变化较快，或职务职责还未定型的企业。由于企业没有现成的观察样本，所以只能借助专家的经验来规划未来希望看到的职务状态。

八、方法比较与选择

每种职务分析方法均有自己独特的方面，有着独特的适用范围，因此，可以这样说，没有普遍的、最好的方法，只有最适合的。在实际工作中，一般要把握两个方面要点：

(1)根据职务分析不同的目的或功用来选择职务分析的方法；

(2)各种方法并不是孤立的，可以结合在一起使用，相互补充。

为了方便比较，我们把六种常见方法的优缺点列在表4-11中。

表4-11 职务分析常见方法的优缺点比较

方法	优点和缺点	
观察法	优点	现场了解情况，真实客观
	缺点	干扰任职者正常工作行为与心智活动 心理和智力为主要内容的职务，效果有限
问卷调查	优点	方便快捷，可以同时对大量职务进行信息收集 员工有参与感，有助于工作进行
	缺点	设计收集完整资料的问卷存在困难 单项沟通方式，很多员工不愿填写问卷
面谈法	优点	可以获得较为丰富的信息 可进一步使员工和管理者沟通认识，以获得谅解和信任 形式较为灵活、简单，内容有弹性，可以随时补充和反问
	缺点	可能因为怀疑动机、误解或谈话技巧不佳而导致信息扭曲 时间耗费较长，占用员工工作时间，妨碍生产
日志法	优点	职务写实，可以获得详尽的、客观真实的信息 可以避免职务活动被遗漏
	缺点	员工可能会夸大或隐藏某些活动，造成信息被扭曲 费时，成本较高，干扰员工工作，信息繁杂
参与法	优点	职务写实，能够深刻了解职务的生理要求、环境、内容等信息
	缺点	不适合需要长期训练以及高危工作
关键事件法	优点	针对员工工作行为，能够深入了解工作的动态性 行为是可以被观察和测量的，良好表现背后有好的行为
	缺点	需要花费大量时间来分析和整合行为、事件 不适用于描述日常的工作

职务分析的方法各有其适用的情况以及使用时所注意的事项，我们整理分析出在不同目的下适用的不同职务分析方法，详见表4-12。

表 4-12　职务分析的目的与方法适用

目的	观察	问卷调查		面谈	日志	参与	关键事件
		人员导向	职务导向				
定额标准	◯	○	◯	◯	○	◯	○
职务描述	○	○	◯	◯	◯	◯	○
定岗定员	◯	○	◯	◯	○	◯	○
开发甄选工具	○	◯	◯	◯	○	◯	◯
培训设计	○	◯	◯	◯	○	◯	◯
开发考核标准	○	○	◯	◯	◯	◯	◯
职业生涯发展	○	◯	◯	◯	○	○	○
安全与健康	◯	○	◯	◯	◯	◯	○
职务评价	◯	◯	◯	◯	○	◯	○
职务再设计	◯	◯	◯	◯	◯	◯	○

注：大圈为高适合度，小圈为低适合度。

【案例】JA 公司的职务分析

JA 公司是我国华北地区的一家房地产开发公司。近年来，随着当地经济的迅速增长，房产需求强劲，公司有了飞速的发展，规模持续扩大，逐步发展成为一家中型房地产开发公司。随着公司的发展和壮大，员工人数大量增加，许多组织和人力资源管理问题逐渐凸现出来。

首先，公司现有的组织机构是基于创业时的公司规划，并随着业务扩张的需要逐渐扩充而形成的，在运行过程中，组织与业务上的矛盾不断暴露出来。部门之间的职责与权限缺乏明确的界定，扯皮推诿的现象不断发生。有的部门抱怨事情太多，人手不够，任务不能按时、按质、按量完成；有的部门又觉得人员冗杂，人浮于事，效率低下。

其次，公司在人员招聘时，用人部门给出的招聘标准非常含糊，招聘主管往往无法准确地加以理解，使得招来的人大多不尽如人意。同时目前许多岗位不能做到人职匹配，员工的能力不能得以充分发挥，严重地挫伤了士气，影响了工作效果。

面对这样严峻的形势，人力资源部开始着手进行人力资源管理的变革。变革从进行职务分析、确定职务价值开始。职务分析、职务评价究竟如何开展，如何抓住职务分析、职务评价过程中的关键点，为公司本次组织变革提供有效的信息支持和基础保证，是摆在JA公司面前的重要课题。

人力资源部开始寻找进行职务分析的工具与技术。在阅读了国内目前流行的基本职务分析书籍之后，他们从中选取了一份职务分析问卷，作为收集信息的工具。然后，人力资源部将问卷发放到了各个部门经理手中，同时他们还在公司的内部网上下发了关于开展问卷调查的通知，要求各部门配合人力资源部的问卷调查。

据反映，问卷在下发到各部门之后，却一直搁置在各部门经理手中而没有发下去。很多部门直到人力资源部开始催收时才把问卷发放到每个人手中。同时，由于大家都很忙，很多人在拿到问卷之后，都没有时间仔细思考，草草填写了事。还有很多人在外地出差，或者事务缠身，自己无法填写，而由同事代笔。此外，据一些较为重视这次调查的员工反映，大家都不了解这次问卷调查的意图，也不理解问卷中那些陌生的管理术语，例如何为职责、何为工作目的等。很多人想就疑难问题向人力资源部进行询问，可是也不知道具体该找谁。因此，在回答问卷问项时只能凭借个人的理解进行填写，无法把握填写的规范和标准。

一个星期之后，人力资源部收回了问卷。但他们发现，问卷填写的效果不太理想，有一部分问卷填写不全，一部分问卷答非所问，还有一部分问卷根本没有收上来。辛苦调查的结果却没有发挥它应有的价值。

与此同时，人力资源部着手选取一些职位进行访谈。但在试着谈了几个职位之后，发现访谈的效果也不好。因为，在人力资源部，能够对部门经理访谈的人只有人力资源部经理一人，主管和一般员工都无法与其他部门经理进行沟通。同时，由于经理们都很忙，能够把双方凑在一块，实在不容易。因此，两个星期过去之后，只访谈了两个部门经理。

人力资源部的几位主管负责对经理级以下的人员进行访谈，但在访谈中，出现的情况却出乎意料。大部分时间都是被访谈的人在发牢骚，指责公司的管理问题，抱怨自己的待遇不公等。而在谈到与职务分析相关的内容时，被访谈人往往又言辞闪烁，顾左右而言他，似乎对人力资源部这次访谈不太信任。访谈结束之后，访谈人都反映对该职位的认识还是停留在模糊的阶段。这样持续了两个星期，访谈了大概1/3的职位。人力资源部经理认为时间不能拖延下去了，因此决定开始进入项目的下一个阶段——撰写职务说明书。

可这时，各职位的信息收集却还不完全。怎么办呢？人力资源部在无奈之中，不得不另觅他途。于是，他们通过各种途径从其他公司收集了许多职务说明书，试图以此作为参照，结合问卷和访谈收集到的一些信息来撰写职务说明书。

在撰写阶段，人力资源部还成立了几个小组，每个小组专门负责起草某一部门的职务说明，并且还要求各组在两个星期内完成任务。在起草职务说明书的过程中，人力资源部的员工都颇感为难，一方面不了解其他部门的工作，问卷和访谈提供的信息又不准确；另一方面，大家缺乏写职务说明书的经验，因此写起来都感觉很费劲。规定的时间快到了，很多人为了交稿，不得不急急忙忙、东拼西凑了一些材料，再结合自己的判断，最后成稿。

最后，职务说明书终于出台了。人力资源部将成稿的职务说明书下发到了各部门，同时还下发了一份文件，要求各部门按照新的职务说明书来界定工作范围，并按照其中规定的任职资格来进行人员的招聘、选拔和任用。但这却引起了其他部门的强烈反对，很多直线部门的管理人员甚至公开指责人力资源部，说他们的职务说明书是一堆垃圾文件，完全不符合实际情况。

于是，人力资源部专门与相关部门召开了一次会议来推动职务说明书的应用。人力资源部经理本来想通过这次会议来说服各部门支持这次项目，但结果却恰恰相反。会上，人力资源部遭到了各部门的一致批评。同时，人力资源部由于对其他部门不了解，对于其他部门所提的很多问题，也无法进行解释和反驳，因此，会议的最终结论是，让人力资源部重新编写职务说明书。后来，经过多次重复与修改，职务说明书始终无法令人满意。最后，职务分析项目不了了之。

人力资源部的员工在经历了这次失败的教训后，对职务分析彻底丧失了信心。他们开始认为，职务分析只不过是“雾里看花，水中望月”的东西，说起来挺好，实际上却没有什么大用，而且认为职务分析只能针对西方国家那些管理先进的大公司，拿到中国的企业来，根本就行不通。原来雄心勃勃的人力资源部经理也变得灰心丧气，但他却一直对这次失败耿耿于怀，对项目失败的原因也是百思不得其解。

案例思考题

1. JA 公司为什么决定从职务分析入手来实施变革，这样的决定正确吗？为什么？

2. 在职务分析项目的整个组织与实施过程中，JA 公司存在着哪些问题？

3. JA 公司在使用职务分析工具和方法方面主要存在着哪些问题？

4. 在组织中实施职务分析需要特殊的环境支持吗？有哪些支持？

思考题

1. 什么是职务分析？要收集和分析的信息有哪些？
2. 职务分析的产出形式和目的有着怎样的关系？
3. 职务分析系统包括哪些要素与内容？
4. 职务分析的四个主要层面(内容)是什么？
5. 如何评价职务分析的结果？
6. 职务分析常见的方法都有什么特点？适用条件如何？
7. 如何选择职务分析的方法？

参考文献

1.【美】雷蒙德·A. 诺伊. 人力资源管理:赢得竞争优势. 中国人民大学出版社,2001 年

2. 萧鸣政. 工作分析的方法与技术. 中国人民大学出版社,2005 年

3. 高艳. 工作分析与职位评价. 西安交通大学出版社,2006 年

4. 安鸿章. 工作岗位的分析技术与应用. 南开大学出版社,2001 年

5. 周文. 工作分析与工作设计. 湖南科学技术出版社,2005 年

6. 美国劳工部国家职业网发展中心(Occupational Informational Network, O'Net),网址:http://online.onetcenter.org

7. J. V. Ghorpade (1988). Job Analysis : A handbook of the human resource director, 1st ed., NJ: Prentice-Hall

第五章

任务分析

本章学习要点

- 掌握任务分析相关概念的区别与联系
- 掌握任务分析的关键技术与过程
- 了解劳动强度测定方法
- 掌握职务描述的内容与技巧

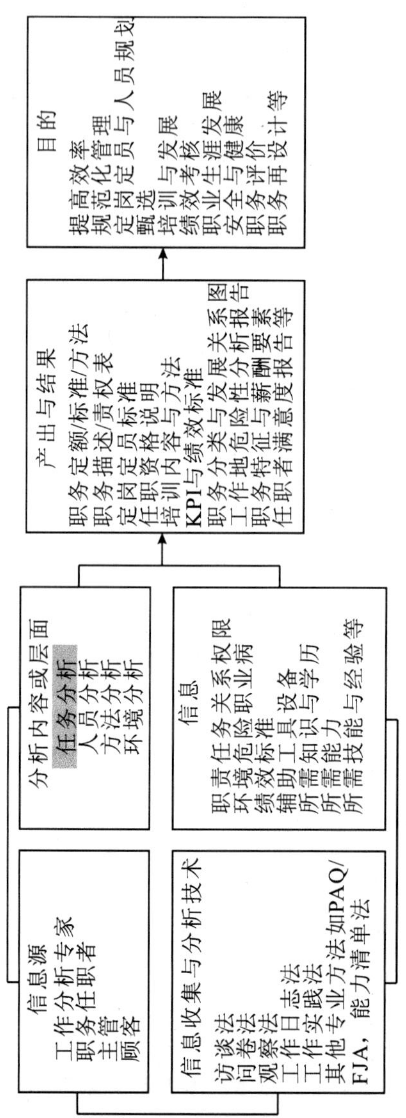
信息源
工作分析专家
职务任职者
主管
顾客
信息收集与分析技术
访谈法
问卷法
观察法
工作日志法
工作实践法
其他专业方法如PAQ/FJA，能力清单法
分析内容或层面
任务分析
人员分析
方法分析
环境分析
信息
职责任务关系权限
环境危险职业病
绩效标准
辅助工具设备
所需知识与学历
所需能力
所需技能与经验等
产出与结果
职务定额/标准/方法
职务描述/责权表
定岗定员标准
任职资格说明
培训内容与方法
KPI与绩效标准
职务分类与发展关系图
工作地危险性分析报告
职务特征与薪酬要素
任职者满意度报告等
目的
提高效率
规范化管理
定岗定员与人员规划
甄选
培训与发展
绩效考核
职业生涯发展
安全与健康
职务评价
职务再设计等

职务分析系统

任务分析是对职务中较为客观的工作职责与内容、职务权限与责任、职务关系以及绩效标准等内容进行分析的总称，任务分析的核心是职务的职责、任务和责任即TDR分析。通过任务分析，员工和管理者能够明确特定职务是做什么的？承担什么责任？与哪些机构与职务建立工作联系？考核的指标以及达到的工作标准是什么？等等。任务分析技术包括“职责饼”法、任务清单法、产出分析法和劳动强度测定法等方法。

第一节 任务分析概述

本节将介绍任务分析的基本概念、任务分析的步骤和任务分析的应用目的。

一、基本概念

和其他专业化技术一样，任务分析也有自己的专业术语。要想正确运用任务分析的方法，首先需要对这些术语的含义有所了解。

（一）任务与子任务

1.任务的概念

所谓任务，是工作活动中一组特定目标的行为组合。如穿衣服、发动汽车、写作、发射火箭等行为，都可以称为任务。任务可能涉及对一些复杂的工具和设备的使用，也可能涉及对一些较简单的书面材料的使用。

任何一项任务一般都具有以下几个特点：①具备执行任务所需的前提条件；②有特定的目标；③有明确的开端和终端；④发生在一定的时间内；⑤可能要被另一项任务所中断；⑥可能涉及多人。

任务可能是脑力的，也可能是体力的，更多的是两者的结合。任务中较显著的体力活动是可以直接观察到的，而较细微的体力活动却要通过仪器来观察和测量。任务中的脑力或认知活动根本无法观察，只能通过专家或专门技术进行推断才能了解。

2.子任务的概念

进行一项任务分析，仅仅确定任务的名称是远远不够的，而是要把一项任务细分成不同的子任务，这样才能有效地评价完成任务所要求的不同程度的信息。有时候出于进一步分析的需要，还要对这些子任务进行进一步的细分。但一般而言,在任务分析时不必划分太细。

子任务一般具有以下几个特点:①由单个人来完成;②通常能用动宾结构的短语进行描述;③可以与其他任务的子任务组合在一起。

(二)非连续性任务与连续性任务

非连续性任务要求一个人按照规定去完成一系列彼此独立的子任务,但不必按照一个固定的次序来实施。

连续性任务则不同,要求按照任务本身的运行方式连续地操作各个子任务。

(三)描述性信息和分析性信息

描述性信息说明的是完成任务过程中,实际出现的人与设备、人与人之间物理上的相互联系和作用。描述性信息仅限于那些凭经验就能观察、转述、计算或测量的信息。主要包括:

(1)一个人的行为或活动,如打开电闸或观察仪表;

(2)这类行为或活动导致的变化,如某个仪表上的指示灯发光或某个参数发生变化;

(3)某一活动发生的频率和其他一些凭经验获得的信息。

分析性信息则是从描述性信息与影响任务完成情况的信息中推断分析得出的。例如对任务重要性程度的估计、完成任务所需要的体力、完成任务当中可能存在的错误、完成任务所需要的知识和技能等,都是分析性信息。多数情况下,分析性信息都是由任务分析专家提供的。

描述性信息较为关键,适用于任务分析的各个阶段,规定了系统内人员完成任务所必须具备的条件。分析性信息则明确表达了某个特定工作人员应该达到的绩效要求。

(四)相关概念的对比

1. 任务(Task):指的是员工在某一有限的时间段内为了达到某一特定的目的所进行的一项活动,它是由要素集合而成的。任务包括以下两个要点:①在紧凑的时间内完成的工作要素的组合;②有一定意义和可识别的产出。例如:为考查学生对知识的掌握程度而出考试试卷;将粗木头锯成细块;拨通一个电话;打印一封信等。

2. 职责(Duty):是由一个人担负的一项或多项相互联系的任务组成的活动。职责是任务的组合,例如教学;进行薪资调查等。

3. 职位(Position):是在一个特定组织中,一项或多项职责落实到一个特定员工身上时出现的工作岗位。职位是由一个人完成的任务和职责的组合。

4. 职务(Job)或工作:是由职责相同的一组职位构成。

5. 责任(Responsibility):指职位或部门应承担的为部门或公司目标服务的任务,它的重点是结果。它告知的是“什么”,而不是“如何”,职位应负责任是描述一个职位在组织中所扮演的角色,即这个职位对组织有什么样的贡献或产出。

二、任务分析的步骤

任务分析属于工业工程、工业心理和人力资源管理中的交叉研究对象,是一种说明个人与系统之间所有行为作用与关系的系统方法。任务分析的步骤可概括如下:

1. 制定任务分析方案,确定执行这一方案所要求的人员条件,明晰其责任,并对相关人员进行培训。

为了保证任务分析的结果满足职务设计与职务评价的需要,分析小组必须由下列人员构成:

(1)在任务分析上有实践经验且接受过培训的专家;

(2)实际操作或从事过所分析的职务且接受过任务分析培训的专家;

(3)如果要对管理设计的合理程度进行评价,还需要那些了解工作系统及其子系统的管理设计人员参加。

任务分析的专家通常是来自人事管理、工业心理或工业工程学方面的研究人员与教授。在进行任务分析之前,任务分析专家应预先对分析小组的其他成员进行培训,向他们阐述任务分析的目的和方法,说明任务分析的程序及其逻辑关系,通过模拟训练教他们如何进行任务分析。

2. 进行职务系统职能和职务系统运行分析。

职务系统职能是职务系统必须要完成的所有操作。这些操作必须符合系统所规定的条件、技术要求、安全标准和其他一些限制标准。职务系统运行分析,是确定执行职务系统运行中各个阶段所需要完成的任务,并按顺序进行描述。确定了任务的次序以后就可以对任务进行说明和分析。在职务系统运行的每一阶段都应把所列出的主要任务转化成任务分析工作表,一项任务可包含若干个工作表。

下面以一个核电站的例子来说明职务系统职能和系统运行分析。

核电站的一个重要职能是提供冷却剂以使放射性物质维持在适当的温度下。如果由于某一原因(如泵出了毛病),不能维持冷却职能了,就必须让整个工作系统处于"冷关闭"状态。而要使核电站处于这一状态,就需要进行一系列的任务操作。我们可以把这一系列操作称为一个操作序列。

表 5-1 所示的例子描述了某一事件发生前核电站的初始状态和操作完成后的最终状态,并且还列出了操作的次序。整个序列包括 12 项操作。其中一些是自动进行的,另一些是人工操作的。

表 5-2 确定了操作序列中的各项任务。左边一列是操作序列,右边一列是与各项操作序列相关的任务,中间一列则是每项任务的编号。

表 5-1 和表 5-2 的编制就是一种职务系统职能和运行分析。

职能和运行分析的这一例子阐明了操作人员的任务是如何按操作序列依次更替和产生的。操作序列作为任务分析的起始,其结果是产生一个任务清单,从而为进行任务分析提供了基础。在这种情况下,由人来完成的任务受到某种动力的驱使,且与设备操作的进度高度相关。

表 5-1 某核电站操作序列概要(操作序列:恢复供水量)

初始状态:系统正常,装置电力完全充足。
序列起因:由于供水不足预感器失灵,反应堆在高 RCS 压力下不能正常运转,紧急供水装置无法启动。
序列概要:1. 主供水泵失灵;
2. 紧急供水泵无法启动;
3. 反应堆在高 RCS 压力下不能正常运转;
4. 1 号组控制杆不能回落;
5. P.O.R.V 无法打开;
6. 操作人员关闭 RC—4 泵;
7. 由于没有足够的低温冷却余地,操作人员打开所有的 RC 泵;
8. 操作人员启动 HPL;
9. 增压器压力增加;
10. 建成另一套供水系统;
11. 反应堆冷却剂(简称 RC)RC—4 完全与电流断路器切断;
12. 固体设备继续冷却。
最终状态:系统处于"冷关闭"状态。

资料来源:萧鸣政等编著.工作分析的方法与技术,中国人民大学出版社,2002,第 109 页

3. 形成任务分析的结果描述。

任务分析小组按照分析表中的纵向标题来分析并描述任务及其子任务,而这些标题的号码和内容则因任务分析信息的不同而各不相同。任务分析的结果可用一个或几个有序的任务分析记录来表示。这些记录表描述的是完成任务过程中所采取的动作、使用的物体、任务特点、所需条件及其他

信息。任务分析中所分析的信息的种类，取决于所提供的资料。任务分析记录表是设计者和评价者作进一步分析和决策的依据。作为一个系统，它包括分析的硬件、人员、工作程序及所需的培训。

在分析记录表的完成过程中，任务分析小组应遵循预先准备的书面程序，以确保在整个过程中采用同一方法。为了保证分析表的质量，对于已完成的分析表，还应重新检验其精确性、连贯性和完整性。

如果所分析的工作系统比较复杂，包含许多子工作系统和组成成分，那么为了减少工作量，加快任务分类的速度，就常常需要把分析表中的有关信息输入到计算机数据管理系统中。例如，可以按照一定的分类标准，通过数据管理系统对任务和子任务进行分类，明确完成任务所要求的技术和知识、任务发生的频率、任务的重要程度等。

以上简略地介绍了任务分析的一般程序。在实际操作中，应根据所分析系统的不同特点和分析目的，选择相应的任务分析方法。

表 5-2　某核电站操作性任务序列表

序列号:1　　序列名称:恢复供水　　Rev. # 0　　核电站 XXX 装置 #1

序列概要	任务	
	号码	名称
1. 主供水泵失灵		
2. 紧急供水泵无法启动		
3. 反应堆在高 RCS 压力下不能正常运行	Ⅰ.1.a	人工操作反应堆
	Ⅰ.1.b	人工操作涡轮机
4. 1 号组控制杆不能回落	Ⅱ.1.0	查实反应堆电力正在减少
	Ⅱ.1.a	以 BWST 启动 HPI
	Ⅱ.2.0	查实所有控制杆都在底部
	Ⅱ.2.a	启动应急钻孔机
	Ⅱ.3.0	查实所有主涡轮机断流阀都已关闭
	Ⅱ.4.0	核实下降器是否仅通过气阀
	Ⅱ.5.0	查实供水是否恢复正常
	Ⅱ.6.0	查实 ICSNNI 电力是否开启
	Ⅱ.7.0	查实起动变压器是否开启
	Ⅱ.8.0	查实是否有足够的低温冷却余地
5. P.O.R.V 无法打开	Ⅱ.9.0	测定热量损失量
6. 操作人员关闭 RC－4	Ⅲ.B.1.0	测定足够的低温冷却余地
7. 由于没有足够的低温冷却余地，操作人员打开所有 RC 泵	Ⅲ.B.1.1	测定 P.O.R.V 的状态
	Ⅲ.B.1.2	关闭 RC－4 阀门
8. 操作人员启动 HPI		
9. 增压器压力增加	Ⅲ.B.2.0	操作所有的反应堆冷却泵

续表

序列号:1 序列名称:恢复供水 Rev. # 0 核电站 XXX 装置#1		
序列概要	任务	
	号码	名称
10. 重新建成供水系统	Ⅲ.B.3.0	启动 HPI
	Ⅲ.B.4.0	检查是否存在低温冷却条件
	Ⅲ.B.5.0	测定供水装置是否可用
	Ⅲ.B.6.0	如可用,启动紧急供水或主要供水装置
	Ⅲ.B.7.0	检查供水系统是否完全建成
	Ⅲ.B.8.0	保持适当的 OTSG 水平
	Ⅲ.B.9.0	检查中心水槽有没有水
	Ⅲ.B.10.0	降低 OTSG 压力以引起热量转移
	Ⅲ.B.11.0	确定热量转移装置是否建成
	Ⅲ.B.12.0	测定 RC 泵能否进水
	Ⅲ.B.13.0	往冷却泵灌水以引起热量转移
	Ⅲ.B.14.0	进一步降低压力以引起热量转移
	Ⅲ.B.15.0	启动一个 RC 泵以引起热量转移
	Ⅲ.B.15.1	检查热量转移装置是否建成
11. RC－4 完全与电流断路器切断	Ⅲ.B.15.2	把 RC－4 与电流断路器切断
	Ⅲ.B.16.0	HPI 重新冷却
	Ⅲ.B.17.0	控制热量转移率
	Ⅲ.B.18.0	测定有足够的低温冷却余地
12. 设备继续冷却	Ⅳ.1	控制 HPI 流动
	Ⅳ.2	在增压器内增加泡沫
	Ⅳ.3	每一个回路启动一个冷却泵
	Ⅳ.4	开路关闭装置

资料来源:萧鸣政等编著. 工作分析的方法与技术,中国人民大学出版社,2002,第110页

三、任务分析的目的

从任务分析中获取的信息在系统设计、系统发展的开发性测试和操作阶段中有很多的应用。具体来说,任务分析主要有以下几方面的应用:①任务预测;②人机系统的设计和评价;③完成任务所需的人员数量、类别及资格条件的确定;④操作和维修程序的设计与评估;⑤对完成任务及开发评估培训课程所需要的技术、知识的鉴定;⑥工作绩效标准的鉴定;⑦潜在错误的分析;⑧沟通体系、设备及程序的设计与评价;⑨安全标准的建立和安全预防措施的评估。

任务分析的每一种应用都是任务分析记录表中不同要素的组合。

第二节　任务分析技术

本节将介绍几种主要的任务分析技术，如“职责饼”法、任务清单法、产出分析法和劳动强度测定法。

一、“职责饼”法

对于很多管理性职务而言，任务是职务分析的最小单元，梳理清楚特定职务中的职责与任务的关系至关重要。“职责饼”分析就提供了这样一种思路和方法。

“职责饼”分析通常经过以下几个步骤：

1. 识别职务中主要的纬度。通过职务承担者或职务分析专家来识别出一项职务中主要的活动内容，这样的过程可以理解为画出一个职务的“职责饼”，如下图所示。

大学教师这一职务，其主要活动纬度即职责包括：①教学，如备课、授课等；②研究，如准备在学术杂志公开发表的研究报告；③辅导，如给学生提供论文指导或者职业生涯发展建议；④服务，如需要时参加系务会议；⑤咨询，指为外部公司提供咨询服务。

需要注意的是，不同职务包含的职责数量不同，“职责饼”被分割的块数也就不同，通常一张“职责饼”以 4—8 块为宜。

图 5-1　“职责饼”示意图

2. 识别每项职责中的任务。实际工作中，可以由职务承担者、管理人员、专家等通过类似"头脑风暴"等方法来开发针对每项"职责饼"所对应的任务。如大学教师职务中的教学职责，可能包括备课、授课、办公室答疑、出卷、判卷以及输入分数等许多任务。

3. 在此任务分析的基础之上，可以进行人员分析，如识别、分析职务承担者所必须具备的KSAOs。譬如，针对"授课"这一任务，任职者应具备课程材料知识、有效授课技术知识、良好公众演讲技能，并希望有一些幽默感等个人特征。

二、任务清单法

(一)任务清单分析系统

任务清单法实际上使用了一个任务清单分析系统。任务清单分析系统一般由两个子系统构成：一个是用于收集工作信息的一套系统的方法、技术；另一个是与信息收集方法相匹配的用于分析、综合和报告职务信息的计算机应用程序软件。任务清单系统中收集职务信息的工具实际上是一种高度结构化的调查问卷，一般包括背景信息与任务清单两大部分。

1. 背景信息

背景信息部分包括两类问题：传记性问题与清单性问题。

(1)传记性问题。传记性问题是指那些可以帮助分析者对调查对象进行分类的信息，如任职者姓名、性别、职务序列号(编码)、职务名称、任职部门、工作年限、教育水平、职务轮换、晋升路径以及职业发展方向等。

(2)清单性问题。清单性问题是为了更加广泛深入地了解有关职务方面的背景信息而设计的问题。它为调查对象提供了一套包含问题与备选答案的清单，清单的内容可能包括：所用的工具和设备、所需培训的课程、对工作各方面的态度等。

背景信息部分的问题有各种格式，如填空；选择能最恰当地描述的选项；选择所有符合的选项等。

2. 任务清单

任务清单部分其实就是把职务中的职责和任务以一定的顺序排列起来，然后由任职者根据自己工作的实际情况对这些工作任务进行选择、评价等，最终理顺并形成该项职务的工作内容。如果任务清单构建成功，那么在该职务范围内，每个调查对象都可以选择清单中的某些任务选项，将它们按照一定标准组合在一起，从而准确地描述他所从事的职务。在任务清单系统中，任务被定义为任职者能够清晰辨别的一项有意义的工作单元。任务清单可以来自于对工作的观察,可以来自于另外的任务清单,如某部门的任务清单或某职务族的任务清单,也可以借助于主题专家法进行任务描述。任务的描述方法也相当简单,通常是描述一项行动、行动的目标以及行动的必要限定等。第一人称代词“我”一般是隐含的任务执行者。根据任务清单的使用目的不同,可以选择和设计相应的任务评价维度及其尺度。最常用的维度有相对时间花费、执行频率、重要程度、困难程度等,尺度可以是5级、7级或9级等。

职务任务清单的调查对象一般是某一职业领域的任职者及其直接管理者。任职者填写背景信息部分,并在任务清单中选择符合他所做的工作项目并给出评价。任职者的管理者通常提供有关工作任务特征的信息,如任务的难度、对工作绩效的影响等。然后运用一定的计算机应用程序软件对收集的信息进行处理、分析、综合,并向管理者提供职务分析报告。

(二)操作流程

1.构建任务清单

如前所述,任务清单可以来自于对工作的观察;可以来自于另外的任务清单,如某部门的任务清单或某工作族的任务清单;也可以借助于主题专家法进行任务描述。任务清单示例见表5-3。

2.收集信息

表5-3 任务清单示例

民警任务调查表

说明:逐步核对,在符合本职任务的项目上画?,并说明其对工作的重要性。请用1~5表示重要程度,其中,1代表不重要,5代表非常重要。

1. 保护交通事故现场证据________________
2. 在经常发生事故的地段注意防止新事故________________
3. 使用闪光信号灯指挥交通________________
4. 使用交通灯指挥交通________________
5. 发现违章驾驶员并填写情况表________________
6. 估计驾驶员的驾驶能力________________
7. 对违反交通规则的人解释交通规则和法律常识________________
8. 跟踪可疑车辆,观察违章情况________________
9. 签发交通传票________________
10. 对违反交通规则的人员发出警告________________
11. 监视交通情况,搜寻违章车辆或人员________________
12. 检查驾驶执照或通行证________________
13. 参加在职培训________________

续表

14. 参加射击训练 ________________
15. 操作电话交换机 ________________
16. 擦洗和检验工作装备 ________________
17. 维修本部门的交通工具 ________________

资料来源：萧鸣政等编著.工作分析的方法与技术，中国人民大学出版社，2002，第92页

任务清单实质上是一个高度结构化的调查问卷。在列出任务清单的基础上加上评价尺度，便成为用于收集信息的工具。在利用任务清单收集信息的过程中，需要注意以下几个方面：

(1)调查范围的确定

调查范围的确定有许多方案，关键是要根据调查研究的目的来选择适用可行的方案。以人力资源部及其所包含的职务为例。利用任务清单分析系统对人力资源部门的职务进行分析，可以选择两个以上行业的多家企业的人力资源部门的人员，这样可以收集到大量的数据，从而可以得到有关人力资源部门工作任务的全面、综合的信息，通过这种方式得出的结论最具有一般性意义。也可以选择一个行业的多家企业的人力资源部门的人员，这样可以收集到被关注行业的企业人力资源部门工作任务的数据，所得结论具有行业特点；当然也可以只对一个企业的人力资源部门的人员进行调查，只要能够达到调查研究的目的。

(2)调查方式的选择

调查的方式一般有集体调查和单独调查两种。值得注意的是，如果有保密的需要，可以在问卷填好后装入信封密封再收回。

(3)信息源的选择

一般而言，有关工作执行与否、时间花费等信息最好由职务执行者本人来提供；而其他一些任务评价信息，如工作的重要程度、困难程度、工作失误后果的严重程度等最好由本工作领域经验丰富的管理者来提供，或至少要参考他们的意见。

(4)填写任务清单的一般步骤

由于任务清单格式的不同、任务评价维度的类型与数目的不同，填写的步骤也不尽相同。填写任务清单的一般步骤如下：

第一步，被调查者以填空或选择的方式回答背景信息部分的所有问题。

第二步，被调查者阅读任务清单上的所有描述，并在属于其正常职务范围内的任务描述旁边作记号。

第三步，被调查者在另一张空白纸上写出没有被包含在任务清单中但属于其正常工作范围内的所有任务描述。

最后，被调查者重新回到任务清单起点，逐一对其所选定的任务进行评价。

按照工作任务清单分析法的要求，被调查者需要两次浏览任务清单，第一次是找出被调查者本人所执行的各个工作任务，另一次是对所找出的工作任务进行评价。这样做不仅可以做到查漏补缺，而且可以预防那些没有读懂填写说明的被调查者对某些任务做出的错误评价。

在实际应用中，通常会出现这样一种情况，即被调查者总是倾向于将绝大多数任务评价为“重要的”或者“需要花费大量时间的”，但实际上，任职者的工作时间和精力是有限的，不可能完成那么多重要的或者花费大量时间的工作任务，因此这类评价的结果有失准确。为了避免这种情况的发生，调查人员在进行调查说明时，要督促被调查者慎重考虑对工作任务的评价，并要强调相对的概念，对于一项工作而言，必有一部分工作任务不是那么重要或者只需要花费很少的时间。

3. 分析任务清单所收集的信息

任务清单系统收集的信息，绝大部分是量化的，可以应用计算机程序进行系统分析。较为成熟的任务清单系统都有自己的应用软件，如 TIA 通常运用 CODAP 系统进行分析。至于那些不可量化的信息，或为某些特殊目的收集的附加信息，应根据职务分析的目的进行相应处理。

（三）用途

任务清单分析法的一个主要优点在于它向管理的许多应用领域都提供了有用的信息。任务清单获得数据的分析结果可以应用于人力资源预测、人员招募筛选、绩效考核、薪酬管理、培训开发、职务设计与职务发展等许多方面。比如，从任务清单中获得的数据可以作为建立职务评价体系的依据。

三、产出分析法

（一）概述

产出分析法是从任务的产出角度对任务进行分析。

任何一个职务都有一些特定的职责，通过完成某一职务的一项一项任务才能实现该职务的职责，任务与职责相对应。通过分析某一职责产生什么样的产出，可以对相应的任务进行分析。因此，产出分析也是进行任务分析的一种方法。

产出分析法的结果可以用来获得绩效标准，应用于绩效管理中。

(二)操作流程

1.工作职责的分解

所谓工作职责,主要指该职务通过一系列什么样的活动来实现组织的目标,并取得什么样的工作成果。工作职责具有成果导向性、完备性、稳定性、独立性以及系统性等特点。

(1)成果导向性:工作职责以成果为导向,而非以过程为导向,即它要表达的是该职务要完成什么工作,以及为什么要完成这些工作,而非如何完成这些工作;

(2)完备性:它表达了该职务所要取得的所有关键成果;

(3)稳定性:工作职责仅仅包含该职务的稳定性的工作内容,而不包含上级那些临时授予的、动态性的工作内容;

(4)独立性:每一项工作职责都直接指向一个唯一的工作成果,不允许职责与职责之间的交叉和重叠;

(5)系统性:同一职务的若干项工作职责之间必然存在着某种逻辑关系,而非任务的简单拼凑与组合。

工作职责的界定并非简单地来自于对职务任职者的现行工作活动的归纳和概括,而是来自于基于组织战略的职务目的的界定。

工作职责分解的步骤是:

(1)根据组织或部门的职能职责定位,确定该职务需要达到的目的;

(2)通过对职务目的的分解得到该职务的若干职责;

(3)通过对这些职责的分析,确定其中的关键职责。

2. 产出的获得

当我们确定了一个职务的工作职责之后,就需要找出每一项工作职责的工作产出(Output)是什么,这项职责(或任务)的履行产生了什么样的有附加价值的成果(Accomplishments)。下面以客户经理为例说明。

表 5-4 客户经理的产出

职　务	工作职责	产　　出
客户经理	领导客户服务团队为客户服务	满意的客户
	向领导和相关人员提供信息和数据	提供的信息和数据
	为解决问题提供建议	所提供的解决问题的建议
	管理下属	下属的生产力和工作满意度

3.绩效标准的获得

工作产出确定之后,我们再找出对这些产出进行评估的角度。概括来说，工作产出主要可以从数量、质量、成本、时限、满意度 5 个方面进行评估。分别对工作产出在这几个方面设定评估标准，就是绩效指标。在每一项指标上所要达到的水平就是绩效标准，详见表 5-5。

（三）产出分析法的应用

产出分析法的优点在于它为绩效管理提供了可以直接应用的成果。由产出分析法获得的绩效标准可以直接作为绩效考核的依据。

表 5-5　客户经理的绩效标准

工作职责	产　出	绩效标准
领导客户服务团队为客户服务	满意的客户	1. 一个月内客户投诉次数不超过 5 次 2. 一个月内没有在承诺的期限内解决的客户投诉次数不超过 1 次 3. 95%以上的客户能够对服务中如下方面感到满意： (1)客服人员能够迅速到达 (2)客服人员能对所有问题做出准确回答 (3)客服人员非常有礼貌 (4)问题解决的结果
向领导和相关人员提供信息和数据	提供的信息和数据	一个季度内，信息接收者提出的投诉不超过一次，投诉包括： (1)提供了不正确的数据 (2)没有找到客户想要的信息 (3)提供信息晚于约定时间
为解决问题提供建议	所提供的解决问题的建议	客户对解决问题的建议表示满意
管理下属	下属的生产力和工作满意度	1. 下属有能力按照时间表工作 2. 通过调查发现： (1)员工能够了解公司的发展方向、部门的目标和自己的角色 (2)员工能够了解上司对自己的期望 (3)员工能够了解自己的工作表现以及在哪些方面需要改进 (4)员工拥有胜任工作的知识和技能

四、劳动强度测定法

（一）劳动强度的概念

劳动强度是指劳动者所从事的劳动的繁重、紧张或密集程度。劳动强度以劳动者一定时间内体力和智力（肌肉能量和神经能量）的消耗量来衡量。

劳动者的劳动强度既与生产劳动过程和劳动组织状况相关，又直接反映为劳动者的生理、心理状态，最终反映为劳动者机体的产热量——能量代谢的状态。因此对劳动强度的测定，不但要掌握劳动组织安排和劳动过程（劳动时间、动作）的情况，而且要对劳动者的生理、心理状态进行测定和观察。

职务劳动评价从体力劳动强度、工时利用率、劳动姿势、劳动紧张程度、工作班制五个方面来评价。由于任何劳动都要付出一定的体力，目前在我国工业生产中，体力劳动还是主要的劳动形式，国家已经指定了体力劳动强度的分级标准（GB3869－83），有较科学的评价方法。因此，在这五方面的要素中，体力劳动强度是最重要的评价因素。体力劳动强度的测定和分级是劳动强度评价中最主要的工作。劳动强度与劳动时间的长短也密切相关，尤其是对于轻体力劳动或非体力劳动职位，因此工时利用率也是劳动强度评价的重要因素。而劳动姿势、劳动紧张程度和工作班制，对劳动强度都有一定影响，都是劳动强度评价应考虑的因素。

（二）劳动强度的测定方法

劳动者的劳动强度与多种因素有关，但最终都反映为能量代谢的变化，表现为能量代谢率、心率、肺通气量、氧耗量，以至于体温、出汗量等方面的变化。对劳动强度的测定主要是用测定能量代谢的方法，也有通过体温、心率、出汗量来测定劳动强度的。

1.能量代谢的测定方法

能量代谢的测定方法主要有以下几种：

（1）直接测热法。由于人体的能量消耗最终都变为热能，因此，把人置于特制的量热器中，直接测量受测者产生的热量，然后计算出能量代谢率。这种方法称为直接测热法。直接测热法的装置比较复杂，只限于实验研究。

（2）间接测热法。间接测热法是利用人体的能量消耗量与氧气的消耗量和二氧化碳的呼出量，然后结合呼吸商（二氧化碳呼出量与氧耗量之比）和氧的热价，间接计算出产生的热量，而测得能量代谢率。这种方法也主要用于实验研究。

（3）肺通气量法。人体的肺通气量与能量代谢也有一定的函数关系。肺通气量就是利用这种关系，通过测定一定时间内的肺通气量，而计算出能量代谢率。由于已有携带方便、可在生产现场使用的肺通气量仪，因而这种方法使用较为广泛。我国国家标准《体力劳动强度分级》规定使用肺通气量测定能量代谢率。

2.测定劳动强度的其他方法

测定劳动强度的其他方法主要有：

(1)心率法。劳动强度的变化也会引起心血管系统的变化，尤其是心率的变化，因此可以通过测定心率来衡量劳动强度。影响心率的因素很多，个体差异也较大，易影响测定的确定性。但这种测试方法简单方便，易于应用。

(2)体温法。由于劳动强度的增加，引起人体产热量的增加，因而体温也会升高，因此也可以通过测定体温来衡量劳动强度的大小。但体温的影响因素很多，要精确测定也有一定的困难，实际应用不多。

(3)排汗量法。劳动强度的增加，使热量增加，机体的排汗也增加，因此也可以通过测定排汗量来衡量劳动强度。但实际测量时较困难，难以应用。

(三)劳动强度的分级评价

劳动强度分级是以一定的指标，划分出劳动负荷量大小的等级。劳动强度分级是劳动生理研究、劳动卫生、劳动保护工作中的一项重要内容；也是劳动管理科学化，制定先进、合理的定员定额，提高劳动生产率不可缺少的卫生依据。对劳动强度的分级，因测定方法和分级指标的不同而有多种，现分述如下：

1.劳动强度指数法

通过劳动者工作日的劳动时间率和能量代谢率，计算出劳动强度分级指数，作为分级指标。对于体力劳动强度分级，计算公式是：

$$I=3t+7M$$

式中：I—劳动强度分级指数；

t—工作日工时利用率；

M—工作日人均能量代谢率。

这是国家标准《体力劳动强度分级》(GB3869—83)规定使用的分级方法，也是职位劳动评价使用的方法。

2.相对能量代谢率法

分别测定劳动者的基础能量代谢率(人体在清醒而又极端安静，不受外界或自身因素影响状态下的能量代谢率)、劳动时的能量代谢率，按下式计算相对能量代谢率(RMR)，作为指标分级。

RMR＝劳动能量代谢率/基础能量代谢率

3.其他分级方法

直接以耗氧量、能量消耗量、能量代谢率、心率、体温、排汗量作为分级指标，分出级别。

各种分级方法基本上都把劳动强度分为很轻、轻、中等、重、很重、极重等3～6个等级。

以上指标和标准主要是针对有体力活动的劳动。对于单纯的脑力劳动，还没有科学的分级方法。

（四）体力劳动强度的测定方法

体力劳动是指以体力活动为主的劳动。职位劳动评价对体力劳动强度的测定，采用国家标准《体力劳动强度分级》中规定的方法，即采用肺通气量法测定能量代谢率，用写实测定的方法测定劳动时间率，计算分级指数作为分级指标，分出体力劳动强度的级别。

体力劳动强度的测定主要包括劳动时间率的测定和能量代谢率测定两方面的内容。

1.能量代谢率的含义

能量代谢率是单位时间中劳动者单位体表面积的能量消耗量，以工作日中平均每分钟每平方米表面积的能量消耗量表示，单位是 $kJ/min\cdot m^2$。虽然劳动者在劳动过程中的能量代谢率或能量消耗量，与劳动活动量的大小、劳动时间的长短有关，也随劳动者的体格状况的不同（素质、性别、年龄等）有一定差异，但若与劳动者单位体表面积的能量消耗量作比较，则可以消除体格方面差异的影响，而体现劳动强度的差别。

2.能量代谢的主要内容

（1）调查生产劳动过程和组织安排情况，掌握被测评职位的作业内容、工序、主要操作和动作、作业位置、作业人员数量等情况。

（2）制定能量代谢测定计划，确定测定对象和测定的动作。

（3）在劳动过程中，以职位为单位测定劳动者的各类动作的能量代谢数据。测定的方法是采用肺通气量方法，即用肺通气量计测定劳动者从事各类动作的肺通气量，又称为采气。

（4）测定劳动者的重量生理：身高、体重、年龄等，计算其体表面积。

（5）测定气象条件：气温、气压、水蒸气分压。

（6）数据处理和分级：根据肺通气量、体表面积、气象条件，计算每类动作的能量代谢率。根据每类动作的时间，计算工作日平均能量代谢率。根据劳动时间率和能量代谢率计算分级指数。按分级标准，确定体力劳动强度的级别。

3.能量代谢率的测定

（1）能量代谢率测定的条件：进行能量代谢率测定时，生产职位劳动者必须处于正常的生产劳动状态；能量代谢的测定一般应与职位的时间测定同步进行;受测对象必须是合格的职位劳动者,身体健康,无明显的心血管、呼吸系统疾病;进行能量代谢测定前,必须充分了解受测职位情况,制定测定计划。

(2)能量代谢测定的规定:①能量代谢测定是以职位为单位,以职位劳动者为测定对象,针对职位的各类动作测定。②受测职位符合要求的劳动者均可作为测定对象。若职位人数多,不一定对每个人都测定,要求能测完全部采气动作即可,一般要求测定 2～4 人。③对于每类动作,应尽可能对其包含的各种动作采气。若其中包含的动作多,可选择其中动作时间长或具有代表性的动作作为采气动作,进行测定。④每个采气动作的测定次数应不少于 8 次,或测定总时间达到 5 分钟以上。⑤对于动作分类不同,但是体力劳动强度相同或很近似的几类动作,可只对其中的一类动作测定,或对每类动作测定几次,作为这几类动作的共同数据。⑥不同职位之间,若作业动作完全相同,其测定数据也可共用或代用。

(3)采气计划的制定

采气计划是能量代谢测定中肺通气量的安排和工作依据,应在测定开始之前制定,以保证测定工作进度和质量。

采气计划的主要内容有:编码、工种职位名称、主要采气动作的编号和名称。主要采气动作根据职位作业动作的实际情况确定。也应符合本节中关于能量代谢测定的规定,还应根据写实测定的动作内容及时补充修订。

采气计划由能量代谢测定负责人分阶段制定,并注意与写实计划的同步配合。采气计划可以单独制定,也可与有害因素检测计划共同制定。

(4)采气的工作步骤和要求:①准备好肺通气量仪。使用前应充足电,检查各部分是否正常。准备好记录表。②熟悉测定计划,掌握需要采气的动作及其出现的工序。③到生产现场,向采气对象讲明采气的要求和方法,使其更好地配合采气。要求采气对象正常操作作业,正常呼吸。④在需要测定的动作出现之前,给采气对象戴上仪器和口罩,让其适应 5～10 分钟后,再开始测量。⑤测量之前,应询问采气对象所戴的口罩是否漏气,若漏气应重戴,直至不漏气为止。⑥按测定计划的要求,对每类动作采气。若某一类动作中包含多个动作,应尽可能对每个动作采气。每类动作的采气次数应不少于 8 次,或采气总时间不少于 5 分钟。⑦每次采气的测量时间不少于 2 分钟,采气读数控制在 2000～8000 较好(使用 FTQLJ－1 型肺通气量计时)。⑧每个职位的采气对象应在 2 人以上(除非只有 1 人的职位),尽可能多采。对一个采气对象,一个动作连续测量次数一般不应超过 4 次。⑨若采气对象作业不正常，故意加大动作量，做出不该出现的动作，故意深呼吸，或仪器工作不正常，应报废采气数据。⑩若采气对象在实际工作中出现测定计划中没有列入的动作，应加采。

此外，在第一天的写实工作完成后，采气负责人应根据写实资料，核对或修订能量代谢测定计划；对不同的采气对象采气时，每人采后应用75%酒精擦拭采气口罩消毒。每天采气结束后，应清洗口罩、通气管并消毒。

(5)身高体重的测量

对每个采气对象都要测量身高、体重。要求在采气前或采气后技术测量。测量时要脱鞋，若外衣较重也应脱去。一定要实测，不能用采气对象自报的以前的测量数据代替。

(6)气象条件的测定

在采气的同时应测量工作场所的气温和气压。气温测量使用通风温湿度计，应在采气的时间内连续(每隔10～15分钟)测量，供采气计算时选用合适的温度。若室内外温差不大亦可用高温测定时测定的室外气温代替。根据气温查表求水蒸气分压。

(7)能量代谢测定记录表的填写

采气数据应及时准确地填写于能量代谢测定记录表中。

(五)劳动强度其他因素的测定和分级

职位劳动评价对劳动强度的评价因素还有工时利用率、劳动姿势、劳动紧张程度和工作班制。

1.工时利用率的测定和分级

工时利用率反映了劳动时间的长短，是影响劳动强度的重要因素。虽然在体力劳动强度分级中，已考虑了劳动时间因素，但计算分级指数毕竟还是以能量代谢率为主。同样级别的体力劳动强度，工时利用率仍有较大的差别。在现代工业生产中，劳动的能量消耗低，但劳动时间长的职位也不少。这类职位单纯以体力劳动强度评价劳动强度显然是不合理的。因此，职位劳动评价把工时利用率也作为对劳动强度评价的因素，使评价更为合理。

工时利用率是指在工作日制度工时中，完全用于生产劳动活动的时间占制度工时总时间的百分比。通过写实测定、时间测定得到的劳动时间率也就是工时利用率。根据职位写实测定得到的时间数据，即可按评价标准分出级别。

2.劳动姿势的测定和分级

劳动姿势是在劳动中，劳动者的身体采取的位置或形态。劳动姿势对劳动者的劳动强度和疲劳程度都有一定的影响。

(1)劳动姿势的种类

在实际劳动中,劳动者采取的劳动姿势主要有坐姿、立姿、前俯(弯腰)、后仰、卧姿、蹲姿等:①坐姿。坐姿是以臀部为体重的支撑部位,手足可以稍微活动的姿势。坐姿可以持续较长的时间,不易疲劳,可手足并用。但用力受限,不易改变体位。②立姿。立姿是以足为体重的支撑部位,上体前屈角小于30度的姿势。立姿的活动范围广,变换体位容易。但肌肉需要消耗较多的能量以支持体重,保持姿势,较坐姿更为费力,更易疲劳。③前俯(弯腰)。前俯或弯腰是采取立姿但上体的前屈角大于30度的姿势。这种姿势较立姿更为费力,更易疲劳。④后仰。后仰也是立姿的变化姿势,是身体采取立姿,但上体后屈的姿势。后仰也较立姿更为费力,更易疲劳。⑤卧姿。卧姿是以身体的躯干部分为体重的支撑部位,身体与支撑物平行的姿势。卧姿作业一般用于特殊作业或工作范围狭小局限的作业,也较费力。⑥蹲姿。蹲姿是以足为体重的支撑部位,下肢膝关节屈曲的姿势。蹲姿在劳动中也较常见,但较坐姿和立姿费力,易于疲劳。

以上各种姿势,除坐姿、立姿外,其他姿势都较费力,易于疲劳,称为难适应姿势。

(2)静态姿势和动态姿势

根据姿势是否发生变化,劳动姿势可分为静态姿势和动态姿势。静态姿势是采取的劳动姿势固定不变或很少有变化;动态姿势是指采取的劳动姿势不断或经常变化。静态姿势能量消耗不高,但较动态姿势易于疲劳,难以持久。

(3)劳动姿势的测定和分级

在生产劳动实践中,劳动姿势比较复杂。有的职位在劳动过程中变化很大,要进行精确的测定,难度很大,甚至无法做到。但大多数职位的劳动姿势总是以某种姿势为主,可以通过现场观察或对写实测定的动作内容记录分析,确定其主要劳动姿势,及姿势的变化,然后按分级标准分出劳动姿势的级别,做出评价。

3.劳动紧张程度的测定和分级

劳动紧张程度应该包括心理和生理两方面的紧张程度。对劳动紧张强度的直接评价是很困难的,也难以在生产实际中运用。职位劳动评价对劳动紧张程度是采用间接评价的方法。生理紧张程度又与劳动持续时间、劳动姿势和处于紧张状态的生理器官的多少有关。劳动持续时间和劳动姿势已在其他评价指标中涉及。因此,劳动紧张程度这一评价因素,仅对处于紧张状态的生理器官的多少进行评价。

生理器官处于紧张状态,是指为了满足生产劳动的需要,劳动者的生理器官处于频繁活动或时刻准备做出反应或活动的状态。劳动中劳动者运用的生理器官主要是眼、耳、手、足。故对紧张程度的评价,是通过现场观察或对写实测定的动作内容进行统计分析,根据在劳动中劳动者这四种生理器官是否经常处于紧张状态,以及处于紧张状态生理器官的多少,按照评价标准定出级别。

4.工作班制的分级

工作班制对劳动者的劳动效率和疲劳程度也有一定的影响。对工作班制的评价比较简单。通过了解生产组织安排情况,根据被评价职位的实际工作班制,即可按标准分出级别。

第三节 任务分析的应用

任务分析的目的不同,选取的任务分析的具体技术不同,得到的最终产出形式也不同。任务分析的产出可以是分析好的任务清单、劳动强度分析报告、关键绩效指标等等。职务描述是职务分析,尤其是任务分析最常见的一种表述形式,也是任务分析信息较为浓缩的一种表述形式。下面,我们介绍一下职务描述。

一、职务描述的含义与作用

职务描述(Job Description)是对组织中各类职务的工作性质、任务、责任、权限、工作内容与方法、工作条件与强度等所做的统一要求。职务描述主要涉及到职务执行者实际在做什么、如何做以及在什么条件下做的一种书面文件。

职务描述在人力资源管理中有着重要的作用,它是人力资源管理活动的基本依据。

首先,在招聘工作中,招聘者可以根据职务描述向应聘者传达工作内容、工作环境、工作要求的基本信息;同时,职务描述中的内容也为招聘工作的选拔测试过程提供了客观依据。招聘人员要根据职务描述中的职责、任务内容对应聘者是否具备适当的工作能力进行验证。

其次，对于新上岗的工作人员来说，职务描述对需要完成的工作职责进行了全面的描述，并指明需要做什么、如何完成工作任务、需要达到何种绩效标准。

第三，进行绩效评估时，职务描述中有关的职责、任务内容是评价工作业绩的基本项目，组织可以在分析各职务工作任务的基础上建立有针对性的、有效的评估体系。

第四，如果员工的工作能力不足，就需要根据职务描述中所列的工作内容，逐项检查员工知识、技能、能力方面的欠缺，安排适当的培训以提高员工的工作效率。

最后，由于职务描述中的职责、任务不同，组织内的各个职务之间的相对价值也可在此基础上加以确定，根据职务间的相对价值可制定组织内不同职务间的薪酬比率。

二、职务描述的内容

职务描述主要包括以下内容：

（一）职务标识

职务标识是用来区别组织中其他职务的。职务标识包含一系列浓缩的信息，使得人们通过这些标识对职务的性质、工作内容有一个大体的认识。

职务标识一般包含以下信息：职务名称、职务编码、职务隶属部门（或科室、工厂、事业部等）、直接上级职务名称、所辖职务与人员、职务定员、职务薪水等级、分析日期、职务描述的编制人与批准人等。

其中，“职务名称”的确定应该遵循以下原则：

1. 区分性与明确性。职务名称应该简明，并准确地反映特定职务主要的工作内容与职责。组织中的职务名称不同，工作内容、性质以及对人员的资格要求也不同，为达到有效区分不同职务的目的，职务名称应该具有特定性，不要太泛泛。如“招聘专员”，“食品检验员”，“出纳”等。职务名称的确定除了反映工作内容与职责外，一般还应反映特定职务在组织中的相关等级或者工作区域范围，如“高级咨询师”、“分公司经理助理”、“一区化验员”等。

2. 规范性。组织中的职务名称应该具有社会通用性，相应的职务工作内容应大体类似，在同行业其他组织中也能够找到，这样职务评价和薪资调查工作就比较方便进行。因此，组织在职务命名时，可以参考社会职业分类词典以及其他组织中的职务。

3.艺术性与激励。职务名称会影响任职者的心态，经过适当艺术化处理的职务名称如“保洁员”要比简单直白的“打扫卫生的”更能给任职者带来较为美好的感觉和满意。

当然，职务名称的确定与组织环境有关。不同组织，即使在同一职务名称下，其工作任务种类和要求可能有较大的差别。例如一个公司的销售部“经理助理”可能只是一般的销售人员，只是为了方便销售人员开展业务工作而提供的一个职务头衔名称而已。

（二）工作概要

工作概要是对工作总体职责、性质的简单描述，因而可用简单的语句勾画出职务的主要职责以及职务目标。在进行部门工作核查、分配任务时，这种简要描述尤为重要。同时，通过对工作概要的描述，新上岗的员工能对职务主要职责有清楚的了解；在招聘过程中也能用此信息向应聘者展示工作概况；而且在发布的招聘信息中，一般仅仅给出所招聘职务的主要职责。比如材料供应经理的工作概要为：“为生产线所需要的材料进行经济采购，并对其运输、保管和发送分配活动进行管理”。推销员监理的工作概要为：“监督和协调推销人员的推销活动”。

（三）工作内容

工作内容指出任职者所从事的职务在组织中承担的职责，所需完成的工作活动。一般来说，职务描述中的职务内容应该包括以下几类信息：①任职者需要做什么？②工作投入有哪些？原材料是什么？③如何完成工作？工作程序和工作方法？借助哪些工具和设备？④工作产出是什么？工作业绩标准是什么？⑤承担的责任有哪些？⑥拥有哪些权限？

1.工作职责与任务

我们在上一节已经对职务中的任务和职责进行区分。在具体描述时，需要注意以下几个方面：

（1）按照逻辑的、连续的顺序排列工作职责和任务，一般始于花费时间最多的任务或承担责任最大的任务；

（2）把每一项职责陈述得清晰而简练，让每一个人都能容易地识别出每一项职责；

（3）使用特定的语言表述你的意思，尽力避免使用一些笼统、含混不明确的词，如“负责”“管理”“许多”“一些”等；

（4）不要试图罗列所有职责，在职务描述中注明“主要的职责和责任”，在最后可以以这样的语言结束，“完成其他相关的职责以及委派的其他任务”；

(5)可能的话，可以举一些特定的例子；

(6)使用非技术性语言。一份良好职务描述中的所使用的词汇对于每一位使用它的人来说，都是容易理解的；

(7)注明每一项职责发生的频率，注明估计的时间比例；

(8)单独地、简明地列明每一项职责，不要采用记叙文的形式；

(9)职务描述不要特指人，而应该指头衔或职位名称，职位名称与任职者相比更稳定；

(10)客观地、准确地描述工作，记住不要描述现在的任职者，应该按照工作真实的完成情况来描述；

(11)重点强调人员做的和应该做的，而不是为什么做；

(12)删除繁琐的字词，长的职务描述并不增加职务的重要性；

(13)以动词打头，并准确、不含糊地使用动词，详见下表；

(14)描述工作职责与任务时，尽量采用以下语法：履行哪些任务＋ 为谁＋ 产出或结果 ＋ 如何(通过哪些方法，借助哪些工具等)。比如：在机床上加工材料，形成半成品，通过口头沟通方式协调公司相关部门与人员达成货品出库。

表 5-6　美国职务分析常用动词库

研究 Study	支付 Pay	起草 Write	分析 Analyze
维护 Maintain	建构 Construct	转售 Resale	发送 Route
阐明 Formulate	承担 Undertake	删除 Cancel	文件处理 File
协助 Assist	参加 Attend	收集 Collect	报告 Report to
决定 Determine	评论 Review	阅读 Read	管理 Manage
安排 Arrange	讨论 Discuss	执行、表演 Perform	配合 Cooperate
计划 Plan	粘贴、邮寄 Post	检查 Inspect	提交 Submit
识别 Identify	批准 Authorize	解释 Interpret	带领 Lead
负责 Take Charge	生产 Produce	接受、接待 Receive	测试 Test
联络 Connect	建立 Establish	计数 Count	制作 Make
评价 Evaluation	监督 Supervise	修理、修正 Repair	预测 Forecast
修改 Modify	准备 Prepare	支持 Support	应用 Use
监视 Oversee	协调 Coordinate	共同工作 Work with	引导 Conduct
比较 Compare	组成 Compose	授予 Confer	组织 Organize
观察 Observe	监控、监测 Monitor	核对 Verify	防止 Prevent
指定进度 Schedule	管理 Administer	面谈 Interview	争论 Dispute
操作 Operate	概念化 Conceptualize	拒绝 Reject	兑现 Cash
巡逻 Patrol	获得 Gain	采用 Adapt	保持 Keep

续表

处理 Handle 推荐 Recommend 谈判 Negotiate 检查 Examine 允许 Permit	设计 Design 校准 Calibrate 参加 Participate 问候 Greet 检查、核对 Check 指导 Direct	开发 Develop 提供 Provide 建造 Build 预测 Predict 控制 Control 保证 Ensure	旋转 Rotate 输入 Input 解决 Resolve 调查 Research 定义 Define 接触 Contact

2. 工作辅助设备或工具

通过建立职务任务与设备工具的矩阵分析，来分析这些辅助工具在实际工作中被任职者使用的频率以及对完成工作的重要程度。

描述这些辅助设备或工具可以采用直接列举的方式。

3. 工作绩效标准

根据工作职责、任务内容的要求，在职务描述中还可以列明对每项职责、任务的绩效要求。例如采购员职务，可以根据职责中所要求的"根据上级下达的采购任务，向供应商正式下订单，跟踪供应商的进货进度"，设定相应的绩效标准为"在一个工作日内向公司核定认可的供应商，并下达明确的订单，在订货到达前一个月向供应商确认供货，并进行书面记录"，从而确保采购工作的顺利执行。

对于生产、操作类职位和销售类职位，比较容易确定产出的标准；对于其他各类职位，直接得出工作的绩效标准就不容易确定，需要结合实际情况，按任职者的操作标准来衡量。

工作绩效标准可以采取正向和反向两种描述方式。正向绩效标准是从正面的角度考察某项职责或任务完成的效果，如产出数量、质量、及时性，达标率、准确性等；反向的绩效标准是从反面的角度来考察职务某项职责或任务完成的效果，如差错率、失误率等。

对职务描述中各项职责、任务的绩效界定能形成具体职务的业绩标准。基于职务的具体业绩考核体系所确定的评估体系要比基于任职者工作态度所确定的评估体系更为有效，更为合法。

4. 职务权限

职务权限是指根据该职务在组织中的作用、角色以及职务特有的职责，组织赋予该职务的决策范围、层级与控制力度。职务权限包括业务权限与管理权限。业务权限来自每个职务完成的任务以及承担的职责，承担什么职责就应该赋予什么权限；管理权限是指组织中人、财、物的决策权力，它是组织由上而下授予的，基本与职务本身无关，但与组织的分权程度以及职务本身的层级有着很大关系，比如财务经理对本部门人员的人员任命权、一定金额范围内设备购置权等。

(四)职务联系

表明职务的任职者与组织内外机构以及职务人员因工作关系所发生的联系。职务联系一方面描述任职者必须面对的各种工作关系，另一方面列举职务联系频繁的程度、接触的目的和重要性。

(五)工作条件

职务描述中还包括职务所处的工作环境，如室内还是室外、工作环境中是否存在危险和对任职者身体健康有害的因素(高温、高湿、粉尘、噪声、施工现场等危险因素)。工作环境与条件的信息标明了职务对任职者的身体、胜任条件的要求，工作过程中的危险性因素会在职务评价中作为一项补偿性因素进行考虑。

职务的工作环境包括物理环境和社会环境，职务描述更多地描述职务的物理环境，包括自然环境和危险性。工作场所的自然环境包括类似温度、湿度、照明度、噪音、震动、异味、粉尘、辐射、户外、井下、野外、水下等信息。危险性指职务过程中存在哪些危险以及发生的概率与严重程度，也包括职业病种类与患病率等。社会环境是指包括工作场所的布局、工作生活方便程度(如狭小)、环境的孤独程度以及与他人交往程度(如偏僻，要求独立完成)等因素存在的程度。

通常，物理环境可以通过专业测定技术来衡量，社会心理环境更多通过人为评定的方式来确定。

在职务描述中，物理环境可以采取描述列举的方式，也可以直接测定的结果的形式来反映；社会环境一般要采用描述列举的方式。

思考题

1. 试述任务分析的基本步骤。
2. 任务分析技术主要有哪些？
3. 什么是任务清单法？
4. 试述产出分析法的操作流程。
5. 职务描述主要包括哪些内容？

参考文献

1. 萧鸣政. 工作分析的方法与技术. 中国人民大学出版社,2002 年

2. 郑晓明，吴志明. 工作分析实务手册. 机械工业出版社,2002 年

3. 付亚和. 工作分析. 复旦大学出版社,2004 年

4. 李永杰，李强. 工作分析理论与应用. 中国劳动社会保障出版社，2005 年

5. 彭剑锋. 职位分析技术与方法. 中国人民大学出版社,2004 年

6. 高艳. 工作分析与职位评价. 西安交通大学出版社,2006 年

第六章

人员分析

本章学习要点

- 掌握人员分析相关概念的区别与联系
- 熟悉人员分析的常见技术
- 掌握任职资格的内容及撰写技术
- 了解人员分析与任职资格的主要信息类别与标准

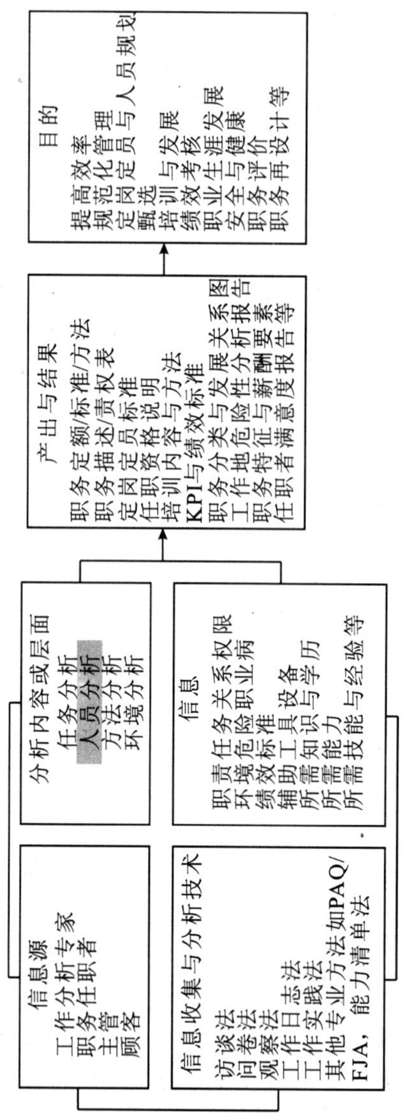
信息源
工作分析专家
职务任职者
主管
顾客
信息收集与分析技术
访谈法
问卷法
观察法
工作日志法
工作实践法
其他专业方法如PAQ/FJA，能力清单法
分析内容或层面
任务分析
人员分析
方法分析
环境分析
信息
职责任务关系权限
环境危险职业病
绩效标准
辅助工具设备
所需知识与学历
所需能力
所需技能与经验等
产出与结果
职务定额/标准/方法
职务描述/责权表
定岗定员标准
任职资格说明
培训内容与方法
KPI与绩效标准
职务分类与发展关系图
工作地危险性分析报告
职务特征与薪酬要素
任职者满意度报告等
目的
提高效率
规范化管理
定岗定员与人员规划
甄选
培训与发展
绩效考核
职业生涯发展
安全与健康
职务评价
职务再设计等

职务分析系统

人员分析是在对职责和任务分析的基础上，分析并找到胜任特定职务的人员需要具备的个人特征。人员分析是职务分析的重要环节，许多人力资源管理活动，诸如人员招聘、甄选工具的开发、培训项目的设计以及职业生涯发展等都需要人员分析做基础。与任务分析相比，人员分析具有较大的主观性，实践中相关人员尤其缺乏科学的人员分析技术，因此，此部分应该引起大家的关注。

第一节　人员分析概述

一、基本概念

以下对人员分析中常用的几个基本概念进行介绍。

1. 人员特征：指与人员分析有关的能力、技能、知识、品行及其他个人属性。

2. 特质：一般指个性的维度与范围，具体表现为个体稳定的行为特征。在对人员进行描述时，还可以泛指身体和其他属性。

3. KSAO：知识、技能、能力和其他个性特征的英文缩写，它是指与工作有关的个人特征。

(1)知识(Knowledge)：是由概念、定义、原则、方法和公式等构成的体系，是完成某项任务而必须掌握的事实性或程序性信息。

(2)技能(Skill)：指在书本或者老师的指导下，通过反复地完成一个动作或者操作的方法，依靠自觉的控制和校正，逐渐形成技巧和行为习惯的过程。技能是做事情的熟练程度，是可以通过反复的练习和试错来改进的。

(3)能力(Ability)：获得技能或掌握知识而保有的潜在的才能。这些能力必须有机地组合起来才能顺利地完成某项活动。

(4)其他个性特征(Other Personal Characteristics)：包括动机、态度和个性特征等。

4. 人员分析：对于职务有关的任职者的个人特征进行分析和描述的过程与技术。

5. 测验：是根据特定的个性特征区分个体时所采用的工具、过程或方法，如量表、试卷、访谈、面试、求职登记表等。

6.职务分析者:了解职务的人和职务情景要素的专家,这些专家可以是组织内部人士,也可以是外部人士;可以是管理人员,也可以是职务任职者。

以上是人员分析中最为基本的概念,是进行人员分析的基础。值得注意的是,人员分析不同于人员测验。人员分析的对象是不同等级、类型的职务与个人特征之间的关系;而测验则仅仅是一种工具,用来判定某一特定个体是否具有或在什么程度上具有某种特征。

人员分析在人力资源管理中占有重要地位。招聘员工、人才选拔、培训、职业生涯管理与发展等功能活动都离不开人员分析。

二、人员分析的内容

人员分析就是寻找成功地从事某项工作的个人特征。职务要求的个人特征可以被分为两大类:显性特征与隐性特征。显性特征是指完成职务工作所需要具备的知识、能力、技能、身体素质、经验等特征;隐性特征是指完成职务工作所需要的个性、兴趣、价值观以及工作态度、动机等特征。

(一)显性个人特征

1.知识

是个体所具有的可直接应用于完成某项工作任务的信息体系,也是为了成功完成某项任务而必须掌握的事实性或程序性信息。比如,组织中的人力资源经理必备的知识可能包括:公司产品、技术、市场、文化等知识;现有人事职能与人员职务信息知识;人力资源管理各项功能活动运作知识;识别人以及用人等知识;分析统计人力资源管理活动的知识;必要的英语知识和计算机知识等。

分析特定职务所需要的知识,需要建立“任务－知识”分析矩阵,来判断完成某项特定任务所需要某种或若干种知识的必要性。

2.能力

指一个人所拥有的比较通用的且具持久性的才能,是学习、获得知识或者某项技能背后的、潜在的才能。能力可以是智力上的,如空间想象、逻辑推理、语言运用等;能力也可以是体能上的,如爆发力,奔跑速度,肢体反应速度等。通常能力可以分为以下五类:心理能力、知觉能力、心理动力能力、生理能力、感官能力。

分析特定职务所需要的能力,需要建立“任务－能力”分析矩阵,来判断完成某项特定任务所需要某种或若干种能力的必要性。

表 6-1　人员分析中的能力一览表

(1)一般智力,代号G。指一般学习能力,包括抓住要领、理解指示、了解基本原则、推理、判断等能力。

(2)语言能力,代号V。指了解语言的含义及其相关的概念,并且能有效地使用语言,包括能理解语言、字与字之间关系、整句、整段的能力;能用口头和书面两种形式清晰、准确地提供信息或表达思想的能力。

(3)数学能力,代号N。指能用数字进行迅速、正确运算的能力。

(4)空间理解能力,代号S。指通过几何图形的观察、思考并理解三维空间物体后,能用两维方式来表达的能力。包括认识物体在空间运动所产生关系的能力;阅读工程图纸的能力;解立体几何题的能力,等等。

(5)形状理解能力,代号P。指观察物体、图表内的细节的能力。包括依靠视觉比较、识别物体的能力;能区别人、物形状的能力;能辨别线条长、宽细微差别的能力等等。

(6)办公室工作能力,代号Q。主要指对口头材料和书面材料能观察其内在细节的能力。包括注意复制时的误差,校对文字和数字,避免算术运算时看错题目等等。

(7)运动协调能力,代号K。指眼与手或手指配合能迅速、精确而快速运动的能力。包括能快速而准确地做出运动反应的能力。

(8)手指活动能力,代号F。指手指能迅速而正确地控制小型物体的能力。

(9)手活动能力,代号M。指能自然而熟练地活动手的能力,包括用手准确而快速地移动,旋转物体的能力。

(10)眼、手和足协调能力,代号E。指根据视觉刺激,手足能协调配合活动的能力。

(11)颜色分辨能力,代号C。指能观察、识别相似或相异的色彩,以及相同的色彩在阴影中或其他明暗效果中的能力。包括识别特殊色彩,识别饱和色、对比色、补色以及正确配色的能力。

3. 技能

指的是一个人在完成某项特定工作任务方面所具备的熟练水平或绩效水平,如驾驶汽车或操作计算机等,技能一般是能够或容易习得的。技能可以被分为心智方面技能(如报告的撰写技能)以及身体方面的技能(如操作机床等)。相比较而言,能力反映了开发某项技能的才能,如感知能力是学习心智技能的一项能力。还比如驾驶汽车的绩效水平高低反映了其驾驶汽车的技能高低,这项技能是可以通过不断的学习和训练来提高的,但影响提高速度以及经过多长时间才能掌握此项技能的因素是每个人的能力和态度,这些能力包括反应时间与速度、学习能力、应变能力、手的灵活性、手眼协调等。

分析特定职务所需要的技能以及技能水平,需要建立"任务—技能"分析矩阵,来判断完成某项特定任务所需要某种或若干种技能以及技能水平的必要性。

一般而言，人员分析中的显性特征可以通过教育程度、经验类型与时间、职务技能、培训要求以及身体素质等来反映。

（二）隐性个人特征

1. 个性

有广义和狭义之分，广义的个性是指社会魅力、个人行为特征、个人能力等；狭义的个性，是指个体身上相对牢固和稳定的对他人、客体、环境做出的有别于其他人的反应倾向。个性与个人才能和能力无关。个性的不同可以通过个体的特质反应量表测评出来。表 6-2 提供了一些用于区分个体的个性特质指标。

表 6-2　16 种个人基本特征

1	内向的	外露的
2	乏智的	智慧的
3	冲动的	情绪稳定的
4	顺从的	支配的
5	焦虑的	欢快的
6	随便的	谨慎的
7	胆怯的	冒险的
8	理性的	感性的
9	坦率的	多疑的
10	实用的	幻想的
11	直率的	精明的
12	自信的	忧郁的
13	保守的	开放的
14	依赖性的	自强的
15	纵容的	自律的
16	轻松的	紧张的

2. 兴趣

个体对某项工作或活动的特殊意向，即向往从事该项工作或活动的倾向性，如个人爱好、消遣方式、休闲内容等。表 6-3 描述了兴趣的两个极性。

表 6-3　兴趣的两个极性

	A 极	B 极
1	事情	物体
2	与人交往	与事物交往
3	重复性工作	变化性工作
4	受指示性工作	指示性工作

续表

	A极	B极
5	为了名声而工作	为了金钱而工作
6	物质交流	思维交流
7	理论工作	技术工作
8	创造性工作	再造性工作
9	控制机器的工作	社会性工作
10	有成就的工作	默默无闻的工作

3. 价值观

指生活方式和目标，指期望什么和不期望什么。

4. 态度

指对人、社会团体、社会组织、社会习俗和其他环境因素的信念和感情。表6-4列出了兴趣、价值观和态度三个概念的区别。

表6-4　兴趣、价值观与态度

兴趣是特定的活动倾向。下面是与兴趣有关的一些表述：

1. 我与其写封信，不如去修块表。
2. 我更愿意指导其他人工作。
3. 我喜欢集邮。
4. 我更喜欢在户外工作而不是呆在办公室。

价值观反映的是生活目标和生活方式的倾向。下面是与价值观有关的一些表述：

1. 我认为赢得人们的尊敬比让人们喜欢更为重要。
2. 一个人的家庭责任要先于社会责任。
3. 我认为某些人的财富大大地多于其他人是不公平的。
4. 对我来说，为他人服务要比谋取个人利益重要。

态度是对诸如自然现象及政治、经济、文化、习俗等社会现象的感受与认识。下面是与态度有关的一些表述：

1. 现在，联合国已经成为世界的主导力量。
2. 加入WTO对我国经济影响很大。
3. 大学里面社团组织的存在利大于弊。
4. 中国足球必将冲出亚洲，走向世界。

5. 动机

指在所期望的活动或目标上倾注精力和发挥能力的意愿。动机强的工作者在履行所负责的工作时会投入更多的努力。

三、人员分析方法

1. 逻辑推导法

也称判断法。是以任务分析为基础，从特定职务要完成的任务逻辑性地分析和判断，从而得到 KSAO 信息的过程与方法，这种方法需要建立任务与素质要求分析矩阵。职务分析专家具体判断和推导完成每一项任务所必须的 KSAO 特征，完成全部任务的对应分析后，汇总整理，从而完成人员分析的全部过程。逻辑推导和判断也可以请职务的任职者等相关人员参与评价与开发。

2. 统计数据验证法

这种方法是运用统计技术建立 KSAO 资格要素与任职者的实际工作绩效之间的关系，来对资格要素进行筛选和分析。该方法通过统计手段，保证了资格要素与工作绩效的高度相关。

应用这种方法时，一般要经过如下步骤：

(1)确定如何对绩效进行评价；

(2)挑选出与绩效有关的个人特征，如手指灵活性等；

(3)测量职务承担者的这些个人特征；

(4)测量职务承担者的实际工作绩效；

(5)对个人特征和绩效进行统计分析；

(6)将与绩效有着较强联系的个人特征确定为必备 KSAO。

四、人员分析的目的与作用

1. 人力资源规划。通过人员分析能够提供组织所有或特定职务所需要的含有人员素质细目的 KASOs 一览表。

2. 人员选聘。甄选旨在找出胜任某一特定职务工作的人员，以使此人员能在最满意的情况下有最佳的表现(Robbins，1996)。人员分析得到的 KSAOs 提供了开发人员甄选工具的基础，从而保证了人职匹配以及人员甄选工具符合平等雇佣机会的法律要求。

3. 培训。KSAOs 提供了一套指导员工工作的标准，通过对人员分析与员工实际状况的对比可以制定培训计划。

4. 薪酬设计。职务评价需要综合考察职务的职责任务等客观信息与所需要的任职者素质等信息，通过人员分析能够提供后一类信息。

5. 职业生涯发展。人员分析得到组织中不同职务所需要不同类型和不同等级的知识、技能水平以及其他个人特征，为个人的职业选择以及明确职业生涯通道奠定了基础。

6.绩效考核。通过人员分析，得到完成职务所需要的特定员工行为，为建立以行为为导向的绩效考核体系奠定了基础。

第二节　人员分析技术

上一节我们介绍了人员分析的基本概念，在此基础上，本节介绍一些目前国外典型的人员分析工具及技术。

一、能力要求法(ARA)

能力要求法(Ability Requirement Approach)是开发者在长期的观察任务活动对人们知觉能力要求的基础上，进行研究后提出的。它是指完成任何一项工作的技能都可由更基本的能力来加以描述。如完成击中一个棒球的技能可以用诸如反应时间、腕力和手眼协调能力这三类基本能力加以描述。这些基本能力是引起个体绩效差异的持久性个人特征。

ARA 向职务分析人员介绍了一张包括任何工作都需要的所有可能的能力清单。这些基本能力被划分为 5 个维度、52 种能力。这五个维度分别是：心理能力、知觉能力、心理动力能力、生理能力、感官能力。例如生理能力包括以下几个方面：

(1)动态力量：重复地、不间断地运用肌肉力量的能力；

(2)躯干力量：运动能力的派生，是指重复使用躯体肌肉后，躯体的抗疲劳能力；

(3)静态力量：指用于举起、推动、拉动、携带物体的力量；

(4)爆发力量：在一瞬间释放出的最大力量；

(5)局部灵活性：躯体、手臂、腿部肌肉在运动中的伸展能力；

(6)动态韧性：经过剧烈的、重复的弯曲运动后，肌肉的恢复能力；

(7)躯体协调性：协调同时运动的躯体各个部位或主干部位的能力；

(8)躯体的平衡性：在不稳定的姿势或有推力的情况下，躯体保持平衡的能力；

(9)耐力：持续操作而躯体不感到疲劳或力竭的能力。

由上述几种身体和生理方面能力组成的能力清单是一种典型的体能清单问卷，可以用来分析以体力为主的职务。

ARA 常用于招聘选拔人员，尤其是当求职者并不被期望在进入工作门槛时便拥有特定技能的情况下。也可被用来进行身体素质标准的确定。同时因为它能提供全面的人的能力清单，所以职务分析人员在进行每次职务分析时不需要都重新从零开始。但它搜集到的信息范围有限，仅只是关于人方面的，有关工作任务和背景方面的信息无法提供，所以一般要与其他方法结合使用。

二、弗莱施曼职务分析系统(Fleishman Job Analysis System, FJAS)

弗莱施曼职务分析系统的前身是《能力要求量表手册》(Manual for Ability Requirements Scales)，由弗莱施曼(Edwin Fleishman)开发的这套职务分析系统由 52 种认知的、身体的、心理运动的和感觉的能力组成，这些能力都是行为导向的。职务分析人员需要确定某一个职务所需要的每一种能力必需的水平。除了这 52 种能力以外，近年来对弗莱施曼职务分析系统的研究还将范围扩大到了交互的、社会的和知识、技能的维度。弗莱施曼职务分析系统常用于挑选雇员和为工作设定标准，但是同能力要求法一样，它收集到的信息范围有限，需要与其他职务分析方法结合使用。

表 6-5 弗莱施曼(Fleishman)职务分析系统所包含的能力

1	Oral comprehension	口头理解能力	27	Arm—hand steadiness	手臂坚定性
2	Written comprehension	书面理解能力	28	Manual dexterity	手的灵活性
3	Oral expression	口头表达能力	29	Finger dexterity	手指灵活性
4	Written expression	书面表达能力	30	Wrist—finger speed	手腕—手指的速度
5	Fluency of ideas	观点的连贯能力	31	Speed of limb movement	肢体运动速度
6	Originality	创新能力	32	Static strength	静态力量
7	Memorization	记忆能力	33	Explosive strength	爆发力量
8	Problem sensitivity	感知问题的能力	34	Dynamic strength	运动力量
9	Mathematical reasoning	数学推理能力	35	Trunk strength	躯干力量
10	Number facility	数字灵巧性	36	Extent flexibility	伸展灵活性
11	Deductive reasoning	演绎推理能力	37	Dynamic flexibility	动态灵活性
12	Inductive reasoning	归纳推理能力	38	Gross body coordination	身体协调性
13	Information ordering	信息排序能力	39	Gross body equilibrium	身体平衡性
14	Category flexibility	类别弹性能力	40	Stamina	毅力(耐力)
15	Speed of closure	知觉速度	41	Near vision	近视力
16	Flexibility of closure	知觉灵活性	42	Far vision	远视力
17	Spatial orientation	空间定向	43	Visual color discrimination	颜色分辨能力

续表

18	Visualization	形象化	44	Night vision	夜视力
19	Perceptual speed	感知速度	45	Peripheral vision	外围视力(非散光)
20	Selective attention	选择注意能力	46	Depth perception	深度感知能力
21	Time sharing	时间分配能力	47	Glare sensitivity	对光的敏感性
22	Control precision	控制的精确性	48	Hearing sensitivity	听觉敏感性
23	Multilimb coordination	肢体协调能力	49	Auditory attention	听觉注意力
24	Response orientation	反应定向	50	Sound localization	声音定位能力
25	Rate control	速度控制能力	51	Speech recognition	语言的可识别性
26	Reaction time	反应时间	52	Speech clarity	语言的清晰度

资料来源:(美)罗伯特 D 盖特伍德、休伯特 S 菲尔德著《人力资源甄选》(第五版),第 350～352 页,清华大学出版社 2003 年版

通常,在应用能力要求法或弗莱施曼职务分析系统时,可以按照以下步骤来进行:

(1)职务分析专家首先需要对能力进行描述,针对每一项能力开发出若干个等级尺度行为基准(一般为 7 个);

(2)分析时,将 52 个维度能力基准表展示给职务主题相关专家,由他们指出哪一个尺度标准能够最恰当地代表被分析职务所要求的能力水平;

(3)汇总整理这些能力,从而找到特定职务所对应的人的若干能力。

三、劳工部门分析方法 DOL

DOL 是美国劳工部的简称,DOL 系统是美国劳工部开发和使用的一个职位定向分析系统,它把人员分析的内容以职务描述的形式表现出来。标准的职务描述中包含了三个工作因素,即工作概况、工作任务、工作的量化。职务描述要对各相关因素进行叙述性说明,在此基础上提炼出六种个人特征,即教育培训、能力、气质、兴趣、身体要求与环境条件,以此达到人员分析的目的。表 6-6 提供了一个完整的分析实例,此例所针对的工种是揉面师。

表 6-6　对揉面师职务的描述

职务名称:揉面师
产业类别:面包制作
SIC 码及名称:2051 面包业及其他面包产品
DOT 码:520－782
工作概要:

根据设定程序操纵机器搅拌纯面粉和酵母粉,指导其他工人进行面粉发酵和手工切块。

任职条件量化描述:

续表

GED:1 ② 3 4 5 6
SVP:1 2 3 ④ 5 6 7 8 9
能力:G3 V3 N3 S3 P3 Q4 K3 F3 M3 E4 C4
气质:D F I J (M) P R S (T) V
兴趣:(1a) 1b 2a 2b 3a 3b 4a (4b) 5a (5b)
身体要求:S L M (H) V 2 ③ ④ 5 ⑥

下面依次介绍DOL系统提出的六项个人特征:

1. 教育与培训:某一特定职位对任职者应具备的一般学历教育与特殊职业培训的平均要求量。

(1)学历教育:指那种普通的、没有特定职业定向的一般教育(GED)。GED开发了工作者的推理水平和继续学习的能力,是工作者掌握基础性的知识(如语言、数学等)。GED量表包含三个变量:推理、数学、语言,每一变量又分为六个水平。GED的得分有三个变量合成,表6中揉面师工作的GED得分为2。

(2)职业培训:指在特定的工作情境下作业的资格(SVP)的平均数。SVP包含以下几个方面:职业教育、学徒训练、厂内培训、在职培训和从事其他相关工作的经验(其中不包含环境适应的学习)。SVP将测量结果分为九个水平。水平1是最短的(从1小时到30小时);水平9是最长的(指超过10年)。揉面师工作的SVP量值为4,是3个月到6个月的培训时间。

2. 能力。本系统共列出11种能力,各种能力又分为5个水平。水平1是指全部人员中前10%所具备的水平。从表6可以得出揉面师工作的能力量化要求,字母表示各种能力的代号,例如C表示辨别颜色的能力,数字表示能力的水平。一般来讲,揉面师的工作所需的能力水平为3,属中等。

3. 气质:此处的气质是指与不同的工作环境和要求相适应的个体特征。事实上,气质的描述是工作场所对行为要求的体现。本系统给出了十种气质描述。就揉面师而言,有两种相关的气质类别:

(1)M,指与概括、评价和数量决策相适应的个性特征;

(2)T,指与限制、容忍与标准等严格要求相适应的个性特征。

4. 兴趣:指个体对某种类型的工作活动或经验选择的内在倾向,它同时具有排斥与之相反的活动或经验的倾向性。本系统列出了五对兴趣因素。在每对因素中,选择某一方面的同时也就意味着对另一方面的排斥。表6中显示出与揉面师的工作相关的兴趣因素：1a 是倾向于与“事和物”打交道的活动；4b 是倾向于与过程、机械、技术有关的活动；5b 是倾向于能预测结果和成效的工作。

5. 身体要求：指职务对工作者的身体要求及工作者必备的身体能力要求。本系统包含六种身体要求，如表 6 所示，它们都以量化的形式表现出来，对揉面师工作的体力要求在表 6 的最后一行。

第一个因素(强度)是指工作对身体的要求的繁重程度，分为轻、较轻、中等、重、很重五个等级。表 6 中对揉面师工作的身体要求的 H 被括号圈起，表示揉面师的工作处于“重”这一类别。H 是指最多能举起 100 磅的东西，并且经常举起并携带 50 磅的东西。

其他五个身体要求因素对应于其他体力和感官功能。对揉面工作来说，第 3、4 和 6 因素具有实际意义(在表 6 中被圈起)。

6. 环境条件：在 DOL 系统中，环境条件是与身体要求联系在一起的。

在实际运用过程中，我们可以看到 DOL 系统对人员分析的作用。首先，从很大程度上说，它是职务分析的基础系统，美国劳工部应用它指导美国地方各级政府的职务分析实践，产生了很大的影响。其次，它又是易于理解和使用的可扩展系统。它的研制者率先提出了与绝大多数的工作相关的信息结构要求，并证实了这些内容的有效性。据我们目前所知，没有任何其他系统可在观念上、工作情境的描述上和技术手段上完全取代它。最后，DOL 系统所提供的方法与细节，对下面将要介绍的其他分析系统的理解，是大有帮助的。

然而 DOL 系统也有其局限性。最为明显的缺陷是其量表的粗糙，它在处理气质、兴趣和身体要求的量表中，只是使用带有数字角标的字母来标识。在身体要求与工作情境中的工作者特质方面，有着严重的术语混淆。在分析工作时，很难把对身体和情境要求的描述同与人员分析有关的标准区分开来。

DOL 系统在人员分析中最根本的缺陷，是它在量化工作方面的不足。此系统要求职务分析者的积极参与来完成工作，但他并未制定出规则来决定什么样的人有资格作量化工作，理想的职务分析者的数目是多少，评定者达成共同决议的方法是什么，采纳评定结果的标准是什么等。正是由于这些规则的不明确，因此，这个系统还不是一个严格和完善的系统。

四、功能性职务分析系统 FJA

功能性职务分析方法(Functional Job Analysis 简称 FJA)是最早起源于美国培训与职业服务中心的职业分类方法。功能性职务分析方法提出了多个工作者分析的具体做法。它在这个领域的贡献主要是:个人技能分类方法和普通教育量表。

(一)个人技能分类

功能性职务分析系统为个人特征提供了一个界定办法。它指出,人在从事某项工作时的技能可以分为三种类型:适应技能、职业技能和特殊技能。

1. 适应技能。就是指工作者在工作所处的环境的影响下趋同或求变的能力,如在物理条件、人际关系和组织结构等方面。包括自己与上司之间的关系,冲动的控制,与他人的亲近、疏远、抵触,时间的掌握(即守时和自我作息习惯的调整),理财时的细心,衣着(式样和修饰)。这些技能源于气质,是在家庭环境和与同辈交往中形成并在学校生活中得到强化的。

2. 职业技能。就是指这样的能力:使人能够将事、人和信息有机联系在一起。受个人偏好和个人能力(例如理解、算术、语言和人际交往能力)的影响,每个人将三者联系的程度存在差异。它包括这样一些技能:维修和操作机器,比较、编制和分析数据,请教或指导他人以及信息沟通。这些技能是在受教育、接受培训和职位上获得的,而且是在特定的工作情境下强化的。

3. 特殊技能。指个体根据业务需要的标准来从事某一特定工作的能力。这种技能一般是在大学或研究院,依据大量的从事某项工作的经验和先进技术的培训中获得的,这类技能的种类与特定的产品和服务的种类一样多,并且标准和条件是由雇主建立的,在这种标准和条件下产生出相应于各种特定产品和服务的特殊技能。

(二)普通教育量表(GED)

功能性职务分析系统中的普通教育量表比美国劳工部系统中的同类量表要短得多。它的语言更接近实际生活,更口语化,比劳工部量表更直观、更容易操作。表 6-7 为普通教育量表的一个实例。其中数据职能、人员职能、事务职能、工作者指导职能、理解能力、数学能力、语言开发能力每个等级都有具体定义。

我们介绍一个功能性职务分析方法的分析成果。

表 6-7　功能性职务分析方法的成果示例

<table>
<tr><td colspan="10">任务代表:GR－08</td></tr>
<tr><td colspan="6">工作承担者的功能及定位</td><td rowspan="2">需要得到的指导</td><td colspan="3">总体教育开发</td></tr>
<tr><td>物</td><td>%</td><td>数据</td><td>%</td><td>人</td><td>%</td><td>逻辑推理</td><td>数学能力</td><td>语言能力</td></tr>
<tr><td>3</td><td>60</td><td>3</td><td>30</td><td>1</td><td>10</td><td>3</td><td>2</td><td>1</td><td>3</td></tr>
<tr><td colspan="6">目标:
操作平路机</td><td colspan="4">工作中心职责:
覆土、翻松路面、铺平、构筑防火隔离带、维修运输路面、清除路面积雪</td></tr>
<tr><td colspan="10">任务:完成平路机的日常工作任务,如回填土方、路面维护、路面积雪清除等,操纵平路机的控制系统,将定位轮和机片置于正确的角度,前后、上下、左右移动机片;按照工作程序,借助知识和经验,监督设备的运行,根据情况的变化不断地做出调整,时刻注意其他工人和设备的位置及安全</td></tr>
<tr><td colspan="6">绩效标准</td><td colspan="4">培训内容</td></tr>
<tr><td colspan="6">描述性标准:
·正确操作设备
·警觉、留心
数据性标准:
·所有工作都符合程序要求
·没有出现因技术上误操作而造成的事故或损害</td><td colspan="4">功能培训:
·如何操作平路机
·如何完成常规的平路机工作,例如回填土方,弄松路面,构筑防火隔离带、维护运输路面、清除路面积雪等
特殊培训:
·特定的平路机知识
·工作要求方面的知识
·特殊的工作场位知识(例如土层、土壤状况、环境等)</td></tr>
</table>

从表中我们可以看到功能性工作分析方法给出的所有能力都是以量化形式加以等级排列,此外还包括主要任务、绩效标准及训练要求。

五、关键事件技术 CIT

关键事件技术(Critical Incident Technique,CIT)是根据对工作者行为调查的第一手资料来对各种职务进行人员分析的方法。应用这种方法,首先要收集关键事件,然后把它们转化为行为,进而转化为个人特征。

(一)关键事件的定义

关键事件的早期开拓者认为,所谓事件是可以观察到的行为,人在实际操作时从其行为本身完全可以做出推断和预测。关键事件则是依据某种目的和计划发生的,这样可以使得观察更为清晰,对行为结果的解释也就更为直接。

进行关键事件分析的时候,成功和失败的事件往往都应加以分析。表

6-8 给出了两种工作情境下关键事件示例。

表 6-8 两种工作情境下的关键事件

会计工作的关键事件
1. 在数据的收集和处理上遇到困难时，找到经理，说明问题所在，寻求解决办法。 2. 雇员从联邦政府和其他部门获取信息，并迅速、正确地对各种需求做出反应。 3. 在接到有关社会保险的电话时，雇员应及时做出回答而不是先去寻求答案。
推销员工作的关键事件
1. 推销员从顾客那里收到了某种型号的磁带质量的抱怨。他未能对事件加以调查和协调，致使劣质磁带被退到批发商或零售商处。虽说经济利益并未受损失，而顾客却长时间耿耿于怀。 2. 大批顾客对我们的磁带质量加以抱怨并决定购买我们竞争对手的磁带。公司证实了抱怨的原因并决定采取新的营销方案。推销员向顾客宣布了这一新举措并答应将在下一订单中实施。但是，他并未与批发商及时协调，致使顾客订单到时批发商仍按原方案执行。 3. 推销员在街头看到一辆卡车上的设备可能会用到自己公司的产品，便尾随卡车找到了设备的使用地点，从而促成了一份新的订单的签订。

（二）分析过程

首先，要进行关键事件的编制。事件的来源可以是管理者、任职员工，也可以是其他对所分析职务的事件比较熟悉或是有机会观察到具体情境的人。可以通过访谈和观察的方式收集关键事件。在收集资料的时候，一般要召集一组职务分析者，每位分析者叙述一个事件，叙述中应该包括：

(1)事件发生的原因和条件；

(2)准确地讲出工作者的什么行为产生了正面或负面的效果；

(3)关键行为产生的影响与效果；

(4)这种结果是否真的是由员工的行为引发的。

事件编写完后，要把它们转化为用个人特征条目来描写的行为类别或行为维度。在此过程中要参照职务分析者的意见，把事件转化为人的基本行为属性。

最后，人们对关键事件技术的应用，要求有两组职务分析者。第一组把所有的事件按照其含义划分成五到十种同质的行为类别或维度。在采用 CIT 进行人员分析的时候，特别注意挑选那些具有意义的知识、技能或个性特质维度。第二组分析者再把这些关键事件重新转换或划分。这一组人要对各个维度（而非此维度中的事件）进行命名并做出描述，这一步要保证重新转换或划分的有效性。某一事件是否归属在某一维度下，要视两组人员所报告结果的一致程度来确定。一般来讲，当两组人员结果的一致性达到某一百分比(50%至80%)时，就可以将其归入到某一维度上的事件而保留下来。

关于如何编制关键事件的信息，表6-9中对有关方法做了一个概括。

表6-9 关键事件技术：形式和过程

通过面谈来收集有效关键事件的形式

"请你回想一下你下属最近的行为，谈谈其中对你们的产品产量有重要影响的一件事。"(停顿，直至他表示他心目中确定有这么一件事。)"他们这一行动的结果使得产品在×月增加了百分之一，是吗？"

(如果回答"不"则说)"你是不是再想想最近的一次你的员工××做了某件事，使得产量提高了这么多。"(当他表示他心中确实想起这么一件事时，说)"当时是在什么情况下发生这件事的？"

"为什么这件事对你们的工作影响这么大？"

"这件事是什么时候发生的？"

"这个人的具体工作是什么？"

"他做这种工作有多长时间了？"

"他的年龄是多少？"

关键事件分析技术操作的五个步骤：

1. 确定某项工作任务的总体目标。这一总体目标应当是这一领域的专家提出的一份简要陈述，陈述中所表达的目标应得到大多数人的认可。

2. 制定收集与此项工作活动有关的事件的计划。其中给观察者提供的说明要尽可能明确，同时要有用于评定和区分所观察到行为的标准。

3. 信息的采集。事件可以通过访谈得到，也可由观察者自己描述。无论哪种形式都要保证表达的客观性并包含所有相关的细节。

4. 信息的分析。分析的目的在于以直观的方式来总结和描述所得到的资料，使分析结果可以有效地应用于不同的目的。一般来说，分析结果中的客观性会受到分析者的影响，难以保持上一步骤的水平。

5. 解释和报告此项分析活动中受到的影响。在上面四步分析过程中存在的偏颇和受到的影响，都应加以明确的说明。研究者不仅有责任指出最终结果的局限，也有责任阐明其可信程度与价值。

(三)分析结果

维度确定以后，我们就要考虑关键事件技术所欲达到的目的。关键事件技术的最大用途是用来构造操作性的能力考评测量表，比如行为等级量表(Behaviorally Anchored Rating Scales)。

(四)评价

使用CIT的主要优点是，这些事件的本身反映了实际情况。这些事件充当了有效和无效作业的真实基础，并为推断关键的KSAO提供了一个逻辑基础。

CIT也存在缺陷。首先，任职者的某些基本行为可能会被忽略，尤其是要求职务分析人员注重工作中的那些极端事件时。其次，由于关键事件是对过去发生的事情的报告，有可能被歪曲。从观念中抽取实际的东西对分析者来说需要极高的记忆力和描述技巧。CIT的最大的问题可能是它对实际事件的转换带有明显的主观性。正因为如此，该法还采用第二次转换，两重转换工作成为这种方法极为重要的组成部分。虽说它不可能排除所有的主观性，但它确实提供了第二个观点和交叉验证的机会。

虽然，关键事件法有自身的缺陷，但是它关注员工完成职务的行为与方法，为人力资源管理提供了有力的支持。比如，关键事件法通过行为分析技术来分析绩效优秀员工完成职务的关键事件与行为，其结果往往可以作为组织人员选聘、员工培训以及绩效考核的基础。

第三节　人员分析的应用

我们在以上两节的理论和技术的基础上探讨人员分析在人力资源管理实践中的应用。人员分析有着不同的结果形式，通常的表述形式是任职资格说明和心理图示。

一、任职资格

任职资格又称职务规范(Job Specification)，是职务说明书的重要组成部分，它是在职务描述的基础上，进一步说明什么样的人员才能胜任特定职务，指出人员所应具备的素质。也就是说，任职资格是全面反映对职务承担者在个性特征、技能以及工作背景等方面的要求的书面文件。人员分析的结果可以详尽地为任职资格提供所需信息。

任职资格是任职者完成职务所必须具备的知识、技能、能力及其他个人特征，它是完成特定职务的最低人员资格要求。任职资格说明一般包括以下方面的内容：

1. 知识要求

知识要求包括知识结构和知识水平。知识结构是指知识的种类或类型，某一职务所需要的知识结构大体分为：

(1)专业技术知识；

(2)相关政策法律知识；

(3)管理知识；

(4)语言知识，因专业、技术或业务的工作要求对母语或者外语应掌握的程度；

(5)其他知识，如特定组织所处的行业知识以及企业独特的产品、工艺与文化知识等。

知识水平是指需要某种知识的程度。在任职资格说明中应尽可能用精确的语言来表述知识水平，通常采用精通、通晓、掌握、具有、懂得、了解六个等级来评定。

任职资格中对知识的描述可以采用多种形式：

(1)特定知识与通用知识，如“有效识别人的需求以及用人的知识”，或者“心理学基本知识”；

(2)任职前知识与任职后知识。前者是人员选聘时注重考察的知识，后者是上岗后注重培训的知识；

(3)知识要求与学历专业要求。知识要求与受教育程度之间存在一定的联系，通过对某项职务要求的全部的知识来分析，可以大体上判断对应的受教育年限。

2.技能要求

在任职资格中对技能的描述可以采取多种形式：

(1)专业技能描述。如办公室文员职务所需要的技能主要有“熟练使用办公软件的技能”“打字技能”等，它代表着任职者如果具备此项技能及水平，就能够胜任办公室文员的职务；

(2)资格证书。资格证书是社会上相关机构对个体某项技能水平的评定与认可，如会计证、律师证、锅炉工上岗证、计算机等级证书等；

(3)经验与所必需的工作磨练。如“在本公司工作3年以上”或者“从事财务或证券工作2年以上”；

(4)见习期：新任职人员在有工作经验和技能的人员之悉心指导下进行类似学徒的锻炼的要求与时间。

3.能力要求

任职资格中对于能力的描述可以采用：

(1)详细描述式。如“应具备倾听敏感性，能捕捉到谈话对象的内心变化”，“能够准确、清晰、生动地向应聘者介绍本企业的基本情况和招聘要求，并准确、巧妙地解答应聘者提出的各种问题”，“能够很快把握应聘者的心理”，“能够将多项并行的事务安排得井然有序”。

(2)概括式。如对应上面的情况，可以采用“倾听能力，语言表达能力，观察能力，逻辑处理能力”。

4. 其他要求

主要包括性格、气质、兴趣爱好、态度、合作性、职业道德要求。任职者除必须遵纪守法和具备一般公德外，还对职业品德(Work Ethic)有所要求。如管理人员应具备诚信、公正、敬业、规范、尊重与自尊等品质。

表 6-10　任职资格分析表

<table>
<tr><td rowspan="6">所需最低学历</td><td>小学毕业</td><td>初中毕业</td><td>高中毕业</td></tr>
<tr><td>职业高中</td><td rowspan="5">专业</td><td></td></tr>
<tr><td>中等专科</td><td></td></tr>
<tr><td>大学专科</td><td>行政管理与企业管理专业</td></tr>
<tr><td>大学本科</td><td></td></tr>
<tr><td>其　他</td><td></td></tr>
<tr><td rowspan="6">所需技能培训</td><td>不需要</td><td>熟练期</td><td>月</td></tr>
<tr><td>3 个月以下</td><td rowspan="5">培训科目</td><td rowspan="5">1. 秘书学
2. 领导科学
3. 公共关系学
4. 法律及财会知识</td></tr>
<tr><td>3～6 个月</td></tr>
<tr><td>6～12 个月</td></tr>
<tr><td>1～2 年</td></tr>
<tr><td>两年以上</td></tr>
<tr><td>年龄与性别特征</td><td colspan="2">适应年龄：</td><td>适应性别：</td></tr>
<tr><td>经验</td><td colspan="3">1. 从事秘书工作两年
2. 从事一般法律事务工作两年
3. 从事劳资工作两年
4. 从事总务后勤工作两年
5. 有 3 年管理者经验</td></tr>
</table>

一般能力	项目	激励能力	计划能力	人际关系	协调能力	实施能力	信息管理	公共关系	冲突管理	组织人事	指导能力	领导能力				
	需求程度															
兴趣爱好	项目															
	需求程度															
个性特征	项目	责任心	情绪稳定	支配性												
	需求程度															

表 6-11　职务对体能的要求

工作姿势		站立 15%　　走动 25%　　坐 60%
视觉	范　围	1　2　3　4　5 小　　　　　大
	集中程度	0%　　60%　　100%
	说　明	
精力	紧张程度	1　2　3　4　5 不紧张　　　非常紧张
	发生频率	1　2　3　4　5 低　　　　　高
体力消耗		1　2　3　4　5 小　　　　　大

表 6-12　"划线工人"任职资格

职务分类编号：J—J—002		职务名称：划线工		填写人：（签名盖章）			审核人（签名盖章）
履行职务所需要的条件		最高度需要	高度需要	普通程度需要	稍稍需要	几乎不要	附注
智力条件	基础知识			•			高中文化程度，看懂一般图纸
	作业专门知识		•				中等技术水平（四级以上），熟悉机车配件
	规划能力						
	注意力	•					确定修理的重要依据之一，必须认真
	判断能力		•				要有较敏捷的判断能力
	交涉能力			•			
	领导能力					•	
身体条件	体力			•			
	运动能力				•		
	感觉能力		•				
其他条件	责任感	•					确定修理重要依据之一，责任重大
	熟练期	2 年以上	1～2 年	半年	3～6 月	1～3 月	多为转化工种，一般工人需 2 年以上工龄
	身体疲劳程度	超重体力	重体力	稍重体力	一般体力	轻体力	

续表

职务分类编号：J－J－002		职务名称：划线工		填写人：（签名盖章）		审核人（签名盖章）	
其他条件	精神疲劳度	高度用脑，极复杂、精细	用脑，复杂性的判断	一般用脑，经常判断	少量用脑，偶尔判断	几乎不需要用脑判断	
	程度	极高、极低、极严重	一般高低或较严重	经常有影响	偶尔有影响	几乎没有影响	
工作环境条件	温度				•		
	噪音			•			
	尘埃				•		
	臭味刺激性、有害气体		•				临近冲洗机，常有火碱蒸气刺激
	污秽			•			
	危险程度				•		

表 6-13　美国《职位名称词典》(DOT)中对出纳员职位的任职资格描述

任职资格项目	任职者特征
身体要求（指为达到职位的物理要求工作者所必须具备的身体条件和能力）	○ 工作负荷轻 ○ 要求最多举重 20 磅 ○ 要求行走或者站立达到一个重要的程度，或者当涉及大多数坐着的时间，包括一定程度的手臂推拉或腿的控制 ○ 要求伸展、搬运、[illegible]触觉 ○ 要求听和说的能力 ○ 要求正常的视力（有或者没有校正） ○ 要求正常的听力
环境条件（指从事职位的物理环境）	○ 室内职位，不受天气条件影响但不能避免温度变化
逻辑开发（指为获得技能而接受的教育，但不针对具体的职业目标）	○ 运用推理原则来解决实际问题，并且在标准化条件下处理变量的变化 ○ 以书面或者口头形式解释规程
数学能力开发（指为获得技能而接受的教育，但不针对具体的职业目标）	○ 计算折扣、利息、利润和损失；佣金加价，以及销售价格；比率和份额，以及百分比

续表

任职资格项目	任职者特征
语言能力开发(指为获得技能而接受的教育,但不针对具体的职业目标)	○ 每分钟阅读 190～215 个字;阅读探险故事、用字典查生僻字 ○ 使用连词和正确的标点,撰写复杂的复合句 ○ 讲话清楚、发音标准,会使用现在、完成和将来时态
高水平能力	○ 要求普通学习能力 ○ 要求数字能力 ○ 要求办事能力 ○ 要求管理协调能力 ○ 要求手指灵活性
气质类型(指对工作者的适应性要求)	○ 与他人一起工作 ○ 做重复性工作 ○ 做高度精确的工作
压力(指学习技术、获得信息以及开发达到平均职位绩效的能力所需要的时间总量)	○ 要求情绪控制能力 ○ 要求能够容忍重复性工作

表 6-14 机械电话铃调整工的心理品质要求(节录)

心理品质	具体要求	主要用途
视觉	• 对物体差异的感受性(小于 1 毫米) • 对很小距离的目测(1 毫米或小于 1 毫米)	• 用于发现铃盖的缺口、压痕、飞边、砂眼 • 用于确定发现铃钟在铃盖开槽上的位置,铃轴的抛光和磁铁标的大小是否一致
听觉	• 音色的差异感受性 • 在 0.1 秒内对声音长度差别的感受性 • 音色、音长、音高、音强和打击速度差别的听觉记忆	• 用于确定铃声的音质 • 用于倾听铃钟敲打的单位数,以确定钟的位置是否正确
触觉	• 对应力细微差别的感受性 • 对肌肉的用力程度和手指、手腕经过细微距离的运动的记忆	• 用于确定接触片自然转动的程度,在消除间隙时是否拧开支撑轮缘 • 用于迅速把握和记忆肌肉的用力程度和手指、手腕通过的很短的距离

续表

心理品质	具体要求	主要用途
协调性	·双手协调 ·手指细小动作的协调	·用于装配所有零件 ·在拧开固定在磁铁、铃钟装置上的螺丝时，在倾听音乐时，必须把铃声与一切无关噪音区别开来
个性品质	·沉着、细心 ·工作时肯干 ·勤劳 ·认真 ·责任心强	·所有工作细节

二、心理图示

1. 心理图示法简介

心理图示法(Psychogram)，又称心理图分析法，是职务分析结果另一种表达形式，是根据各项职务要求的得分水平，画出工作要求的轮廓线，表示出从事某项职务工作的人员应具备的能力模式。

心理图示法常用的量度方法是5点量表法，即用5点量表表示职务的不同心理能力要求，构成“能力模式图”。在做出心理图示以后，还要求对心理图示的具体含义和使用方法做出一定解释。它通常不像任职资格说明那样运用普遍，但对分析任职者的心理特征很有帮助。

2. 心理图示应用过程

首先，应该针对被分析的职务，由相关主题专家分析此项职务活动所涉及到的心理能力。一般而言，应该归纳大约25～30种(可视组织的需要以及其他管理的情景因素而定)。

然后，界定每项能力，并针对每项能力制定5点或7点计分标准。通过访谈和问卷等方法，为所分析职务的每种能力用5点计分标准来分析、判断和打分。

最后通过图示的形式来表达职务能力模式。

通过心理图示，职务分析人员可以进一步进行职务分类分级以及现有员工的培训需求分析。通常，可以依据所要求的相同或类似能力，将不同职务归为某一类或某一级。将职务能力和心理要求与现有员工素质进行对比，得出两者之间的差距，可由此判断员工是否符合职务要求，也可间接地反映出员工培训的目标和重点。

表 6-15　书面理解能力的界定

书面理解能力界定
是指理解书面单词/句子/段落/文章/报告的能力
相区别的能力
口头理解能力(1):听以及理解口头单词/句子/段落/文章/报告的能力
口头表达能力(3):说单词/句子/段落/文章/报告,从而让他人理解的能力
书面表达能力(4):写单词/句子/段落/文章/报告,从而让他人理解的能力

表 6-16　5点计分标准

计分	含　义
1	本岗位不需要,不必具备的某种心理品质或能力,为最低级别
2	本岗位对某种心理品质、能力的需要程度很低,在一般级别之下
3	本岗位对某种心理品质、能力的需要为中等程度,为一般级别
4	本岗位对某种心理品质、能力的需要为中上等程度,为一般之上的较高级别
5	本岗位对某种心理品质、能力的需要为最高程度,是较高级别之上的最高级别

表 6-17　职务—能力分析表

职务:××××

身心特性	是否需要	工作中的重要性					备注
		不重要	稍重要	较重要	重要	很重要	
1. 力量							
2. 握力							
3. 耐力							
4. 大小细节辨别力							
5. 辨色力							
6. 深度知觉能力							
7. 手足协调性							
8. 反应灵敏性							
9. 听力							
10. 注意力							
11. 记忆力							
12. 理解力							
13. 创造性							
14. 决策能力							
15. 计算能力							

续表

职务：××××

身心特性	是否需要	工作中的重要性					备注
		不重要	稍重要	较重要	重要	很重要	
16. 口头表达能力							
17. 文字表达能力							
18. 应变能力							
19. 自我控制力							
20. 社交能力							
21. 合作共事							
22. 事业心							
23. 责任心							
24. 工作态度							
25. 自知能力							
26. 民主作风							
27. 廉洁性							
......							

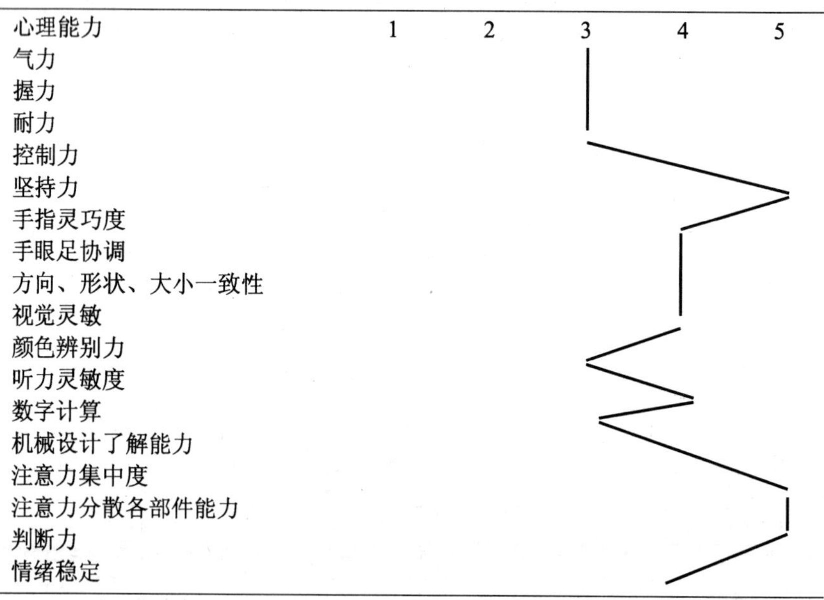

图 6-1 建筑工必备能力的心理图示

思考题

1. 人员分析包括哪些内容？
2. 举例说明能力与技能的区别与联系。
3. 人员分析的主要方法是什么？
4. 能力要求法具体实施的步骤是什么？
5. DOL 和功能性职务分析系统的特点是什么？
6. 关键事件法如何实施？
7. 任职资格包括哪些主要内容？

参考资料

1. 郑晓明 吴志明. 工作分析实务手册. 机械工业出版社，2002 年
2.【美】罗伯特·D. 盖特伍德，休伯特·S. 菲尔德. 人力资源甄选(第五版). 清华大学出版，2003 年
3. 高艳. 工作分析与职位评价. 西安交通大学出版社，2006 年
4. 萧鸣政. 工作分析的方法与技术. 中国人民大学出版社，2005 年

第七章

方法分析

本章学习要点

- 掌握方法分析的内容与目的
- 了解方法分析与任务分析、人员分析的区别与联系
- 了解工作日写实、测试以及工作抽样等方法分析技术及其操作要点
- 了解其他几种方法分析的技术

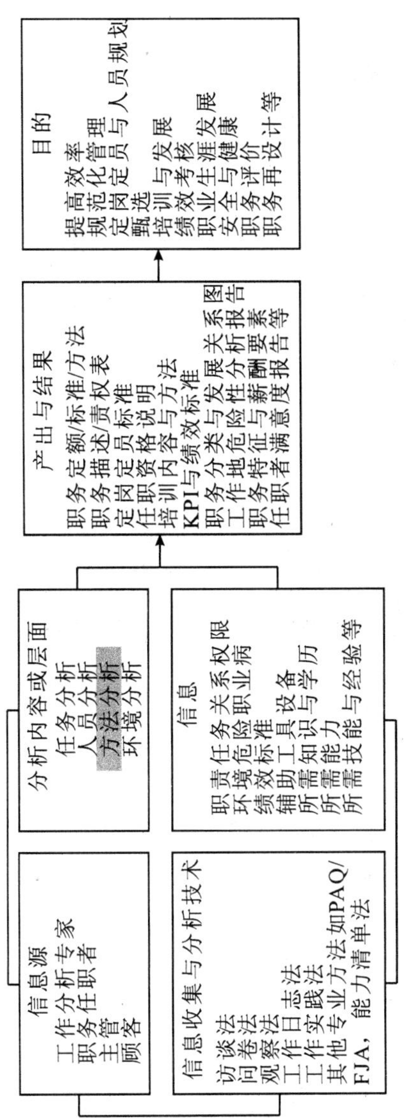
信息源
工作分析专家
职务任职者
主管
顾客
信息收集与分析技术
访谈法
问卷法
观察法
工作日志法
工作实践法
其他专业方法如PAQ/
FJA，能力清单法
分析内容或层面
任务分析
人员分析
方法分析
环境分析
信息
职责任务关系权限
环境危险职业病
绩效标准
辅助工具设备
所需知识与学历
所需能力
所需技能与经验等
产出与结果
职务定额/标准/方法
职务描述/责权表
定岗定员标准
任职资格说明
培训内容与方法
KPI与绩效标准
职务分类与发展关系图
工作地危险性分析报告
职务特征与薪酬要素
任职者满意度报告等
目的
提高效率
规范化管理
定岗定员与人员规划
甄选
培训与发展
绩效考核
职业生涯发展
安全与健康
职务评价
职务再设计等

职务分析系统

方法分析是对完成职务的具体方式、程序、手段进行分析的过程与技术。任务分析关注职务完成哪些任务、承担什么职责以及完成特定任务的劳动强度等内容。方法分析关注任职者如何完成职务工作,按照什么样的程序?采用哪些工具?使用何种技巧?有着什么样的履职行为?如何才能更好地完成工作?人员分析是分析完成职务的人的特质。

方法分析是在程序、作业、动作等层面上,运用具体的分析技术,获得科学的定额和操作流程,从而最终实现提高工作效率的目的。常见的方法分析技术包括工作日写实、测时、工作抽样法以及因果分析图、问题挖掘法等。

第一节 方法分析概述

一、概念与目的

方法分析是对完成职务的具体方式、程序、手段进行分析的过程与技术。任务分析属于静态的分析;而方法分析则属于任职者和职务的动态分析。

方法分析起始于科学管理的方法研究。方法研究是指通过程序分析、作业分析和动作分析,从对象的总体过程出发,深入研究到劳动者的每一个细小的操作动作,找到节约人力、物力和财力的最佳程序和方法。职务分析中的方法分析与科学管理中的方法研究类似,是要寻找一种能够提高工作效率的最佳工作方式,从而以较少的人力、物力、财力和时间消耗获得尽可能好的工作效果。

除此之外,方法分析的结果也常常用于人员培训指导与绩效评价,用所寻找到的最佳方法去引导员工的工作行为和开发员工。

二、方法分析的内容

方法分析的目的是要找到完成工作最佳或较好的方式,它关心任职者如何做才能做得更有效以及更有效率,因此,方法分析的内容可能包括:任职者应该按照什么样的工作程序或流程来做事?应该借助哪些工具或手段?使用何种职务技巧?有着什么样的履职行为?达到何种作业规范和标准?

对于大多数职务而言,方法分析通常包括:

1. 程序分析

程序即完成作业的思路与步骤。程序分析即对职务分析客体和对象逻辑关系和顺序特点的分析。程序分析以作业和组合为基本单位。程序分析的操作过程是:首先对整个工作现场进行考察或资料分析,然后用流程图示的方式再现整个工作过程与工作思路,最后根据有关理论方法与实际情况,对原有程序进行合并、重排、简化等工作,寻求最短工作路线、最佳操作或运作思想,达到不断改进现有作业程序的目的。

2. 作业分析

作业分析在这里是指在一定的工作程序中,或在一定的工作组合下分析工作者的作业行为。作业分析从具体的工序或操作入手,以劳动者细微的动作为基本单位,对作业进行分析。作业分析一般可以采取测时、工作日写实等方法分析技术。一般是通过分析者的现场观察、影片录像记录或动作分析图像,找到那些不必要的动作与不合理的操作方式,力求设计出最有效的操作方式与方法。

3. 动时分析

包括动作分析与时间分析。动作分析以生产作业中的各种动作为对象来分析,力图消除不必要的动作部分,找到最有效操作的方法。吉尔布雷斯按照人体活动的特点,将人的动作分为手指、手腕、前臂、上臂、身躯等五级动作,同时对操作时各类不同动作又细分为 17 种动作要素。这些动作要素被分为有效动素和无效动素。有效动素是指在特定作业中保证了操作向前推进的必不可少的因素;而无效动素则是阻碍了作业进一步向前,延长了作业时间的动作。

时间分析是在程序分析、作业分析以及动作分析的基础上,运用科学的方法测定特定作业或动作的时间消耗,确立合理的时间标准。

表 7-1　工作中动作设计的一些原则

人体方面:
(1)双手动作,尽量同时开始、结束;
(2)双手在同一时间内,除正常休息外应防止空闲;
(3)双手动作方面应尽量相反、对称;
(4)动作包含的动素应尽量少,尽可能采用最低等级的人体动作;
(5)应尽量利用物体的动力和重力;
(6)采用连续的曲线运动要优于方向突变的直线运动;
(7)抛物线的运动较之受限制的运动来得轻快、准确;
(8)动作应有一定的节奏。

续表

工作地布置方面： (1)工具、物料应固定放置地点，便于拿取； (2)工具、物料应位于操作者两臂正常工作范围之内，取用时可避免身体转动； (3)工具、物料应按工作顺序排列，以便于衔接，减少寻求、移动等项动作； (4)物料的供应应尽量利用自身重力，通过滑道落在工人手中或最近位置； (5)配置适当的照明装置，保证工作地的照度、亮度到达法定的技术标准； (6)工作台、座椅应适合操作者工作时的要求，其高度、宽度、式样要能使操作者感觉舒适，保持良好的姿势。 设备工具方面： (1)尽量用双脚代替双手操作，可安脚踏板； (2)经常使用的工具量具，尽量合并为一； (3)尽量使用滑轮、弹簧等装置，设法使工具能够自动还原； (4)手指操作时，应按其能力分配使用； (5)工具手柄的设计，应尽量增大与手的接触面，以便于掌握； (6)机器上的杠杆、手摇轮盘等，应安排最适宜的位置，保证使用时省力、轻快、灵活。

从上述程序分析、作业分析和动时分析的比较中不难发现，程序分析是从宏观与抽象层面对职务分析客体进行分析；作业分析则是从微观与具体的角度对职务分析对象进行分析；动作分析又从更微观的角度来分析。对不同的职务工作进行分析以及不同的分析目的，决定了不同层面分析的选择，比如对于大多数操作加工职务而言，三个层面的分析可能均需要进行，这样才能对此类职务有更深的了解，并找到最佳完成工作的方法。但是，一些基层的管理和技术职务，只需进行程序分析即可，不需要对细微的动作来分析。

在进行方法分析时，应当首先从程序分析开始。如果花费很大气力先对某一作业进行分析，而在后面的程序分析中发现这一作业是不必要的，那么就会导致职务分析中不必要的资源和人力的消耗。因此，为了实现职务分析过程的最优化，应当先做程序分析，然后再做作业分析和动作分析。

三、方法分析的步骤

方法分析一般要经过以下五个步骤：

1. 选择分析对象。发掘组织内存在的各种方法问题，确定分析的重点。一般来说可能选择的重点如下：

(1)薄弱的环节、职位与部门；

(2)占用人力、物力多和成本高的工作环节、职位和部门；

(3)工作路线长、周期长、运作方式复杂的环节、职位和部门；

(4)质量不稳定或低劣的工作环节、职位和部门；

(5)体力消耗大，精神高度紧张的环节、职位和部门；

(6)易出事故，危害性大的环节、职位和部门；

(7)新添加、新投入的环节、职位和部门；

(8)其他有特殊要求的环节、职位和部门。

2. 现场观察与记录。如果有录像记录，则可以不进行现场观察。记录中必须包括工作过程中的全部程序环节、方式方法、要求和动作的信息。

3. 分析。运用有关分析方法，发现问题与原因。

4. 设计与优化。针对分析中发现的问题和原因，设计与开发新的改进措施，对新的程序、新的方案进行再分析和再评估，形成最佳的工作方法。

5. 实施与改进。根据新方法建立相关标准与要求，并组织有关人员实施。根据实施中出现的问题，进行必要的改进，进一步完善新方法。

四、方法分析的意义

方法分析是从时间和空间上对人、原材料、机器设备构成的作业系统进行分析。方法分析的意义在于：

1. 不需要增加人员、设备和其他投资即可挖掘生产潜力，提高生产效率，降低成本，增加企业效益；

2. 能建立起科学的工作标准和劳动定额，为企业生产、财务、计划等项管理工作提供依据；

3. 有利于减少事故，实现安全生产，克服生产薄弱环节，提高产品质量；

4. 方法分析关注员工履行职务的行为与方法，其结果可以用于人员培训方案的设计。

第二节　方法分析技术与应用

传统的方法分析技术侧重工时利用分析，即对任职者在实际工作中的任务、作业、行为等所花费的时间来分析，揭示工作方法中所存在的问题，从而提出优化改进的措施。这类技术包括工作日写实、测时和工作抽样。方法分析中的一些其他技术通常是由职务分析专家、任职者及其主管通过讨论分析，采用深入挖掘或者发散型思维方式来找到影响职务效率的原因，进而提出改进方案。这类技术包括头脑风暴法、因果分析图、问题挖掘法以及非常规性思考等。

一、工作日写实

（一）概述

工作日写实是对操作者整个工作日的工时利用情况，按时间消耗的顺序，进行观察、记录和分析的一种方法。通过工作日写实，可以起到以下作用：

(1)全面分析、研究工时利用情况，找出工时损失的原因，拟订改进工时利用的措施；

(2)总结推广工时利用的先进经验，帮助员工充分利用工时，提高劳动生产利用率；

(3)从工时利用情况中，可以发现生产、技术、财务、劳动等方面管理的薄弱环节；

(4)为制定或修订定额中的作业宽放时间、个人需要与休息宽放时间标准提供资料；

(5)为最大限度增加产量，规定工作与设备在工作日内与合理的负荷量提供必要的数据；

(6)为确定劳动者体力劳动强度的级别提供依据。

工作日写实的对象可以是工作本身，也可以是设备；写实的范围可以是个人，也可以是集体。分析人员可以是管理人员、专家，也可以是职务承担者本人。通常，根据分析对象的不同，工作日写实可以分为以下几种类型：

(1)个人工作日写实。对单个员工在一个工作日内全部的工时消耗情况进行观察、记录和统计分析。

(2)小组工作日写实。对一个工作日内在一个或几个工作地点共同作业的员工小组或团队的工时消耗情况进行观察、记录、分析。

(3)自我工作日写实。员工在从事某种生产任务或完成某项职务的过程中，对自己在整个工作日内的工时消耗情况进行记录和分析。

(4)特殊工作日写实。为了满足某种特殊需要而专门组织的工作日写实，写实的对象可以是个人，也可以是管理人员、技术人员等。

(二)工作日写实阶段与步骤

为了方便起见,下面我们以个人工作日写实为例来介绍工作日写实的步骤。

1.前期准备阶段

包括如下内容:

(1)明确写实目的,选择写实对象。工作日写实的目的可以是发现管理问题、改进工作方法、制订定额以及确定劳动强度等。如果是为了分析和改进工时利用的情况、找出工时损失的原因,可以分别选择绩效或技能优秀水平、平均水平以及水平差的三类员工作为对象,以便分析对比。如果是为了总结先进工作经验,则应选择具有代表性的绩效或技能优秀的员工为对象。如果是为了提供定额制订的依据以及考察定额是否制订合理,可以选择绩效或者技能处于平均水平的员工为对象。

(2)了解写实对象的背景信息,消除干扰因素。如设备、工具、劳动组织、工作布置、工作技术等级、工龄、工种、工作地环境等。如果写实是为了提供制定定额的数据资料,就需要消除生产工序和管理环节方面的不正常因素,以便使测定资料具有代表性。

(3)明确划分事项和各类工时消耗的代号,以便记录。

(4)告诉职务承担者写实的意图和目的,以便他们配合。

2.实地观察记录阶段

在此阶段,写实分析人员要如实地记录被观察对象在整个工作日的全部任务活动,按照时间顺序完成工作日写实记录表。需要注意的是:

(1)写实人员要保持精力集中,将整个工作日的工时消耗毫无遗漏地记录下来,以保证写实资料的完整性;

(2)记录、判断、分析相结合。写实人员在写实过程中,可以在任职者的配合下,按顺序判明每项活动的性质,简明扼要地加以记录,并注明每一项事项的开始和结束时间。如有与机动时间交叉的活动项目,应在备注栏注明交叉活动的内容(详见表 7-2)。

表 7-2　个人工作日写实记录表

序号	项　目	起止时间	各类工时消耗代号							备注
			Tz	Tzk	Tgxk	Tzj	Tfs	Ttgf	Ttgg	
1	开始工作 上班迟到	8:00 8:03							3	
2	穿工作服	8:05		2						

续表

序号	项目	起止时间	各类工时消耗代号							备注
			Tz	Tzk	Tgxk	Tzj	Tfs	Ttgf	Ttgg	
3	接受任务熟悉图纸	8:13								
4	领工具夹	8:18				8				
5	放置工具	8:20				5				
6	磨车刀	8:33		2						
7	在车床上工作	8:58				13				
8	去找检验员	9:04	25				6			
9	在车床上工作	9:34								
10	打磨车刀	9:37	30							
11	生理需要	9:41		3						
12	在车床上工作	10:21			4					
13	和别人谈话	10:23	40						2	
14	生理需要	10:25			2					
15	在车床上工作	10:43	18							
15－1	消除切屑			1#						
16	等待分配工作	10:58						15		
17	在车床上工作	11:57	59							
18	过早结束工作 午休 开始工作	12:00 13:00							3	
19	在车床上工作	13:27	27							
20	停电	13:37						10		
21	在车床上工作	14:03	26							
22	磨车刀	14:13		10						
23	在车床上工作	14:43	30							
24	更换车刀	14:46		3						
25	去找工段长	14:52					6			
26	在车床上工作	15:12	20							
27	修理车床	15:24					12			
28	在车床上工作	15:56	32							
29	消除切屑	15:57		1						
30	生理需要	16:00			3					
31	在车床上工作	16:19	19							
32	生理需要	16:29			10					
33	在车床上工作	16:39	10							
34	提交检验	16:46				7				

续表

序号	项　目	起止时间	各类工时消耗代号							备注
			Tz	Tzk	Tgxk	Tzj	Tfs	Ttgf	Ttgg	
35	更换图纸	16:49		7		3				
36	收拾工作地	16:56								
37	提前下班	17:00							4	
	总计(分钟)	480	336	28	19	36	24	25	12	

注：# 为交叉时间；Tz:作业时间；Tzk:作业宽放时间；Tgxk:个人需要与休息宽放时间；Tzj:准备与结束时间；Tfs:非生产时间；Ttgf:非工作造成停工时间；Ttgg:工人造成的停工时间。

3.写实资料分析整理阶段

信息收集完成后，需要对这些数据进行统计、分析和整理。包括：

(1)计算各活动事项的时间消耗；

(2)对所有观察事项进行分类，通过汇总计算出每一类工时的合计数；

(3)编制工作日写实的汇总表，在分析、研究各类工时消耗的基础上，计算出每类工时消耗占用全部工作时间及占作业时间的比重(详见表 7-3)；

(4)拟订各种改进工时利用的技术组织措施，计算通过实施技术组织措施可能提高劳动生产率的程度；

(5)根据写实结果，撰写分析报告。

表 7-3　个人工作日写实分析汇总表

车间	机加	工人		日期	2007 年 5 月 15 日
工段	—	姓名	××	班次	8:00～17:00
工组	甲	工种	车工	件号:1076	定额:300
设备	C620—1	等级	三级	名称:螺栓	实作:310
工时分类		代号	工时消耗		
			时间(分)	占工作日比重(%)	占作业时间比重(%)
定额时间 Td	作业时间	TZ	336	70.0	—
	作业宽放时间	Tzk	28	5.8	8.3
	个人需要与休息宽放时间	Tgxk	19*	4.0	5.7
	准备与结束时间	Tzj	36	7.5	10.7
	合计		419	87.3	24.7
非定额时间 Tfd	非生产工作时间	Tfs	24	5.0	7.1

续表

	非工人造成的停工时间	Ttgf	25	5.2	7.4
	工人造成停工时间	Ttgg	12	2.5	3.6
	合计		61	12.7	18.1
总计			480	100	—
可能提高的劳动生产率	清除非生产工作和非工作造成的停工时间	$M_1=\frac{Tfs+Ttgf}{Td}\times 100\%=\frac{24+25}{419}\times 100\%\approx 11.7\%$			
	清除工作造成的停工时间	$M_2=\frac{Ttgg+Tgxk(实际)-Tgxk(标准)}{Td}\times 100\%=(12+19-15)/419\times 100\%\approx 3.8\%$			
劳动生产率可能提高的程度：$M_1+M_2=11.7\%+3.8\%=15.5\%$					
审核	××		观察者	×××	

注：* 标准个人需要与宽放时间为 15 分钟。

（三）小组工作日写实

通过小组工作日写实，可以了解小组内成员的工作状态、生产作业负荷量、工时消耗，以及小组内劳动分工与协作的情况，为改善生产组织、提高工时利用率、合理核定职务工作量、加强劳动定员定额管理提供依据。

小组工作日写实的步骤、方法与个人工作日写实大致相同。只是当被观察对象超过 3 人时，需要按一定时间间隔来记录每个人的活动事项。具体写实时应注意以下几点：

1. 根据被调查人员数量来确定写实时间间隔。如观察 3 名员工的工作，观察时间间隔可控制在 1 分钟之内；观察 4～7 人时，可控制在 3 分钟之内。为保证写实资料的准确性，写实的对象不宜过多，一般为 5～6 人。

2. 按时间间隔轮换着观察员工的工作情况。

3. 写实过程中如发生设备停机、停电、作业中断，应记录事项产生的原因。

表 7-4 工组工作日写实记录表

观察时间	操作者姓名(编号)					备 注
	甲	乙	丙	丁	戊	
8:00	Tjk	Ttgg	Tzhk	Tfsg	Tzj	
8:02	Tjk	Ttgg	Tzhk	Tfsf	Tzj	
8:04	Tz	Ttgg	Tfsg	Tz	Tzj	

续表

<table>
<tr><td>观察时间</td><td colspan="5">操作者姓名(编号)</td><td>备　注</td></tr>
<tr><td>8:06</td><td>Tz</td><td>Ttgg</td><td>Tfsg</td><td>Tz</td><td>Tzj</td><td rowspan="4">各项目延续时间等于与上一项时间之差</td></tr>
<tr><td>8:08</td><td>Tz</td><td>Tz</td><td>Tz</td><td>Tz</td><td>Tzj</td></tr>
<tr><td>8:10</td><td>Ttgg</td><td>Tz</td><td>Tz</td><td>Tz</td><td>Tzj</td></tr>
<tr><td>8:12</td><td>Ttgg</td><td>Tz</td><td>Tz</td><td>Tz</td><td>Tgxk</td></tr>
<tr><td></td><td>*</td><td>*</td><td>*</td><td>*</td><td>*</td><td></td></tr>
</table>

<table>
<tr><td rowspan="2">汇总</td><td>Tz</td><td>Tjk</td><td>Tzhk</td><td>Tgxk</td><td>Tzj</td><td>Ttgf</td><td>Ttgg</td><td>Tfsg</td></tr>
<tr><td></td><td></td><td></td><td></td><td></td><td></td><td></td><td></td></tr>
</table>

注:Tjk—技术性宽放时间；　Tgxk—个人需要与宽放时间；
Tzhk—组织性宽放时间；　Tfsg—个人造成非生产时间；
Tz—作业时间；　Tfsf—非个人造成非生产时间；
Tzj—准备与结束时间；　Ttgg—个人造成停工时间；
Ttgf—非个人造成停工时间。

二、测时

(一)概述

测时是以工序或某一作业为对象,按照操作顺序进行实地观察、记录、测量和研究工时消耗的一种方法。

测时分析的是某一工序或作业的工时消耗情况,因此这种方法更精确。它是作业分析、动时分析的常见技术,测试的目的更多是为了找出工序作业时间内各项操作的正常工时消耗值,为制定工时定额提供依据。

(二)测时阶段与步骤

1.准备阶段

(1)确定测时的目的与测时对象。

(2)了解相关信息,如工种、技术等级、设备、工具、工作地布置、环境条件等。

(3)如果测时是为制定定额,则需建立良好的生产秩序,如工作地服务、技术服务、合理布置工作地等。

(4)划分操作以及操作时间类别,如基本时间和辅助时间要分开;机动时间和手工操作时间要分开。在划分操作的基础上,确定定时点,作为区分不同操作的界限,以保证每次观察记录的一致性和正确性。定时点应选择在声音或视觉上容易识别的标志。

2.实施测时阶段

测时观察通常采取连续测时法,就是按操作顺序,连续记录每个操作的起止时间。也可以采取整体法，即反复记录全部操作的延续时间。如果工序中的延续时间较短，不容易连续记录，也可以采用反复测时法。在测时过程中，调查人员应严格按照确定的“定时点”进行记录。

3.整理分析阶段

(1)整理和分析时，要删去一些不正常的数值，以便求出在正常条件下操作的延续时间；

(2)统计有效的观察次数，计算每一操作的平均延续时间；

(3)计算稳定系数，检验每一项操作平均延续时间的准确和可靠程度。稳定系数是测时数列(同一操作多次测定记录的时间值)中最大数值与最小的比值，即：稳定系数＝测时数列中最大的数值/测时数列中最小的数值。稳定系数越接近1，说明测时数列波动小，比较可靠；相反，则说明数列波动性大，可靠性小。稳定系数超过规定的限度，就需要重新测定；

(4)由每个操作平均延续时间，计算出工序的作业时间，再经过工时评定，得到符合定额水平的时间值，并作为制定时间定额的依据。

表7-5 连续测时记录表

车间	机加工	姓名		工种					等级					稳定系数		平均工作时间	备注
序号	操作名称	定时点	次数项目	观察次数										实际	标准		
				1	2	3	4	5	6	7	8	9	10				
1			起止														
			延续														
2			起止														
			延续														
3			起止														
			延续														
4			起止														
			延续														
5			起止														
			延续														
6			起止														
			延续														
7			起止														
			延续														
8			起止														
			延续														
9			起止														
			延续														
合计																	

表 7-6　各种测时方法比较表

序号	操作名称	定时点	起止时间	连续测时法 观测次数（分钟）										整体测时法（秒钟）	反复测时法（秒钟）			
				1	2	3	4	5	6	7	8	9	10		1	2	3	4
1	装活	手离开卡盘	R	3	25	51	1.14	1.38	2.01	2.25	2.48	3.10	3.33	25	5		5	
			T	3	4	6	6	7	6	6	5	5	6					
2	开动主轴手动进车刀	手离开刀架	R	6	29	53	1.17	1.40	2.03	2.27	2.52	3.12	3.35			3		3
			T	3	4	2	3	2	2	1	4	2	2					
3	自动进刀车削	车刀离开工件	R	13	36	59	1.23	1.48	2.10	2.33	2.59	3.20	3.41		8		7	
			T	7	7	6	6	8	7	6	7	8	6					
4	手动退刀停车	主轴停	R	15	38	1.03	1.26	1.50	2.13	2.35	3.01	3.23	3.44			3		3
			T	2	2	4	3	2	3	2	2	3	3					
5	卸活	手离开工件	R	21	45	1.08	1.31	1.55	2.19	2.43	3.05	3.27	3.51		6		5.5	
			T	6	7	5	5	5	6	8	4	4	7					

表 7-7 观测次数和标准稳定性系数表

生产类型	作业单元的时间（秒）	稳定系数		在下列工序作业时间（分）内观察次数					
		机动	手动	1	2	5	10	20	40
大量流水生产	6 以下	1.5	2.0	30	25	20	15	—	—
	6～18	1.3	1.7	25	20	15	13	—	—
	18 以上	1.2	1.5	20	16	14	12	—	—
大批生产	6 以下	1.8	2.5	25	20	15	13	10	—
	6～18	1.5	2.0	20	15	12	10	8	—
	18 以上	1.3	1.7	15	13	10	9	7	—
成批生产	—	1.7	2.5	—	15	13	12	10	6
小批生产	—	2.0	3.0	—		10	8	7	5

三、工作抽样法

（一）概述

工作抽样法是根据概率论和数理统计学原理，对职务随机地进行抽样调查，利用抽样调查得到的数据资料对总体状况做出推断的一种方法。

工作抽样可以用来：

1.调查员工工作时间利用情况，掌握各类工时消耗的比例。

2.制定和修订劳动定额，检查劳动定额是否先进合理，是否符合企业的实际需要。

3.研究组织中机械设备的运转情况，调查设备的利用率、故障率。

4.改进工作程序和操作方法。

与作业测时、工作日写实相比，首先，工作抽样法缩短了调查的时间，不需要调查分析人员长时间观察分析员工的职务与行为；其次，由于消除了被观测人员生理和心理上的影响，因此能够获得真实准确的信息；最后，这种方法适用范围广泛，除一些工作场所经常发生变化的职务外，几乎适合所有职务的观察。

（二）工作抽样法的步骤

1.明确调查目的，确定抽样精度

通常，工作抽样的可靠度取95%，精确度取±5%～±10%，即可满足需要。

2.作业活动分类

对被观察对象的活动作适当的分类，以便正确地进行观察记录和事后的汇总整理、统计分析，如下表所示。

3.确定观测次数

观测次数就是工作抽样的样本量。样本少,对总体推断的准确性、可靠性就低;反之,就越准确。根据统计学中二项分布标准差σ的计算公式,当抽样的可靠性为95%时,有如下结果:

$$SP = 2 \times \sqrt{\frac{P(1-P)}{N}}$$

因此,观测次数可按下式求出:

$$N = \frac{4(1-P)}{S^2 g P}$$

式中:N—观测次数;

S—相对误差;

P—调查事项发生率(或不发生率)的预测估算值。

表7-8　工作抽样分类表

工作名称	符号	说　明	实　例
工作准备	G.Z	在上班后所进行的各项准备工作	1.给设备加油、准备工具 2.检查电源线路 3.查阅交接班工作记录
实际操作	S.C	借用一定的工具和机械设备使被加工对象发生物理或化学变化	1.搬运重物 2.操纵机床加工零件 3.装卡、拆卸零件
闲谈	X.T	职工中止了工作,与他人闲谈	1.与本组工人闲谈 2.与班长闲谈
工作收尾	G.S	在下班前所进行的收尾	1.清扫现场 2.交还工具

多次实验证明,要掌握员工工时利用的一般情况,需要观测1000~2000次;如果要精确测定设备停机率或工时利用率,需要测定3000~5000次;为了精确制定出工作的时间标准,需要观测5000~10000次。

4.确定观测的具体时刻与总时限

观测时刻选择得是否适当,关系到观测结果的可靠性和精确度。观测时刻的确定必须遵守随机的原则。

确定观测时刻时可借助于随机数字表、随机时刻表等工具,采用单纯随机时间间隔、等时间间隔、分层抽样、区域抽样等方式。

观测时刻的总时限,应根据观测目的和观测对象的工作周期来规定。例如:工作周期等于或小于一个工作日时,根据工作抽样的目的,观测应在一个工作日内完成，如观测次数很多时，可分数日完成。如果工作周期在3～4天或4天以上时，如观测次数较少，可在工作周期内完成总观测；如观测次数较多时，可以工作周期的倍数作为观测的总期限。对于工作周期虽在一个工作日内，但到月底常有例外工作事项出现时，可采用分层观测法。例如每月25个工作日中，每月月底有5个工作日出现例外工作事项时，假定观测次数为300次，则各层抽查次数应分别为：

$$\frac{300(\text{次})\times 20}{25}=240(\text{次}) \qquad \text{平时观测}$$

$$\frac{300(\text{次})\times 5}{25}=60(\text{次}) \qquad \text{例外工作日观测}$$

5.现场观测

观测人员在开始观测前，应预先根据机器设备配置或现场布置的平面图，确定出最佳的观测巡回路线和观测点（如图7-1所示）。图中带箭头的直线代表巡回路线。○代表各观测点。

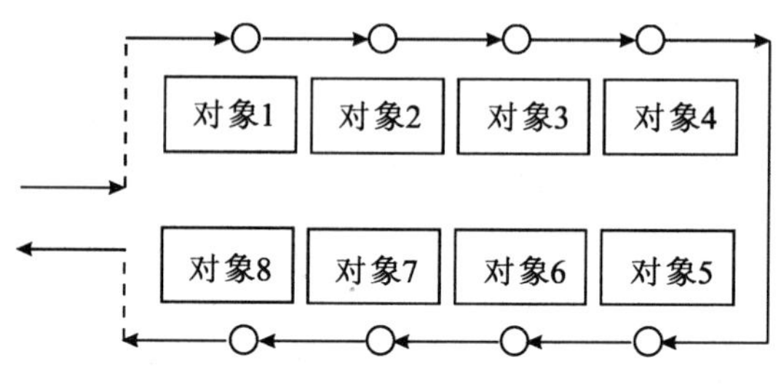

图7-1 巡回路线图

进行工作抽样时不必使用秒表或其他计时的工具，当观测人员沿巡回路线到达规定的观测位置时，应像拍照一样，将一瞬间观察到的工作内容，记录到预先设计好的调查表格中。至于调查的对象在一瞬间之前或之后从事什么活动不必理会。

6.检验抽样数据

完成全部观测以后，需检验全部抽样的结果。检验的方法是：根据抽样的数据，先计算出所调查的主要事项发生率，然后分别计算出上下控制界限。

$$\text{上控制界限}=\overline{P}+3\times\sqrt{\frac{\overline{P}(1-\overline{P})}{n}}$$

$$\text{下控制界限}=\overline{P}-3\times\sqrt{\frac{\overline{P}(1-\overline{P})}{n}}$$

表 7-9　抽样调查表

单位：人次

<table>
<tr><td colspan="2">单位</td><td colspan="4"></td><td colspan="4">工种</td><td colspan="4"></td><td colspan="5">设备(人)数</td><td colspan="3"></td><td colspan="5">观测日期</td><td colspan="7">年　月　日</td><td colspan="6" rowspan="2">备注</td><td></td></tr>
<tr><td colspan="2">观测数</td><td colspan="4">人次</td><td colspan="4">设备型号</td><td colspan="4"></td><td colspan="5">观测者</td><td colspan="3"></td><td colspan="5">校核</td><td colspan="7"></td><td></td></tr>
<tr><td rowspan="3">序号</td><td rowspan="2">类别</td><td colspan="7">作业</td><td colspan="10">作业宽放</td><td colspan="4" rowspan="2">休息宽放</td><td colspan="4" rowspan="2">准备与终结</td><td colspan="6">停工</td><td colspan="7">非生产</td><td rowspan="3">校核</td></tr>
<tr><td colspan="3">基本</td><td colspan="4">辅助</td><td colspan="5">技术性</td><td colspan="5">组织性</td><td colspan="3">个人</td><td colspan="3">组织</td><td colspan="3">个人</td><td colspan="4">组织</td></tr>
<tr><td>项目／观测时间</td><td>机动</td><td>手动</td><td>机手并动</td><td>装卸</td><td>测量</td><td>换刀</td><td>磨刀</td><td>检查设备</td><td>润滑</td><td>试运转</td><td>调整模具</td><td>校工夹具</td><td>交接班</td><td>收工具</td><td>工位器具</td><td>擦床子</td><td>清屑</td><td>取水、喝水</td><td>厕所</td><td>吸烟</td><td>其他</td><td>接任务看图</td><td>领送工具</td><td>交付成品</td><td>收尾工作</td><td>聊天</td><td>吃零食</td><td>离岗位</td><td>停电</td><td>机修</td><td>待料</td><td>迟到</td><td>早退</td><td>私事</td><td>学习</td><td>开会</td><td>返修</td><td>不明</td></tr>
<tr><td>1
20</td><td></td><td></td><td></td><td></td><td></td><td></td><td></td><td></td><td></td><td></td><td></td><td></td><td></td><td></td><td></td><td></td><td></td><td></td><td></td><td></td><td></td><td></td><td></td><td></td><td></td><td></td><td></td><td></td><td></td><td></td><td></td><td></td><td></td><td></td><td></td><td></td><td></td><td></td><td></td><td></td></tr>
<tr><td colspan="2">项目小计</td><td></td><td></td><td></td><td></td><td></td><td></td><td></td><td></td><td></td><td></td><td></td><td></td><td></td><td></td><td></td><td></td><td></td><td></td><td></td><td></td><td></td><td></td><td></td><td></td><td></td><td></td><td></td><td></td><td></td><td></td><td></td><td></td><td></td><td></td><td></td><td></td><td></td><td></td></tr>
<tr><td colspan="2">项目比全日比重(%)</td><td colspan="39"></td></tr>
<tr><td colspan="2">项目合计</td><td colspan="39"></td></tr>
</table>

式中：n—每天观测的次数；

$\overline{P}$—事项总平均发生率。

比如，表 7-9 和表 7-10 是对某车间甲组工人工作抽样的结果，根据表中的数据，可计算出空闲事项的总发生率：

$$\overline{P}=\frac{120}{1200}\times 100\%=10\%$$

$$\text{上控制界限}=0.10+3\times\sqrt{\frac{0.10\times 0.90}{100}}=0.19$$

$$\text{下控制界限}=0.10-3\times\sqrt{\frac{0.10\times 0.90}{100}}=0.01$$

表 7-10 工作抽样结果汇总表

观测日期	观测次数	工人出现工作空闲(次数)	P(%)
5月7日	100	9	9
28日	100	12	12
29日	100	6	6
31日	100	10	10
6月9日	100	23	23
29日	100	15	15
	1200	120	$\overline{P}$=10%

根据每天观测的结果，按日期将实际发生率描在控制图上(见图 7-2)，超过上、下控制界限的应予删去。

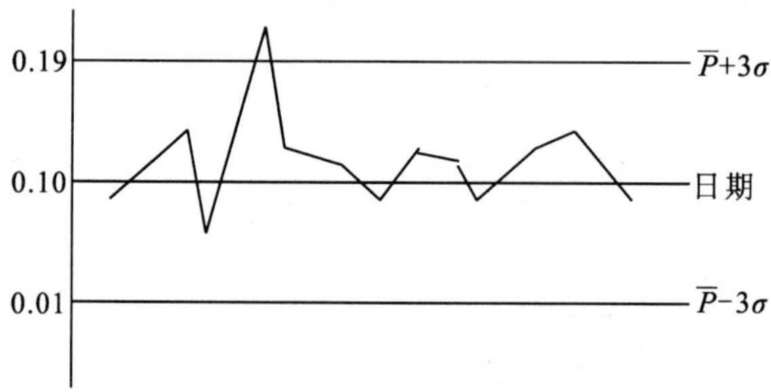

图 7-2 数据控制图

此外，还应检查抽样结果的精确程度是否达到了预定的要求，可按下列公式计算：

$$S = 2 \times \sqrt{\frac{1-\overline{P}}{N\overline{P}}}$$

式中：S—相对误差；

$\overline{P}$—删去异常数据后的总平均发生率；

N—删去异常数据后的总观察次数。

通过计算，如S没达到预先规定的要求（即超过规定范围），应追加观测次数，直到满足要求为止。

7.撰写分析与改进报告

计算出所有分类事项的发生次数及发生率以后，应结合观察到的现场情况，做出必要的分析评价和说明，进而采取措施，改进工作程序和方法。

四、头脑风暴法(Brainstorming)

头脑风暴法鼓励团队成员开放性的思考，尤其当团队的思路陷入“相同的老路”中时。这种方法鼓励所有的成员参与、讨论、拿出见解，而不是由团队中少数几个人“垄断”。它的优点之一就是从不忽视来自任何微弱声音中的建议，从不做出过早的批评和判断。在头脑风暴的整个过程中所有的主意都将被记录下来，而且仅当头脑风暴集体讨论结束以后才予以评价。

通常，头脑风暴法类型可以分为两种：结构式头脑风暴即团队中每个成员依次提出“主意”的过程和方法；非结构式头脑风暴即当团队成员有了“主意”后才提出，而不是强制性给出。

头脑风暴法步骤如下：

1.在一个小组或者大组中选择一位主持人和一位记录员（他们可以是同一个人）。

2.明确通过头脑风暴法来定义或解决的中心问题，确保小组中的每一个人都明确讨论的目的（如找到完成工作的方法）。

3.开始头脑风暴之前，建立讨论活动的规则。这些规则可能包括：

(1)“主意”产生方式是由小组成员依次一轮一轮进行的；

(2)声明没有一个答案是错误的，每个人都可自由发言（每一轮中，结构式头脑风暴法中成员必须发言，非结构式中成员可以不发言）；

(3)主持人控制讨论进程，设定发言时间限制，到时立即终止发言；

(4)要求表述观点的时候要简洁，允许个人完善他们自己的观点；

(5)确保没有人侮辱、贬低、或者评价另一参与者或者他的/她的回应；

(6)承认每个人在讨论的时候，无论提出什么样的观点，都为最后方案的形成做出了贡献；

(7)记录每一个回答，除非它被一再重复；

(8)要明确时刻围绕讨论的主题，不能偏离主题；

(9)提出的方案越多越好。

4. 头脑风暴正式开始。主持人宣布讨论开始，除非出现违反规则的情况，一般主持人不能干预讨论，在小组成员提出自己的想法和方案的时候，记录员记录下所有的观点，并使得每个成员都能够看到，以便让其他成员从这些观点中得到启发，从而得到其他更有建设性的意见。确保在讨论结束以前不要出现任何评价或批评的情况。

5. 反复几轮(取决于问题的复杂性)，直到没有新的观点再产生。

6. 检查记录结果，开始对各种方案进行评价。检查这些记录的时候，最基本的是寻找任何重复或者相似的方案，将相似的聚集在一起，剔除明显不合适方案。为了得到可行方案，还可以继续运用小组讨论的方式，讨论剩余的方案，最后得到数目合适的可供选择的方案。

五、因果分析图(Cause and Effect Analysis Diagrams)

因果分析图俗称"鱼骨图"，通过它能够帮助经理人员对造成职务无效或有效的几乎全部的原因进行分层和深入分析，从而找出根本原因，采取措施来改进工作。在下面的因果分析图中，基本由两部分组成：问题部分与原因部分。鱼头表示一个特定的问题；鱼刺，无论是大鱼刺还是小鱼刺，均表示造成这样一个问题可能的原因。

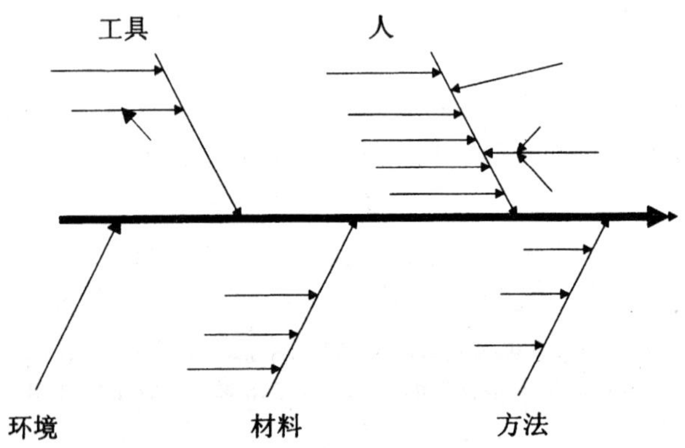

图 7-3 因果分析示意图

鱼骨主干上的大枝表示主要原因方面，中枝、小枝、细枝表示原因的依次展开与分解细化，只有逐级的分析造成问题的原因，并继续深究，才能找到根本原因。

通常步骤以及需要注意的问题有：

1. 确定待分析的问题，将其写在鱼骨所指的方向，画出主干，箭头指向右端；

2. 确定该问题中影响问题的主要原因方面。在质量管理中一般将它们分为以下几部分：人(Man)、设备(Machine)、原材料(Material)、方法(Method)、环境(Environment)，简称为4M1E。也可以采用类似3P分类即操作规程(Procedure)、管理政策(Policies)、人(People)。将这些因素对应的每一类原因画成大枝，箭头方向从左到右斜指向主干，并在箭头尾端写上原因分类项目；

3. 将各大层次原因分别展开与深入分析，每个大枝上分出若干中枝表示各项目中造成问题的一个原因。中枝平行于主干箭头指向大枝；

4. 将中枝进一步展开成小枝。小枝是造成中枝的原因，依次展开，直至细到能采取措施为止；

5. 找出主要原因，画上方框或圆圈作为下一阶段方法改进的重点。

六、问题挖掘法：5个"为什么"(5 "Whys")

通过在广度和深度上不断提出问题来达到改进与优化现有工作流程、工作方法与手段的目的。在使用5个"为什么"的时候，问3～5次"为什么"——"为什么这种问题会发生？""为什么我们要使用这种工具"等。早期的问题往往是比较表面的、明显的，是症状；而后期所反映出的问题则是原因，而且是深层次原因。需要注意的是，并不必然问5次，可以更多也可以更少，以能够发现根本性原因或找到较好的方式为目的。

七、非常规性思考

除头脑风暴法之外，非常规性思考也是改进流程和工作方法的重要技术之一。解决方案图示法(Solution Mapping)、六种思考帽子法(Six Thinking Hats)、侧面思考(Lateral Thinking)都属于非常规性思考。

1. 解决方案图示法(Solution Mapping)

实质上是一种结构化头脑风暴法，它从一个前提中心出发展开讨论，这个前提中心可能是产生问题的根本原因，也可能是改进工作的新方法。围绕这个中心，根据头脑风暴法的规则，一个人提出改进的建议，团队其他成员对这个建议进行扩展或者受其启发提出新的建议。在这个过程中绘制解决方案的图表，让团队成员清楚看到这个方案的形成过程。

2.六种思考帽子法(Six Thinking Hats)

是一种角色扮演的方式，用白、红、黑、蓝、绿、黄六种不同颜色的帽子来定义不同的角色。每个人在每个不同的时期戴上不同的帽子，分别扮演不同的帽子所定义的角色。这种方法简单、有趣并具可操作性。

如果成员戴上了白色帽子，则表示他只能从手头已有的材料来发表看法和建议，可以这样说，戴上白帽子的人应该是现实主义者。

红色的帽子则意味着可以有机会表达个人感觉、感受，甚至是直觉，但不用做出任何解释。红帽子能够帮助团队成员解决冲突并创造一个开放的、轻松的讨论环境。在一定意义上，红帽子鼓励冒险和大胆的思考，不受条条框框的约束。

黑帽子则提出警告和关键性判断，避免团队成员的“集体思维”和提出不切实际的流程以及工具改进方案。这种帽子可以在成员提出的“主意”太离谱时使用。

蓝帽子就用来控制头脑风暴的过程，帮助团队成员理智地评估思考方式，对提出的建议进行总结并在需要的时候对头脑风暴的过程进行回顾。

绿帽子给创造性思维提供时间和空间，鼓励团队成员用不同的思考方式探寻替代性观点以及改进方案。

黄帽子则代表了方案中乐观和积极的一面，团队成员从逻辑上推断方案实施后能获得的利益。

3.侧面思考(Lateral Thinking)

是一种非线性的思考，可以从别的人(如你的上司、客户、总裁等)的角度来思考问题，站在他们的角度来看待问题，提出改进的方案，或者从反解决方案的角度来考虑，看为什么这种方案不能奏效，从不能解决的理由想到怎样才能解决的方法。甚至从一些不相关的词语或观点激发思维，从另一种新的角度来看待问题，提出改进方案。

创新的改进方案需要经理人员与下属抛弃传统思路与想法，大胆地进行设想。我们的一些想法或思路往往被局限在一种不成文的框框之中，它会影响我们的想法和做事的方式。

思考题

1. 方法分析包括哪些内容的分析？
2. 工作日写实法、测时以及工作抽样的目的有什么不同？
3. 工作日写实经过哪些主要的过程？
4. 测试的目的是什么？
5. 工作抽样经过哪些过程？

参考文献

1. 萧鸣政．工作分析的方法与技术．中国人民大学出版社，2002年
2. 安鸿章．工作岗位的分析技术与应用．南开大学出版社，2001年
3. 安鸿章．现代劳动定额学．北京经济学院出版社，1996年
4. 安鸿章．现代企业人力资源管理．中国劳动出版社，2000年

第八章

环境分析

本章学习要点

- 掌握环境分析的内容与信息
- 了解物理环境测定的方法与操作要点
- 了解社会环境分析的内容及其发展
- 了解环境描述的方式以及环境分级标准的主要内容

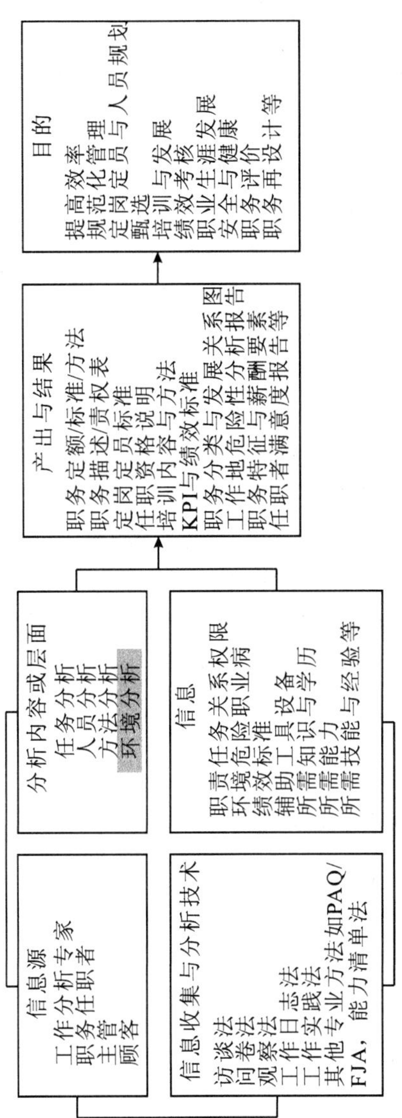
信息源
工作分析专家
职务任职者
主管
顾客
信息收集与分析技术
访谈法
问卷法
观察法
工作日志法
工作实践法
其他专业方法如PAQ/
FJA，能力清单法
分析内容或层面
任务分析
人员分析
方法分析
环境分析
信息
职责任务关系权限
环境危险职业病
绩效标准
辅助工具设备
所需知识与学历
所需能力
所需技能与经验等
产出与结果
职务定额/标准/方法
职务描述/责权表
定岗定员标准
任职资格说明
培训内容与方法
KPI与绩效标准
职务分类与发展关系图
工作地危险性分析报告
职务特征与薪酬要素
任职者满意度报告等
目的
提高效率
规范化管理
定岗定员与人员规划
甄选
培训与发展
绩效考核
职业生涯发展
安全与健康
职务评价
职务再设计等

职务分析系统

职务的环境分析是指对履行职务所在的工作条件与环境进行分析，职务环境分析包括职务的物理环境、职务的安全环境以及职务的社会环境的分析。

第一节 职务的物理环境分析

一、职务环境分析内容与信息

（一）职务环境分析内容

职务环境分析包括物理环境分析、安全环境分析与社会环境分析。

（1）物理环境分析，即自然环境分析，是指职务任职者履行工作任务所在的工作地的自然状况，包括环境中温度、湿度、照明度、噪音、震动、异味、粉尘、辐射、污秽、气压等因素以及任职者与这些环境因素接触的时间。

（2）安全环境分析，是指工作的危险性，包括可能发生的事故、事故的发生率和发生原因；对身体的哪些部分易造成危害以及危害程度；易患的职业病、患病率以及危害程度。

（3）社会环境分析，包括工作地点的生活方便程度、环境的变化程度、环境的孤独程度、工作单调程度、与他人交往的程度等。

（二）职务环境分析信息

美国劳工部国家职业网发展中心提供了职务环境分析的信息类型，包括：

1. 人际关系，包括沟通、角色关系、对其他人的责任、冲突等。

（1）沟通。包括沟通方式以及与其他人接触交往的程度，其中沟通方式包括公共演讲、电话、电子方式、信函、备忘录以及面对面讨论。

（2）角色关系与工作互动。包括团队（群体）工作、与外部顾客交往、协调或领导其他人。

（3）对其他人的责任。包括对其他人的安全与健康负责以及对特定的产出结果负责。

（4）冲突性接触与冲突情景发生频率。包括与不令人愉快的人共事或打交道、与好斗的人打交道。

2. 物理工作环境

(1)完成工作的环境以及暴露时间,包括受约束的室内、不受约束的室内、暴露在自然气候下,在封闭的室外环境中、在敞开的工具或设备中、在封闭的工具或设备中、身体接触。

(2)环境条件,包括噪音、高温或低温、照明、污染物、狭小作业空间、全身振动。

(3)工作危险或伤害(接触或暴露的频率以及由此造成伤害的可能性与伤害程度)。包括辐射、疾病感染、高空坠落、危险的工作条件、危险的设备、烫伤、切伤、刺伤。

(4)工作姿势以及时间,包括坐、站立、攀爬、走动、跑、跪、蹲伏、弯腰、匍匐、保持平衡、用手操纵、控制或触摸物体、弯腰或扭曲身体、重复动作。

(5)工作服装(穿工作服的频率),包括穿普通保护或安全防护服装(鞋,眼镜,手套,听力保护,坚硬的帽子,夹克)以及穿特殊保护服装(防毒面具,防辐射服装)。

3.结构性工作特征

(1)职务的危害程度(失误的后果以及严重程度),包括对同事或公司的影响、决策频率、决策的自由程度。

(2)例行性工作还是挑战性工作,包括自主的程度、精确要求程度、重复相同任务的重要程度、结构化还是非结构化任务安排。

(3)竞争程度。

(4)工作步调与节奏,包括时间压力、由设备速度决定工作节奏、任务安排、典型任务的持续时间。

二、物理环境测定

(一)物理环境概述

工作环境中存在着对劳动者劳动效率和身心健康有影响或危害的因素,如粉尘、高温、毒物、噪声、振动、电离辐射等生产性有害因素,以及井下、露天、高处作业等不良的环境条件。这些因素和条件统称为有害因素。

通过对工作环境中各种有害因素的测定行业分级,可以反映职务工作环境条件对任职者的工作效率和健康的影响程度。

(二)测定的特点

在职务分析与职务评价中对工作环境的测定,与一般的劳动卫生或环境检测相比,有以下特点:

(1)必须在正常生产状态下进行工作环境测定,以反映职务劳动环境条件的正常水平。

(2)环境测定要反映有害因素对任职者的危害程度。因此,在测定因素的选择上和接触范围、测定点的确定上都有一定的特殊要求。

(3)测定的有害因素种类多,需要运用劳动卫生和环境监测中的多种技术和方法,对被评价职务存在的可能危害劳动者健康的各种有害因素都要测定,以实现对工作环境的综合评价。

(4)测定的目的是评价有害因素的危害程度。因此,不但要测定有害因素的浓度(强度),而且要测定与有害因素接触的时间。

(5)测定技术方法要求高,必须符合有关标准的要求。

(6)测定数据必须准确可靠。为了做出准确的分析与评价,对受测职务要进行多个工作日多次测定。对作业程序、位置比较复杂的职务,还要进行多点测定,以取得准确可靠的数据。

(三)分级的基本方法

工作环境的测定和分级,是对劳动环境各项评价因素的评价。也就是对劳动环境中各种有害因素和不良环境与条件的测定和分级。

工作环境中有害因素的危害程度,主要取决于任职者在工作过程中接触有害因素的时间和有害因素的强度(浓度)。因此,对工作环境中有害因素的测定和分级的基本方法是:测定任职者接触有害因素的时间和有害因素的强度(浓度),根据有害因素的种类,按照相应的国家标准、部门行业颁布的标准或职务劳动评价标准定量分级,做出评价。

三、环境测定的步骤和要求

(一)环境测定的工作步骤

对劳动环境中的不同有害因素要使用不同的测定方法,但测定的工作步骤基本相同,也有相同的要求。

1.调查受测职位的基本情况,包括生产工艺流程、原料和产品、有害因素接触情况、作业位置和工序。

2.确定有害因素的接触范围、测定点、测定的技术方法和仪器。

3.制定有害因素监测计划。

4.测定与有害因素接触时间和接触时间率。

5.测定有害因素浓度(强度)。一般要求与实践测定同步进行,在3个工作日内测定,每个测定点至少测定5次。

6.对测定数据进行计算处理,按标准分级,做出评价。

（二）确定有害因素测定点的要求

有害因素测定点是对有害因素的强度和浓度进行实测的具体位置或时间。只有正确确定有害因素的测定点，才能科学地、真实地反映职务任职者接触有害因素的实际情况，为有害因素的分级评价提供可靠的依据。

有害因素测定点是在任职者工作时有害因素的接触范围内，根据职务作业点的性质、工序、位置和接触情况来确定。其要求是：

1. 对作业位置单一固定，并且在整个作业过程中，有害因素的强度或浓度较稳定的职位，可在作业位置设一个测定点。

2. 对有多个较固定的作业位置，但在整个作业过程中，所有作业位置的有害因素的浓度或强度相同或差别很小的岗位，可在有代表性的作业位置上设一个测定点。

3. 对作业位置单一固定，但作业工序（动作）接触的有害因素的浓度或强度不同的职位，应对多个工序设多个测定点。

4. 对多个作业位置、多个作业工序，且各作业位置或工序的有害因素的浓度或者强度不同的职位，则应根据作业位置和工序接触有害因素的不同，设多个测定点。

5. 对流动性作业职位，应根据实际情况，选择具有代表性的位置或工序设测定点，或使用可由劳动者携带的个体采样、测定仪器进行测定。

6. 测定点放置测定仪器的具体位置，一般应尽量接近劳动者的作业位置，并处于下风侧或浓度（强度）有代表性的位置。粉尘和毒物采样器的采样头应处于呼吸带高度，高温和辐射热测定的探头处于胸部高度，噪声测定的传声器应处于耳部高度。

（三）有害因素测定计划的制定

有害因素监测计划，是对工作环境中有害因素的浓度或强度测定的安排，是实施测定的依据。在制定有害因素监测计划前，必须确定受测职务应测定的有害因素种类，每类有害因素的接触范围和有害因素的测定点。

有害因素测定计划的主要内容是填写各有害因素测定点的“编号、位置、工序”，以便具体实施现场测定。必要时应标明测定仪器。有害因素测定计划一般与采气计划共同制定。

（四）有害因素测定实施的基本要求

各种有害因素现场测定的工作要求基本相同，主要是：

1. 根据测定计划，掌握有害因素测定点的位置、工序，决定使用的仪器和测定方法。

2. 检查仪器设备。准备好测定需要的各种仪器设备，必要时对仪器进行检定和校准。

3. 到现场确定测定仪器的具体放置位置，按测定计划的要求对每个测定点进行测定。

4. 决定每个测定点的测定次数。根据有害因素和仪器种类决定采样或测定时间。

5. 测定中应注意观察仪器的工作状态，测定完后对测定样品或读数进行检查。如发现仪器工作不正常，或有弄虚作假的情况，应报废重测。

6. 对实验室分析或测定的有害因素样品，应在采样后及时分析或测定。

7. 现场测定时，应及时做好记录，准确填写各项测定记录表。填写记录表时要求：

(1)同一测定点的各次测定结果填写于同一表格中。

(2)用于同一类动作的测定结果最好填写于同一表格中。

(3)测定时不填写“动作类别”，动作类别在分类时填写。

8. 现场测定结束后，应维护保养仪器，做好下次测定的准备工作。

四、测定数据处理的方法和要求

工作地物理环境的测定比较复杂，测定的项目多，测定方法及使用仪器各不相同，数据的种类多、数量大。因此在现场完成测定取得数据后，必须进行严格的审查，并按要求对数据进行分类，使之与同类职务的时间数据相配合，这样才能进行计算，用于评价指标的分级。

(一)测定数据的审查

环境数据完成后，测定人员应及时进行自审，并由测定负责人进行总审。数据审查的主要内容和要求包括：

1. 审查测定方法、测定点和测定次数是否符合有关标准或规定的要求。不符合要求的应补测或重测。

2. 审查测定记录表的填写是否齐全、正确。

3. 审查各项测定数据是否有错误或异常。对错误数据应该修正或重测，对异常数据应找出原因，予以提出并补测。

4. 审查测定数据是否低于评价下限。若某一有害因素的测定数据低于评价下限，则不做进一步处理和评价。

5. 审查各项数据的计量单位和小数位数是否正确。工作环境各项测定数据的计量单位和小数位数见表 8-1。

表 8-1 工作环境测定数据的计量单位及小数位数

数据种类	数据名称	计量单位	小数位数
粉尘测定	含量	%	0
	滤膜重量	Mg	1
	流量	L/min	1
	采样时间	min	0
高温测定	气温	℃	1
	辐射热	$J/cm^2 \cdot min$	2
噪声测定	声级测定结果	Db (A) 或 LeqdB (A)	1
毒物测定	毒物浓度	mg/m^2	根据需要
局部振动测定	振动加速度	m/s^2	2
电离辐射测定	计量当量	mSv	根据需要

(二)测定数据的分类

工作环境测定数据,必须以同一职务的写实动作分类为依据,分出类别,以便数据的处理计算。分类的具体方法是:

1. 以写实工作分类表为依据,根据有害因素测定点的位置和工序,判断测定数据应用于哪类动作,并在测定记录的“动作类别”栏填写该类的数字。

2. 若某一类动作,需要几个测定点的数据,则这些数据应分在这一类内。

3. 若有几类动作需用同一测定点的数据,这一测定点的数据应用于这几类动作,在“动作类别”栏中,应填写这几类动作的类别数字。

4. 同一职务的各项测定数据,均应与本职务的写实分类相互配合。

5. 数据的审查和分类必须由专人负责。

(三)测定数据的计算方法

1. 测定数据的计算方法,必须符合有关标准和规定的要求,符合职务劳动评价的需要。

2. 有害因素接触时间数据是劳动环境测定数据(有害因素强度数据)计算的基础,必须先计算出有害因素接触时间。

3. 各种有害因素测定数据都按动作类别计算。即每次测定数据分类后,先计算每类动作各次测定的平均值,然后计算所有各类动作的接触时间加权均值。

4. 测定数据的计算,按照有害因素的种类对同一职务全部测定数据进行计算。即对一种需要评价的有害因素的全部测定数据(多点多次多日的全部测定数据),按规定的方法计算每个工作日的平均数据,用于分级评价。

表 8-2 是典型的若干类物理环境的测定方法和标准名称，其内容可以通过国家标准化管理委员会获得，网址为：http://www.sac.gov.cn。

表 8-2 典型物理环境分级与测定标准

1. 中华人民共和国国家标准：生产性粉尘作业危害程度分级，标准号：GB 5817—1986

2. 中华人民共和国国家标准：作业场所空气中粉尘测定方法，标准号：GB /T 5748—1985

3. 中华人民共和国国家标准：高温作业分级，标准号：GB/T 4200—1997（现行）；GB/T 4200—2008（即将实施）

4. 中华人民共和国国家标准：高温作业环境气象条件测定方法，标准号：GB/T 934—1989（现行）；GB/T 934—2008（即将实施）

5. 中华人民共和国国家标准：有毒作业分级，标准号：GB/T 12331—1990

6. 中华人民共和国国家标准：职业性接触毒物危害程度分级，标准号：GB 5044—1985

7. 中华人民共和国国家标准：风机和罗茨鼓风机噪声测量方法，标准号：GB/T 2888—2008

8. 中华人民共和国国家标准：声学 声压法测定噪声源声功率级 消声室和半消声室精密法，标准号：GB/T 6882—2008

9. 中华人民共和国国家标准：林业机械 便携式动力机械噪声测定规范 工程法（2级精度），标准号：GB/T 5390—2008

第二节 职务的社会环境分析

一、职务社会环境概念

除工作地的物理环境外，职务的工作环境还包括由于工作本身或工作环境的特点给任职者带来的心理影响与工作压力。譬如，工作地点的生活方便程度（如狭小的工作空间）、环境的变化程度、环境的孤独程度、与他人交往的程度、工作时间的波动性及出差时间所占的比重、工作负荷的大小等都可能给任职者带来工作压力。

传统的工作环境研究主要着重于对工作地物理环境的分析，针对操作工人职务，其目的是界定工作的物理环境在多大程度上会对工人造成身体上的不适，或者影响其身体健康。在制造类组织中，这一部分内容是传统职务分析的核心。随着后工业化时代的到来，该部分已经逐步丧失了其主导地位，尤其是针对管理人员和专业人员的职务分析，对工作环境的界定更加宽泛、人性化的。工作地的社会环境变得越来越重要，它对人们的工作、生活有着重要的影响，成为职务分析研究中不可缺少的部分。

二、社会环境分析内容

对工作地的社会环境的研究主要集中在对紧张与工作压力的研究方面。

压力是人们对环境事物的一种情绪上和身体上的异常反应，或者说，压力在人们心理上发挥作用的反应就是“紧张”。人遇到一些难以应付的情况时，就会产生一种异常的反应，首先影响到肌肉、眼睛、呼吸速度和心跳速度，使躯体做好临阵逃脱或者奋勇抵抗的准备。大脑向肾上腺发出指令，该指令得到确认后，人体分泌出肾上腺素，从而引起一系列的肉体和心理反应。但反应的形式是不同的，甚至是相反的：或者畏缩或者奋争。

工作压力是员工精神紧张的主要原因。适度的工作压力是积极的，最佳程度的压力可以导致最佳工作成绩，可以使员工产生满足感、成就感和良好的精神状态，产生很高的工作绩效。但是压力过大或者过小都可能会导致员工产生心理、生理健康方面的消极影响，无法圆满完成工作任务，降低工作效率。因此，消除工作压力对员工的负面影响，是雇员心理健康的关键。

需要指出的是，有些职务或职务所处的工作环境是具有内在压力的，但是是否就会对任职者形成压力，还受任职者个体以及其他约束条件的影响，比如遇到压力时，可以利用同事、管理者、客户方面提供的支持等资源来缓解压力。

与工作直接相关的压力因素有工作要求、角色冲突、职务关系、职业生涯发展、组织管理与氛围(Marshall，1976)。

1. 工作要求

社会上的确有些工作比其他工作更容易产生压力，比如消防员、飞机驾驶员和矿工等。而诸如图书管理员、办公室清洁员、银行职员等职业承受的压力就小一些。肖和瑞斯金德(Shaw and Riskind，1983)通过实证分析找到了能够预测工作压力的五种因素，它们分别是：决策、连续检测设备或原料、与他人重复交换信息、令人不舒服的、危险的物质条件以及执行无组织的任务。因此，如果某项职务中包含更多的以上因素，职务本身给任职者的压力就大一些。

美国安全与健康委员会就工作引起的紧张问题进行了研究，结果表明：

有12种职务工作最容易导致员工精神紧张，工作压力大。这些工作的特点是员工不能控制工作，相反的却要受到工作的限制，人与物的关系倒置，使人有类似于机器的感觉。

表8-3 美国若干种最紧张的工作

1.工人	7.经理
2.秘书	8.侍者
3.检查员	9.机器操作工人
4.医学实验室技术人员	10.农场主
5.办公室经理	11.矿工
6.基层主管	12.画家

表8-4 其他高度紧张的工作

银行出纳员	护士助手
教会人员	电工
计算机程序员	消防队员
理发师	公共关系工作者
牙科助理	警卫
健康助手	铁路扳道工人
健康专家	注册护士
机械师	销售经理
肉类分割工	销售代表
技工	社会工作者
音乐家	结构金属工人
管道工人	教师助手
警务人员	电话接线手
实习护士	仓库工人

2.角色冲突

由于角色冲突而引发员工紧张和压力的情形很多，比如：管理者前后发出的命令不一致；矩阵式组织结构中的员工要同时接受两个经理的工作安排与要求；任职者对职务应该承担的责任与其他人员对他的期望不一致；完成工作的数量或质量要求超出任职者的体力和智力；每天需要完成的工作数量少，任职者无事可做；职务本身的挑战性差，任职者感觉索然无味，等等。

3.职务关系

因为社会交往是产生压力的主要根源(Leiter and Meechan，1986)，因此组织中特定的职务需要承担的责任越大（尤其是人事责任），需要涉及的职务关系越复杂、越频繁，职务本身给任职者带来压力的可能性就越大。

4. 职业生涯前景

在组织中处于边缘性职位的员工总是担心自己的职位不保，这种缺乏职位安全感的个体感受到的紧张和压力比其他人要大。同样中层管理职务上的人员往往存在对自己事业的期望与现实不匹配的感觉，在这种情况下，压力是由于事业雄心遭遇各种挫折而引起的。

5. 组织管理与氛围

任职者需要在组织规定的时间内完成规定好的工作任务，个体的自由受到限制。同样，组织中很多针对职务以及人员的决策，员工很少有机会参与，这样都会引发紧张和压力。

工作时间安排，如工作时间的波动性、出差时间的百分比、工作负荷的大小等这几个方面的特征也同样是造成工作压力的来源。比如夜间工作可能带来下列的生理影响：疲倦不断增加；食欲减退；人的睡眠时间减少并使睡眠质量降低；扰乱人体生物节律。这些影响长期存在可能发展成为健康失调，如消化系统失调等。除上述生理影响外，夜间工作也会给任职者的安全造成很大的影响，因为，一般来说，事故在白天的工作中发生比率要比在晚上发生的比率低。而且，在一天连续工作的 8 个小时中，头 5 个小时发生事故的比率要比后 3 个小时小得多，这是由于疲劳的积累所带来的。因此，在夜班工作的后几个小时内，发生事故的可能性是最高的。

第三节　环境分析的应用

一、职务描述

环境分析结果可以在职务描述中集中得以反映。通过这类信息，从而达到让任职者了解其工作的环境、制定安全与保护措施等目的。职务描述中这部分信息的总结可以采取文字描述形式，也可以采取表格形式。

表 8-5 表格式职务描述中的工作环境部分

<table>
<tr><td>工作场所</td><td>室内80%</td><td colspan="2">室外20%</td><td>特殊场所</td></tr>
<tr><td rowspan="3">危险性</td><td>危害程度</td><td colspan="3">具有危险性外出</td></tr>
<tr><td>发生频率</td><td colspan="3">极少</td></tr>
<tr><td>其他</td><td colspan="3"></td></tr>
<tr><td>职业病</td><td>名称</td><td colspan="3">说明</td></tr>
<tr><td rowspan="4">工作时间</td><td>一般工作时间</td><td colspan="3">1 2 3 4 5
固定 经常变动</td></tr>
<tr><td rowspan="3">主要工作时间</td><td>白天</td><td rowspan="3">备注</td><td rowspan="3">加班时间少</td></tr>
<tr><td>晚上</td></tr>
<tr><td>不确定</td></tr>
<tr><td>工作均衡性</td><td></td><td colspan="3">1 2 3 4 5
均衡 不均衡</td></tr>
<tr><td>环境</td><td></td><td colspan="3">1 2 3 4 5
舒适愉快 极不舒适愉快</td></tr>
</table>

表 8-6 划线工人职务描述中的工作环境

<table>
<tr><td colspan="2">职务分类编号：
J—J—002</td><td colspan="2">职务名称：
划线工</td><td colspan="3">填写人
（签名盖章）</td><td>审核人
（签名盖章）</td></tr>
<tr><td colspan="2"></td><td>完全是这样</td><td>是这样</td><td>基本是这样</td><td>不是这样</td><td>绝对不是这样</td><td>附注</td></tr>
<tr><td rowspan="6">工作环境条件</td><td>温度</td><td></td><td></td><td></td><td>*</td><td></td><td></td></tr>
<tr><td>噪音</td><td></td><td></td><td>*</td><td></td><td></td><td></td></tr>
<tr><td>尘埃</td><td></td><td></td><td></td><td>*</td><td></td><td></td></tr>
<tr><td>臭味刺激性、有害气体</td><td></td><td>*</td><td></td><td></td><td></td><td>临近冲洗机，常有火碱蒸气刺激</td></tr>
<tr><td>污秽</td><td></td><td></td><td>*</td><td></td><td></td><td></td></tr>
<tr><td>危险程度</td><td></td><td></td><td></td><td>*</td><td></td><td></td></tr>
</table>

二、职务评价

组织必须对任职者履行职务所处的工作条件与环境进行额外的补偿，通过职务评价与薪酬设计考虑职务工作条件要素，增加职务本身的价值，从而达到这样的目的。有的环境信息可以直接用于职务评价，如噪音的分贝数、工作环境的温度、粉尘浓度等。有些环境信息需要分级，形成职务评价标准，才能为职务评价所用。下面列出了一些工作条件与环境指标与评价标准。

表 8-7　一些环境要素评价标准实例

	工作环境舒适
1	没有明显不良感觉
2	不舒适的时间占全部工作时间的 15%
3	不舒适的时间占全部工作时间的 16%～25%
4	不舒适的时间占全部工作时间的 26%～35%
5	不舒适的时间占全部工作时间的 36%～50%
6	不舒适的时间占全部工作时间的 51%～60%
7	不舒适的时间占全部工作时间的 61%以上
	危害程度
1	没有可能对身体造成损伤，不要求特别的健康安全预防措施
2	潜在着一定程度的危险性，可能对身体某部位造成轻度损伤，需要安全防范措施
3	存在危险性，可能对身体某些部位造成明显感觉到的损伤，要求特别的安全措施
4	存在较大的危险性，可能对整个躯体造成明显的损伤，必须有特殊安全措施
	工作时间的波动性
1	定时制：一个工作周期内（管理人员一般为一个月，或者更长），工作量基本没有太大变化，比如出纳员
2	适度波动：一个工作周期内，出现以天计的工作忙闲不均的情况。比如工资发放的主管，在月末比较忙，而平时工作比较轻松
3	周期性：在长期的工作过程中，出现强烈的反差，比如市场人员，在投标前期工作极其紧张，但是交接工程部门以后则相对轻松

三、职业安全卫生管理

环境分析的结果还为职业安全卫生管理提供定量化的信息。通过工作环境分析得到的结果对工作的危险性；可能发生的事故、事故的发生率和发生原因；对身体的哪些部分易造成危害以及危害程度；易患的职业病、患病率以及危害程度等都有较为详尽的说明。可根据需要对结果进行整理，形成组织职业安全卫生管理的相应规则说明、注意事项、防治措施等。为组织的安全生产、运营及员工的生命安全与健康提供有益的支持。

表 8-8　工作环境分析各类信息的类型与标准

1. 工作环境，代号 EC

(1) 工作地点

A 室内，代号 I。指 75%以上的工作时间在室内，不受气候影响，但并不一定不受温度变化的影响。

B 室外，代号 O。指 75%以上的工作时间在室外，无法避免气候影响。

续表

C 室内外,代号 B。指工作时间在室内与室外的时间大致相等

(2)严寒与低温变化

A 严寒,代号 C。指温度十分低。工作人员除非有特殊保护,否则将引起严重的全身不适反应

B 低温变化,代号 CC。指温度较低,而且变化十分悬殊和突然,不注意保护好,工作人员将引起严重的生理反应。

(3)酷热与高温变化。

A 酷热,代号 H。指温度十分高,工作人员除非有特殊性保护,否则将引起严重的身体不适反应。

B 高温变化,代号 HC。指温度较高,而且变化十分悬殊和突然,不注意保护时,工作人员将引起严重的生理反应。

(4)潮湿与温度

A 潮湿,代号 M。指工作时需接触水或其他液体,足以引起严重的身体不适。

B 温度,代号 HV。指工作环境的空气中含有大量水分,足以引起明显的身体不适。

(5)噪声与震动

A 噪声,代号 N。指经常性或间断性的高分贝声,如果不注意保护,足以损害工作人员的听觉。

B 震动,代号 Q。指经常性或间断性强烈震动,如果不注意保护,有可能引起注意力分散和身体不适。

(6)危险

代号 D。指个体在工作时冒着身体受损伤或者生命危险的风险。

(7)空气状况

A 烟,代号 S。指燃烧或化学反应时排队出的气体,通常有气味。

B 毒气,代号 SA。指有毒或有害的气体。

C 灰尘,代号 D。指空气中充满微粒,如纤维,尘埃,面粉,木屑,皮革,羽毛,石粉等等,不注意保护,易引起身体不适。

【综合技能训练】进行一次职务分析

请按照下列步骤进行职务分析:

1. 选择你准备分析和研究的一个职位/岗位(Position),经与任课教师沟通后确定。

2. 与一家组织中该职位/岗位的任职者或其主管联系,向他/她解释活动的目的,并且说明你打算如何收集与特定职位/岗位相关的信息/数据,获得他/她的支持。确定他/她知道了你将在今后的一段时间会多次与他/她接触和联系。

3. 得到该职位任职者或其主管的承诺后,就可以开始通过图书馆/网络等资源查阅该职位/岗位的相关工作信息来熟悉该职位,如下一些信息源将很有帮助:职位描述(PD);职业分类标准(OCS);主题相关专家的意见

(SME)；绩效标准(PS)；职业研究(OC)。

4. 运用多种方法收集/增加/验证职位相关的信息，方法可能会包括观察/访谈/开发一份任务清单/亲自从事某项工作等等。确定事先做了充分的准备(如设计好可能需要的问卷/观察提纲/访谈问题等等)，并且在收集职位数据的过程中做了充分的笔记/记录，当然你也可以在被允许的情况下，录下收集信息的过程，以便回到学校/宿舍后整理。

5. 使用“职务分析－任务清单(Task Worksheet)”罗列出你收集到的关于该职位工作所需要完成的所有任务项目，并注明该项任务是来自上面哪种信息源。

6. 在“职务分析－任务清单”中：

(1)请职位任职者或其主管逐项任务地做出如下几个方面的评价(可以采用0～5分的评价标准)：①这项任务的履行对于完成整个职务而言，重要程度多大？②平均来讲，完成该项任务所花费的时间有多长？(可以是绝对时间，也可以是相对时间)③对于一个新手而言，是否能够做这项任务？(是或否)④对于一个新手而言，学会完成这项任务所花费的时间有多长？⑤这项任务在工作中出现频率如何(如每年一次，每周一次，每天若干次等等)？

(2)从任务清单中删除那些被评价为“从来不做或从来不涉及该项任务或者该任务出现的频率极低”的任务项目，或者是“极其不重要的”或者“全年来看，完成该项任务花费的时间在几小时以内”的任务项目。如果你分别请职位任职者和他或她的主管来完成评价，那么删掉的任务项目，应该是他们均认为“不重要”或“从来不涉及”的任务项目。

(3)针对保留的任务，按照两个维度(重要性/出现的频率)的评价分数来计算它们的平均得分情况，从而决定哪些任务是完成该职位的关键任务(Critical Tasks)(如果你的评分采用0～5分的标准，那么你将决策在重要性和频率两个方面平均分数超过多少的任务将成为关键性任务，或许是3分以上，也就是说，在重要性和频率两个维度得分在3分以上的，将被列为关键任务。当然，你要根据得分整体情况来决策，并没有一个统一的标准)。

7. 使用“任务－产出分析表单”，在职位任职者或其主管的帮助下，完成下列工作：

(1)针对每项关键任务，指出完成该项任务最终的产出/结果；

(2)共同制定对该项产出/结果进行衡量的关键绩效指标(KPI)以及绩效标准。

8. 使用“任务－行为分析表单”，在职位任职者或其主管的帮助下，完成下列工作:针对每项关键任务,指出有效完成该项任务,任职者需要表现出来的行为特征。该行为特征由特定的“形容词或者副词”来代表。例如优秀的销售人员在完成“向顾客介绍产品”的任务时,会表现出如下有效行为特征:耐心的、站在顾客角度的、客观的,等等。

9.收集职位其他的相关信息,包括:

(1)工作环境与工作条件。如工作时间、工作地点、特殊的工作物理环境(尽可能详细地描述)。

(2)职业伤害。①在“任务一职业伤害分析表单”中:请职位任职者指出完成该职位工作可能产生的职业病或者其他职业伤害,可能性程度如何?(“0”为不可能,“5”为非常有可能);②在“任务一职业伤害对应分析表单”中,纵向列出这些职业伤害,横向列出关键任务,评价某职业伤害与完成特定任务的关联程度(“0”为没关联,“5”为非常有关),从而确定哪些职业伤害是现实的、关键的。

(3)职务关系。在“任务一关系分析表单”中:①向任职者或其主管询问完成每一项任务所需要接触的所有组织内部与外部的人员/机构/部门/岗位的名称,并评价接触或联系的频率如何?(“0”为极少联系或不联系;“1”为每年联系1—2次;“2”为每季度联系1—2次;“3”为每月联系1—2次;“4”为每周联系1—2次;“5”为每天经常联系)②这样的接触对于完成任务的重要性和必须程度如何(“0”为不重要;“5”为非常重要)?从而确定哪些职务关系是关键的和必须的。

(4)你认为的其他相关信息/数据。

10.使用“职务分析—KSA/素质清单(Competencies Worksheet)”罗列成功地完成该项职位所需要任职者具备的KSA/素质,这些KSA/素质信息来自于你前期通过一些信息源收集到的,也包括你通过访谈/问卷/观察等职务分析技术得到的。这些KSA/素质的描述应该是特定的、清晰明确的。

11.在“职务分析—KSA/素质清单”中:

(1)请职位任职者或其主管针对每项KSA/素质逐项地做出如下三个方面的评价:重要程度、最初进入职位时该KSA/素质需要的程度(Need at Entry)、区分高低绩效的程度;

(2)综合计算每项KSA/素质的平均评价分数;

(3)确定完成职位所需要的关键KSA/素质(Critical Competencies),评价标准的决策类似于步骤6。

12. 使用“任务－KSA/素质关系表格”来做出相关评价：

(1)在表格的第一列，列出被分析职位的关键任务或其序号；

(2)在表格的第一行，列出被分析职位的关键素质或其序号；

(3)请职位任职者或其主管针对每项素质与有效完成任务以及取得高绩效之间的联系程度进行评价(评价时可以采用0～5分的评价标准)；

(4)你和主题相关专家应该删除掉那些不与任何素质相关联的任务，以及那些不与任何任务相关联的素质。在此过程中，也可以考虑删除掉那些关联程度比较小的任务或者素质项目，从而形成职位要求的关键素质。

13. 在职位任职者或其主管的帮助下，完成履行职位工作所需要的其他资格要求的工作，可能会包括：

(1)开发完成职务的其他要求，包括①体力(身体)要求：特定的身体能力(素质)应该对于完成工作是必须的；②完成工作可能需要的执照/证书等；③其他要求：愿意调动/加班，特定的生产班制的意愿，能够愿意经常出差等等。

(2)同样构建这些特征要求与任务的评价与分析矩阵，评价这些要求对于每项任务完成的重要程度和必须程度。

思考题

1. 职务的环境分析包括哪些内容？
2. 如何确定有害因素测定点？
3. 与工作有关的压力因素主要包括哪些？
4. 环境分析为人力资源管理提供哪些支持？

参考资料

1. 安鸿章. 工作岗位的分析技术与应用. 南开大学出版社，2001年

2. 安鸿章. 现代企业人力资源管理. 中国劳动出版社，2000年

3.【英】苏珊·纽厄尔. 健康的组织. 汤姆森学习出版集团. 清华大学出版社，2002年

4. 高艳. 工作分析与职位评价. 西安交通大学出版社，2006年9月

5. 谢晋宇. 企业雇员的安全与健康. 经济管理出版社，1999年

第九章

职务评价系统

本章学习要点

- 掌握职务评价系统的构成
- 熟悉常见的职务评价要素及评价指标
- 了解职务评价标准体系
- 掌握职务评价的主要方法、适用条件以及操作要点

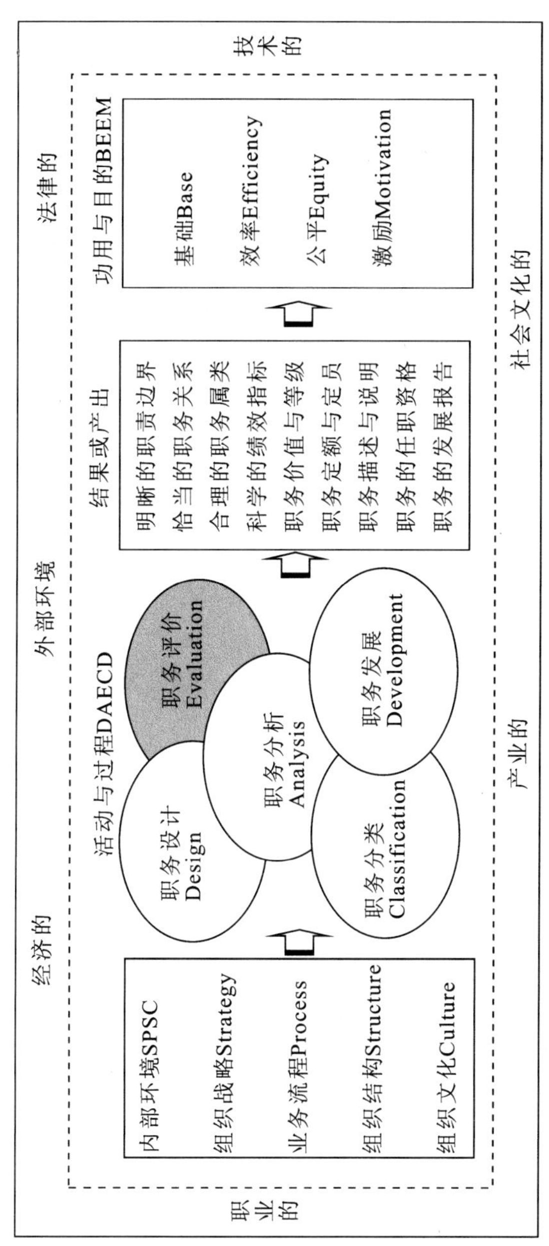
外部环境
经济的
法律的
技术的
职业的
产业的
社会文化的
内部环境SPSC
组织战略Strategy
业务流程Process
组织结构Structure
组织文化Culture
活动与过程DAECD
职务设计
Design
职务评价
Evaluation
职务分析
Analysis
职务分类
Classification
职务发展
Development
结果或产出
明晰的职责边界
恰当的职务关系
合理的职务属类
科学的绩效指标
职务价值与等级
职务定额与定员
职务描述与说明
职务的任职资格
职务的发展报告
功用与目的BEEM
基础Base
效率Efficiency
公平Equity
激励Motivation

职务履行着不同职责，为组织做出不同贡献，每一份职务都有其存在的意义和价值，但是职务与职务之间存在很大的差别。抛开工作性质，管理者能够发现职务的本质，找到职务共同的核心要素，进而依据这些要素来比较、评价组织中各种不同职务，最终明确职务的相对价值。职务评价就是这样的过程、技术与理念。职务评价系统包括评价指标子系统、评价标准子系统、评价技术或方法子系统以及组织实施与控制子系统四个方面。

第一节　职务评价概述

一、职务评价的功能与目的

1.概念

亚当·斯密谈到劳动力的价值时说，劳动力是一种商品，该商品的效用取决于劳动力的体力、技能、经验与知识，以及通过工作提供服务的责任感。劳动力即人力资源的价值可以由此来确定，那么组织中的各种职务呢?是否也有一种类似的技术，可以将组织中各种不同的职务进行比较和评价?职务评价技术恰恰是这样一种技术。

职务评价(Job Evaluation)，也被称为职位评价、岗位评价，是指一种运用正式的、系统的程序在职务之间进行比较，来建立职务的等级顺序，进而为报酬系统提供公平基础的技术。通俗地讲，职务评价是指采用一定的方法对组织中各种工作岗位的相对价值做出评定和比较，并最终确定岗位的工资或薪水等级的过程。

职务评价的主要目的是为了架构一个符合法律要求的、具有内部公平和外部公平(外部竞争力)的薪酬体系基础。

2.职务评价的共识与假设

职务评价过程包含一些基本的假设和共识，它们是：

(1)职务评价过程可能非常费时费力，可能暂时得不到一些员工的认同，也可能引起一些麻烦，遭遇一些困难，但是管理层会认为经过职务评价后得到的结果是可以接受的，而且能够有效地实现管理目的。

(2)组织当中不同的职务应该有着不同的价值。

(3)相似的职务(Similar Job)通常有着相同的价值(Equal Value)。

(4)职务本身的价值深受此职务劳动力供给与需求的影响，导致市场上特定职务的价值过了一段时间后会发生变化，因此有必要进行连续性的职务评价。

3.职务评价的目的

通常，一家组织的理想工资方案具有如下特征：内部公平、外部竞争力、企业支付得起、符合法律要求、易于理解、能高效管理、富有弹性以及适合于该组织。组织仅仅支付高的报酬，甚至比同行业竞争对手报酬水平更高，员工也可能不会太满意，这是因为员工对于报酬的满意是建立在公平基础之上的。

报酬公平可以大体被分为三种：内部公平、外部公平以及员工公平。内部公平是指组织内部不同职务人员由于履行不同的职务，承担的责任不同，职务本身对于组织的贡献不同，反应在报酬上面要有所区别。外部公平是指组织报酬的外部竞争力。员工公平是指员工由于不同的绩效产出、技能、知识以及资历等因素，得到的报酬也不同。在这三类报酬公平中，内部公平是基础，通过职务评价技术，能够科学地比较、测量、评定不同职务的相对价值，这样就决定了不同职务在组织中的薪酬等级，达到内部公平、同工同酬的目的。

总之，职务评价有两个最基本的目的：第一，比较各类职务，决定它们在每一个职组中的层级；第二，在不同职组的职务之间进行比较。第一个目的对于人员晋升、职业生涯规划以及个人发展意义重大。第二个目的为组织中不同工作性质的职务之间进行比较创造条件。

除这两个基本目的外，通过职务评价还能够实现其他的功能或目的，它们是：

(1)在整个组织中建立起一套更客观的工资等级结构，整合组织中所有职务，使职务看起来有序，清晰明了，有利于职务的管理；

(2)提供了一种方法来对一种新的职务以及经常变化的职务进行评价；

(3)为工资谈判以及决策提供了基本信息；

(4)降低由于工资问题而导致的不满意，减少抱怨以及诉讼案件，能够在关键领域吸引和留住更优秀的人才；

(5)可以纠正由于谈判压力等因素而导致的工资内部公平性不高等问题；

(6)能够遵守“同工同酬”的法律要求；

(7)在工作场所应用新型工作评价方案来支持简单的薪酬结构的需求；

(8)使组织中的薪酬体系更可信。

4.职务评价与职务分析的关系

首先,在整个职务管理系统中,职务分析是核心,是其他活动的基础,相比较而言,职务评价是职务分析的逻辑性结果,职务分析是手段、途径以及必须的过程。

其次,科学的职务评价取决于职务分析所提供信息的正确、深入程度,只有系统地进行职务分析,全面了解每项职务本身的性质和特征,才能准确地把握职务的本质,从而做出客观的评价。

最后,职务分析小组的成员通常就是组织中职务评价委员会的一些成员。

5.职务评价需求分析

在下列情况下,应该考虑通过职务评价来解决问题:

(1)人力资源管理以及有效地设计报酬是组织整体目标的一部分;

(2)先前的职务等级结构总是不断引发问题;

(3)组织中的大部分职务因为组织变革等原因已经发生了重大变化(当然,导致变化的也可能是实施了一套不同的管理方案或者引进更先进的生产线等因素);

(4)组织正在发展中,需要寻求一个良好的管理平台来吸引和留住人才;

(5)针对薪酬等问题与工会协商讨论时,没有一个讨价还价的客观基础,导致双方情绪激动,不欢而散;

(6)目前的职务评价方案过时了,需要从技术方面进行更新。

6.职务评价技术的产生与发展

职务评价研究产生于十九世纪与二十世纪之交,最开始起源于美国国家电气制造协会(National Electric Manufacturing Association)与中西部产业管理协会(Midwest Industry Management Association)项目。二十世纪50年代,爱德华·海(Edward Hay)对上述职务评价工作进行了创新性研究,并最终促成海氏职务评价系统(Hay Guide Chart—Profile Method)的形成。随后,一些公司也开发了适合他们自己的职务评价体系。

在职务评价技术产生之前,只有两种确定员工奖酬的办法:一是以教育程度为依据;二是根据劳动力市场来定价。但是领先企业首先遇到了问题,就是对于一些新型工作,无法在劳动力市场上通过调查方式获得定价信息,这样,职务评价技术应运而生。

为密切跟踪职务的变化对职务内容和价值的影响，很多组织以新的技术来改革传统的职务评价系统，尤其是计算机技术。用于职务评价的计算机系统作为职务评价的一种工具，被称为计算机辅助职务评价系统（CAJE），由此达到引进新型评价观念来反映新型组织现实的目的。计算机辅助职务评价系统（CAJE）能够帮助组织：（1）简化职务分析与职务评价；（2）保持组织中的职务描述随时更新，不过时；（3）增强了职务评价的客观性；（4）减少职务评价所耗费的时间；（5）提高薪酬管理系统的可信度；（6）减轻系统维护的负担。

二、职务评价系统构成

1. 职务评价系统要素

职务评价系统由以下四个子系统构成（详见图 9-1），它们分别是评价指标子系统、评价标准子系统、评价技术或方法子系统以及组织实施与控制子系统。前三个子系统解决使用什么技术评价，属于技术层面的问题；最后一个子系统是用来解决如何具体将评价技术运用在实践中，属于组织和管理层面的问题。

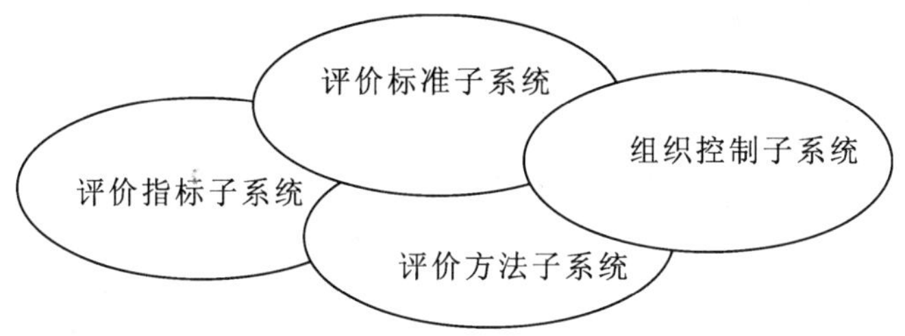

图 9-1 职务评价系统构成

评价指标是在明确报酬因素的基础之上，将报酬因素分解、细化成可以具体操作的指标的过程，它和评价标准是一枚硬币的正反两面。指标确定完成后，必须附以必要的指标界定、指标等级以及等级描述等内容，才能保证评价体系的完整性和可用性。评价方法是指具体应用何种技术将评价指标与标准实践化，以使组织中的各种职务产生明确的等级次序或者量化的价值。组织与控制的活动非常重要，因为即使一个组织选择了从技术层面上讲比较有效的工具来评价职务，但是如果管理不好，比如选择的评价人员在组织中不具代表性、很多人对职务了解不深、没有评价经验、大家对指标理解差异大、评价过程“走过场”等，评价的有效性就值得怀疑，从而导致员工不接受这样的评价结果，职务评价的目的和功能就没有达到。

当然，以上四个系统也并不是绝对的。比如，一些组织针对自身的情况，可能会选择非分析性的职务评价方法如排序法来评价各种职务价值。这时，评价因素比较笼统，一般也不会细分为多项指标，而是根据职务对组织的整体贡献或相对重要程度来排定座次，如果这样的话，就几乎不存在较为系统的评价指标子系统和评价标准子系统。

2. 职务评价的结果

职务评价的产出通常包括以下几个方面：

(1)有序的职务顺序；

(2)代表职务价值的分数或点数；

(3)职务的归级列等，即将职务按照代表相对价值的次序或点数分级整理，把各种职务归入各自的等级中去；

(4)对职务间关系的清晰认识；

(5)对职务更清晰的认识与理解。

第二节 职务评价指标体系

一、职务评价指标的概念

职务评价指标是根据职务评价的要求，明确职务内在价值要素，并将评价因素细化为若干个可测量、可操作的指标后形成的结果。指标是指标名称和指标数量的统一：指标名称概括了事物的性质，指标数量反映了事物的数量特征。

二、评价要素、评价指标及其特征

评价要素，也称报酬因子(Compensable Factors)，是指职务本身所具有的、决定其价值的因素，换句话讲，是指在多种不同的职务当中都存在的、并且组织愿意为之支付报酬的一些具有可衡量性质的质量、特征、要求或结构性因素，这些要素一般是技能、责任、努力程度、工作条件等。类似这样的特征因素存在于组织的各种不同的职务中，有助于组织战略的实现以及组织目标的达成。通常，评价要素和评价指标具有如下特点：

(1)共同性:也就是代表性。评价要素应该能够反映不同工作性质的职务中的共同的、本质的内容。这意味着所选用的评价要素应该能够适合组织的全部职务,或大部分职务,或某一类职务(如同一职系中的所有职务)。评价要素应对不同的职务劳动具有普遍的适用性和代表性,而不应仅仅反映某项职务活动,这是保证评价过程与评价结果有效性的根本所在。

(2)区分性:选取的要素或指标应该能够有效地将职务价值的差距拉开,通过这些要素能够反映出职务的劳动过程付出、劳动量、劳动结果对组织贡献的差别。

(3)战略前导性:是指评价要素或指标应该具有引导性,不应滞后。职务当中有些特征是组织极为需要的,具有引导和示范作用,比如员工的核心技能影响到组织的生存,因此拥有核心技能的员工应该是组织最需要的。高技能要求的职务是组织中的核心职务,它们对组织的贡献大,对组织战略目标的达成具有重要作用,这样的职务理应作为组织中价值高的职务,组织也愿意以此类因素作为支付给员工职务薪水的根据。

(4)清晰性和单一性:这些因素和指标能够被清晰准确的界定,同时因素或指标之间不能存在意义上的重叠或交叉,否则就可能会造成某些因素的重要性被高估,相应的,其他一些因素的重要性就相对被低估了。

(5)可接受性:这些要素和指标是员工或者其他相关利害群体,如工会了解和接受的。

(6)可测量性:各因素应该是可观察到的,并且是可以测量的,这样就能够实现评价要素或指标的定量化或数量化,评价过程的主观性就能够大大降低,评价结果的科学性以及可接受性就大大提高。

(7)客观性:评价因素和指标中不能含有个性(如人格、性格等)特点的东西。

(8)全面性:评价要素和指标应该能够较为全面地反映职务特点,体现不同职务的劳动差别,综合反映劳动对于组织的贡献。因此,评价要素和指标既不能遗漏,也不能重复,必须从多方面来选择多个评价指标,从而实现全面的、科学的评价。

(9)数量适度:评价因素或指标过多会加大职务评价者负担,而且对评价结果的有效性也没有太多帮助;相反,评价因素或指标过少,又不能够囊括组织所有职务的报酬因素。

通常,报酬因子包括:技能、责任、努力程度、工作条件、经验、能力、心智要求、决策、解决问题难度等。在具体选择报酬因子的时候,管理者应该首先考虑职务的性质，如操作类、管理类、技术类等，考虑哪些因素能够较为准确地反映该类职务的本质，同时还能够在不同职务之间进行较强的区分。一般而言，对于技术类职务为主的组织，报酬因子应选择诸如技能、心智、解决问题难度等；对于管理类职务为主的组织，报酬因子应选择诸如责任、决策、沟通、能力等；对于操作类职务为主的组织，报酬因子应选择如经验、努力程度、劳动强度、工作条件等。除此之外，还要考虑高低层级职务的差别，对于低层级的职务而言，所选用的报酬因子通常是教育要求、需要接受的监督、体能、经验、培训、设备责任、职务复杂程度以及与他人的联系等要素或指标；而对于高层级职务而言，报酬因子可能就是决策能力、管理经营责任、职能范围等。

因此，评价要素应该体现组织的战略导向，并客观反映职务的特性，两个方面缺一不可。职务中有一些要素是组织鼓励和大力引导的，比如技能、沟通、能力、责任等；职务中也有一些要素是需要组织补偿的，比如工作条件、劳动强度、危险性等。

三、常见的职务评价要素与指标体系

（一）职务评价“五要素”

这五类职务评价要素是技能、责任、劳动强度、工作环境和社会心理因素，职务评价指标为22个，其中一些指标为评定指标，即通过专家主观评价的指标，包括责任、技能、社会心理等方面的12个指标；另外一些指标为测定指标，即能够通过相关的仪器设备客观准确地测量的指标，包括劳动强度和工作环境等10个指标。测定方法以及细节内容，我们在前面的职务分析章节中已经有所介绍。

1.技能。反映了职务劳动过程中的技术复杂程度对任职者的素质方面的要求，主要反映职务对任职者职能要求的程度，包括以下若干指标：

（1）技术知识要求：职务知识文化水平和技术等级的要求；

（2）操作复杂程度：职务作业复杂程度和掌握操作所需的时间长短；

（3）看管设备复杂程度：职务使用的生产设备的复杂程度及看管设备所需的经验和技术知识；

（4）品种质量难易程度：职务生产的产品品种规格的多少和质量要求水平，体现对技能水平的要求；

（5）处理、预防事故复杂程度：职务突发事故的频率以及职务任职者能迅速应变处理或预防突发事故的能力水平。

2.责任。反映职务对组织中的经济(产量、质量)、生产(设备、消耗)、安全和管理方面带来的直接或间接的后果与影响,包括如下若干指标：

(1)质量责任:职务对最终产品或服务的质量的影响程度以及承担的责任大小；

(2)产量责任:职务对最终产品或服务的数量的影响程度以及承担的责任大小；

(3)看管责任:职务对所看管的生产设备仪器承担的责任以及对整个生产过程的影响程度；

(4)消耗责任:职务的物质消耗对成本影响的程度以及承担的责任；

(5)安全责任:职务对整个生产过程安全的影响程度以及承担的责任；

(6)管理责任:职务在指导、协调、分配、考核等管理工作上的影响以及承担的责任大小。

3.劳动强度。反映职务过程中对任职者身体方面(体力消耗;生理、心理紧张程度)的影响。客观上讲,劳动强度越大,职务任职者的劳动就越繁重,越紧张,越密集,消耗的能量也越大,在相同的时间内,就比劳动强度小的职务创造更多的产品和服务,价值也就越大。包括如下若干指标：

(1)体力劳动强度:职务任职者的体力消耗的程度；

(2)工时利用率:职务净劳动时间的长短,它等于净劳动时间与工作日总时间之比；

(3)劳动姿势:职务任职者主要劳动姿势对身体疲劳的影响程度；

(4)劳动紧张程度:职务任职者在劳动过程中生理状态呈现的紧张程度；

(5)工作班制:职务劳动组织安排对劳动者身体的影响。

4.工作环境。反映职务的劳动卫生状况等环境因素对任职者身心健康的影响,包括如下若干指标：

(1)接触粉尘危害程度:职务任职者的健康受到生产场所粉尘的影响程度；

(2)接触高温危害程度:职务任职者接触生产场所高温对其健康的影响程度；

(3)接触噪声危害程度:职务任职者在生产场所中接触的噪声可能产生的危害程度和影响程度；

(4)接触毒物危害程度:职务任职者在工作场所接触毒物可能产生的危害和影响程度；

(5)其他有害因素危害程度:职务任职者在工作场所中接触其他化学性、物理性等有害因素对其健康的影响程度。

5.社会心理因素。反映职务任职者在社会中所处的地位以及人与人之间的关系对其心理的影响,指标为人员流向,属于心理因素,是由于职务工作性质和地位对任职者在社会心理方面产生的影响以及人员流动的趋势。

职务评价五要素以及22个指标全面地体现了各行业生产性工人的劳动状况。但具体对每个行业或特定组织而言,由于生产经营情况各不相同,工作环境和条件各有差异,因此,在实施职务评价时,应结合本身实际情况,从中选择合适的评价指标。比如,某棉纺厂选用16项指标来评价其工人各类职务;某钢铁公司选用18个指标评价其工人职务的劳动;某水泥厂选用22个指标评价其工人职务的劳动等,具体详见表9-1。

表9-1 三类不同组织对工人职务评价的指标选取比较

棉纺厂16个指标	(1)技术知识要求;(2)操作复杂程度;(3)看管设备复杂程度;(4)品种质量程度;(5)处理停台及预防疵品复杂程度;(6)劳动紧张程度;(7)劳动负荷;(8)工时利用率;(9)劳动姿势;(10)工作班制;(11)噪声;(12)温湿度;(13)粉尘;(14)其他因素;(15)质量责任;(16)产量责任
钢铁公司18个指标	(1)技术知识要求;(2)操作复杂程度;(3)看管设备复杂程度;(4)品种质量难易程度;(5)经验;(6)劳动紧张程度;(7)劳动负荷;(8)工时利用率;(9)劳动姿势;(10)工作班制;(11)噪声;(12)温湿度;(13)粉尘;(14)工作场地差异;(15)危险性;(16)监督责任;(17)指标责任;(18)安全责任
水泥厂22个指标	(1)质量责任;(2)产量责任;(3)看管责任;(4)安全责任;(5)消耗责任;(6)管理责任;(7)技术知识要求;(8)操作复杂程度;(9)看管设备复杂程度;(10)品种质量难易程度;(11)处理预防事故复杂程度;(12)体力劳动强度;(13)工时利用率;(14)劳动姿势;(15)劳动紧张程度;(16)工作班制;(17)粉尘;(18)噪声;(19)高温;(20)辐射热;(21)其他有害因素;(22)人员流向

(二)职务评价四要素

职务评价的四要素应用较为广泛,这四类评价要素分别是:技能、责任、努力程度和工作条件。技能的评价指标因评价不同类别的职务而有所不同,大体上包括:教育水平、经验、培训时间、独创性、准确性等;责任指标包括设备材料责任、安全责任、产品责任、监管责任等;努力程度指标包括智力、体力、工作复合度、劳动强度等;工作条件方面的指标包括工作地点、危险性、疲劳等。

不同组织所处行业不同，四要素与评价指标的重要程度存在较大差异，比如英国的CWS与美国的老钢铁系统、金属贸易联合会、通用电气以及南加里福尼亚飞机制造厂相比，差异就较大，详见表9-2所示。四要素的一些细化指标详见表9-3。

表9-2　美国不同行业组织报酬因子及比重的差异比较

报酬因子	CWS	美国老钢铁系统	金属贸易联合会	通用电气	南加里福尼亚飞机制造厂
技能 Skill	24%	45%	50%	62.5%	60%
责任 Responsibility	52%	24%	20%	12.5%	12%
努力程度 Efforts	12%	16%	15%	12.5%	12%
工作条件 Working Condition	12%	15%	15%	12.5%	16%

表9-3　职务评价指标构成举例

评价要素	一级指标（子要素）	二级指标	含　义
责任	岗位责任	质量责任	职务工作质量不符合要求而可能导致的直接或间接经济损失
		期限责任	职务延误作业期限而可能导致的直接或间接经济损失
		管理责任	职务经营管理不善而可能导致的直接或间接经济损失
		信息责任	职务披露信息不当，可能带来的直接或间接经济损失
	监管责任	管理范围	职务对公司或部门工作的影响程度
		管理幅度	直接监督领导的下属职务人数
		管理层次	直接领导或监督的下属职务的性质
	关系责任	内部关系责任	任职者需要与公司内部的人员、部门发生的工作联系
		外部关系责任	任职者需要与公司外部的部门和单位发生的工作联系
努力程度	工作复杂度	工作不确定性	工作内容、步骤、程序变动性程度以及要求任职者创新的程度
		工作复合度	职务所涵盖的业务范围
	工作强度	工作强度	任职者体力付出要求的程度
	工作独立性	工作独立性	独立完成工作，接受上级指导的程度

续表

评价要素	一级指标（子要素）	二级指标	含义
技能	受教育水平	受教育水平	胜任职务工作所必须的智力与学历要求
	工作经验	工作经验	胜任职务工作所需要的最短准备时间，或需要具备的相关工作经验的时间长短
	工作能力	专业技术能力	胜任职务工作对任职者的技术能力的基本要求
		专业知识复合度	对任职者的专业知识综合运用的基本要求
		计划协调能力	所要求的部署和监控能力
		心理压力	职务内容对任职者心理能力的要求
工作条件	工作地点	工作地点	工作场所的特点及其对个体身心影响程度
	危害程度	危害程度	任职者履行职务所面临的潜在危险和客观伤害

（三）海式职务评价要素

海式职务评价是由美国薪酬专家爱德华·海(Edward N. Hay)于1951年开发出来的一套评价体系，已经在数十个国家近万家大企业采用，能令人信服地对不同职能部门的职务进行比较与评价。这种评价系统特别适合于管理类和专业技术类职务的评价。

该系统认为所有职务所包含的最主要报酬因子有三个：诀窍或技能(Know－how)、解决问题的能力、承担的职责。

1. 技能(Know－how)：职务需要的专门业务知识和实际应用技能（技术性的、专业性的、行政管理性的等均可），包括3个子要素或指标：

(1)科学知识、专门技术和实践经验：有关科学知识、专门技术和实际方法；

(2)管理能力与管理技巧：整合、协调包含在管理领域中多种职能活动的诀窍，如计划、组织、执行、控制、评估的能力与技巧；

(3)人际关系技巧：沟通、协调、激励、培训、关系处理等技能。

2. 解决问题的能力(Problem Solving)：指分析、评价、推理并达成方案的能力，即在职务执行中发现问题、分析问题，提出对策、权衡与评估对策以及做出最终决策等。在一定程度上，思维受标准、前任者或其他人的约束，这样解决问题的能力就减小。包括两个子要素或指标：

(1)思维环境(Thinking Environment)：环境对思维所做的限制，指解决问题有无规章可以遵循；

(2)思维难度(Thinking Challenge)：创造性思维的程度，即解决问题的难度对创造性的要求。

3. 责任(Accountability)：职务任职者的行动对最终后果可能造成的影响，其细化指标或子要素为3个，分别为：

(1)行动的自由度(Freedom to Act)：个人或制度的控制与指导程度，即个体自主地做出行动的决策，是完全需要按照既定的规范行动，还是在没有明确规范的情况下行动；

(2)对结果的影响(Job Impact on End Results)：对工作结果的影响是直接的还是间接的；

(3)责任大小(Magnitude)：可能造成的经济性正负后果。

(四)CRG7要素

CRG职务评价是从瑞士国际资源管理集团(CRG)引进的方法，它适用于高科技组织或者室内工作为主的组织，而对那些劳动密集型的车间工厂、野外作业性质的组织则不太适合。CRG评价要素共有7个，分别是：

(1)组织影响力：职务在组织中起什么作用？影响多大？

(2)监督管理：管理多少个部门？管理多少人？管理什么样的职务和人员？

(3)责任范围：工作独立性如何？责任的宽度和广度有多大？

(4)沟通技巧：职务要求任职者的交往频度如何？技巧难度多大？

(5)职务复杂性：要求什么样的学历？要求什么样的经验？

(6)解决问题的难度：是否需要很强的创造性？

(7)环境条件：工作环境如何？是何种危害？

CRG被引进我国后，根据具体的情况，很多专家对它进行了修正，以解决由于指标比较空泛，评级者难以评价的缺点。修正后的评价要素或指标一般包括5项：组织影响力、监督管理范围、责任范围、任职资格、工作条件。

(五)美世国际职位评价要素

国际职位评价系统(International Position Evaluation)由美国美世咨询公司开发，可以用来比较全球不同行业不同规模企业组织的职务，还可以比较大型集团组织中各分公司的不同职务。该系统共有4个评价要素，19个维度，104个级别，按照要素计点法进行评价，总分为1225分。这4个评价要素是：影响(Impact)、沟通(Communication)、创新(Innovation)、知识(Knowledge)。

四、职务评价要素与指标的确定

1. 职务评价指标的确定步骤

通常，制定职务评价的指标体系的过程如下：

(1)明确评价的职务数量与职务性质；

(2)根据职务性质来确定评价要素(报酬因子)，即组织应该从哪些方面来评价职务，职务中哪些客观的特质要素使职务在组织中产生重要性和价值，并使得组织愿意在这些方面支付报酬；

(3)将要素分解细化，使得每项评价要素(报酬因子)对应一项或多项指标；

(4)定义这些指标，按照一定的原则来检查、分析这些评价指标的独立性和代表性；

(5)按照相对重要程度，赋予不同的评价要素以及各自的评价指标以权重比例；

(6)整合、形成最终的职务评价指标。

2. 评价要素与指标的确定方法

(1)专家调查法。根据"德尔菲法"即背靠背的专家分析法而来，选择组织中各方面的主题相关专家(SME)，采取独立分析、独立决策的方式，将他们所认为重要的职务评价要素或评价指标以及各自的权重比例实施调查，经过几轮的分析、综合，最终确定职务评价的要素与指标以及权重。

(2)ABC 分类法。根据帕累托基本原则即"关键的少数对结果的影响最大"设计而来，即将要素或指标按照重要程度以及对职务劳动量的影响程度，进行归档和分类，比如 A 类为重要因素，占全部要素或指标的 10%左右；B 类为次要因素，占全部因素或指标的 20%左右；C 类为一般因素，占全部要素或指标的 70%左右。归类之后再对各类要素或指标分别赋予不同的权重。

第三节 评价标准体系

职务评价标准由标准分级、标准定义以及相关注释说明等构成，是指在职务评价要素与指标体系的基础上，为便于实际操作，而对评价指标进行的纵向分级的过程。

通常，职务评价标准应遵循如下原则：

(1)符合国情和组织的具体实际，客观性、可行性和适用性较强；

(2)标准内容概念性强，合理，全面，适用各类性质不同的职务；

(3)层次清晰，语言精炼，符合行业用语习惯，避免模棱两可的词句；

(4)尽量简化、量化，便于评价人员把握。

表 9-4 技能等级标准举例

知识与教育水平	
等级	标准说明(定义)
1	需要了解一些理论知识，具有初中文化程度
2	需要熟悉一些理论知识，了解相关专业技术知识，具有高中(中专、职专)文化程度
3	需要掌握较多的理论知识，熟悉相关专业技术知识，具有大学大专文化程度
4	需要精通较多的理论知识，掌握相关专业技术知识，具有大学本科文化程度
5	需要精通多种理论知识，并精通相关专业技术知识，具有硕士及以上文化程度
工作经验要求	
等级	界限说明
1	简单培训即可上岗，基本不需要工作经验
2	需要 1～3 月实践才能胜任职务
3	需要 6 个月到 1 年的经验
4	较复杂的职务工作，需要 1～2 年经验
5	较复杂的职务工作，需要 2～3 年经验
6	复杂的职务工作，需要 3～5 年经验
7	复杂精细的职务工作，需要 5 年以上经验才能胜任职务
专业技术要求	
等级	界限说明
1	不要求技术职称
2	要求初级技术职称
3	要求中级技术职称(工程师，管理师，经济师，会计师)
4	要求副高级技术职称
5	要求正高级技术职称
组织协调技能要求	
等级	界限说明
1	不需协调能力，或要求很低
2	处理、协调、解决问题难度较小
3	处理、协调、解决问题有一定难度(科，主管)

续表

4	处理、协调、解决问题难度较大(部门)
5	全局工作,解决问题难度大(公司)
心理压力	
等级	界限说明
1	业务简单重复,无严格的时间制约,很少有心理压力
2	根据原始记录进行简单信息处理,间断性工作,但有时间要求,有较小的心理压力
3	任务时限性较强,工作有一定的思维性活动和创新要求,造成一定的心理压力
4	任务时限强或决策影响大,属于必须综合分析提出对策的脑力活动,有时间限制和较大的心理压力
5	任务时限强或决策影响很大,工作要求有较强的创新能力、开拓能力,精神要求高度集中,易产生很大的心理压力
沟通类型	
1	一般礼节性或信息交换
2	说服性交流,要求与人合作,施加影响
3	充分准备,施加重大影响,做出相应决策

表 9-5 责任等级标准举例

质量责任	
等级	界限说明
1	对最终产品或服务的质量基本无影响
2	对最终产品或服务的质量有一定的影响
3	对最终产品或服务的质量有较大的影响
4	对最终产品或服务的质量有很大影响
5	对最终产品或服务的质量有着决定性影响
信息防范责任	
等级	界限说明
1	无经济损失
2	经济损失金额很小,在车间、部门范围内产生很小影响
3	一般性的经济损失,在部门范围内产生较大影响
4	较为严重的经济损失,在公司范围内产生影响
5	严重的经济损失,在社会范围内产生影响
管理范围责任	
等级	界限说明
1	仅对自己的工作结果负责任,一般不影响其他岗位人员的工作
2	对相关岗位人员工作有些影响,但一般不影响整个部门
3	对本部门的工作负有管理责任,并对本部门工作有重要影响
4	对自己的部门和相关部门负责

续表

5	对整个公司负责
管理幅度责任	
等级	界限说明
1	没有下属岗位
2	有 1～3 个下属岗位
3	有 4～6 个下属岗位
4	有 7～9 个下属岗位
5	有 10 个及以上下属岗位
管理层次责任	
等级	界限说明
1	无监督
2	需要监督普通文员
3	监督管理人员职务(技术人员)
4	中层管理人员职务
5	高层管理人员职务
内部关系责任	
等级	界限说明
1	几乎不与本部门岗位发生工作联系
2	只与本部门内几个相关联岗位发生工作联系
3	需要与本部门所有岗位发生工作联系
4	需要频繁与其他部门岗位发生工作联系
5	需要频繁与公司所有部门领导发生工作联系
外部关系责任	
等级	界限说明
1	基本不与公司外部机构人员发生工作联系
2	偶尔(年均 1～3 次)与公司外部少数固定机构(1～2 个)发生工作联系
3	频繁(年均 4 次以上)与公司外部少数固定机构发生工作联系
4	频繁与公司外部很多机构(4 家以上)发生工作联系
5	在频繁与外部多家机构联系的同时,还要不断开拓新的外部机构(客户)

表 9-6　努力程度等级标准举例

工作内容不确定性	
等级	界限说明
1	工作内容大体或基本确定(指工作步骤和过程选择较少,相对独立地工作)
2	工作内容存在一定确定性(指涉及较复杂的专业和业务问题,选择工作步骤和方法及实施过程可在他人指导下或参考有关经验,独立完成)

续表

工作内容不确定性	
3	工作内容存在不确定(指较多地涉及复杂的专业业务问题,需要将多个相互独立的问题联系起来或与若干个部门合作加以解决,拟定工作步骤、方案或实施要求参考多种参考资料,吸收技术、管理上的新思路、新方法)
4	工作内容目标存在较大的不确定性(指工作任务承担企业重要的管理或业务项目,拟订工作计划、工作标准,解决企业的疑难问题,需要统筹考虑相关的管理或技术目标,了解国内外先进的技术和知识)
5	工作内容存在很大的不确定性(指工作任务跨越部门和专业领域,需要考虑诸多中、长期管理目标,从全公司角度考虑解决。拟订工作规划要把握企业、行业、国家的整体状况,了解行业的发展趋势,创造性地借鉴国内外的先进经验)
工作强度与压力	
等级	界限说明
1	工作量较小,每天平均用于完成本岗位工作的纯作业时间在4小时以下
2	工作量不大,每天平均用于完成本岗位工作的作业时间在4～6小时。偶尔加班
3	工作量适中,每天平均用于完成本岗位工作的纯作业时间在6～8小时,加班时间占工作时间10%左右,有一些应酬活动
4	工作量较大,工作满负荷,每天平均用于完成本岗位工作的纯作业时间在8小时以上,加班时间占工作时间20%左右,有较多应酬活动
5	工作量很大,50%以上的公休假日和法定节假日用于工作,加班时间占工作时间的30%左右,有很多应酬活动

表9-7 工作条件等级标准举例

工作环境舒适	
等级	界限说明
1	没有明显不良感觉
2	不舒适的时间占全部工作时间的15%
3	不舒适的时间占全部工作时间的16%～25%
4	不舒适的时间占全部工作时间的26%～35%
5	不舒适的时间占全部工作时间的36%～50%
6	不舒适的时间占全部工作时间的51%～60%
7	不舒适的时间占全部工作时间的61%以上
危害程度	
等级	界限说明
1	没有可能对身体造成损伤,不要求特别的健康安全预防措施
2	潜在着一定程度的危险性,可能对身体某部位造成轻度损伤,需要安全防范措施
3	存在危险性,可能对身体某些部位造成明显感觉到的损伤,要求特别的安全措施
4	存在较大的危险性,可能对整个躯体造成明显的损伤,必须有特殊安全措施

第四节　职务评价技术

职务评价的技术与方法可以分成两大类，一类是分析性技术，即定性方法；另一类是非分析性技术，即定量方法。分析性技术包括要素计点法和因素比较法；非分析性技术包括职务排序法和职务分类法。

一、职务排序法(Job Ranking)

职务排序法是最早的一种职务评价方法，早在十九世纪七八十年代已经开始使用，是根据一些特定的标准，如工作复杂程度、对组织的贡献大小等对各个岗位的相对价值进行整体的比较，进而将职务按照相对价值的高低排列出一个次序的评价方法，它是针对职务整体价值排序(Overall Worth)的一种方法。

职务排序法又可以分为直接排序法、交替排序法和配对比较法(Paired comparison)三种。直接排序就是按照排序的标准将组织中的职务从高到低或从低到高进行排序。交替排序是先从所需排序的职务中选出相对价值最高的排在第一位，再选出相对价值最低的排在倒数第一位，然后再从剩下的职务中选出相对价值最高的排在第二位，接下去再选出剩下的职务中相对价值最低的排在倒数第二位，依此类推。配对比较法是对组织中的职务进行两两比较，从而确定相对顺序的方法。

职务排序法的主要优点是简单明了、容易理解，容易操作、省时省力，评价成本低，适用于组织规模较小、职务数量较少(通常少于 30 个)、新设立的职务较多，而且职务评价者对职务了解不是很充分的情形。但是这种方法也有一些明显不足之处，首先这种方法评价标准不明确，主观性强，评价者多依据自己对职务的主观感觉进行排序；其次，对职务进行排序无法准确得知职务之间的相对价值差距；再次，当评价的职务较多时，由于比较的次数太多，实施起来比较困难；最后，当组织中的职务发生变化或产生新的职务需要重新排序时，会影响其他职务的排序。

二、职务分类法(Job Classification)

又称职务分级法、职务等级法，在美国最早于二十世纪 20 年代使用，目前仍在许多欧美企业中使用。所谓职务分类法，就是事先制定出一套职务级别或等级的标准，将职务与标准进行比较，归到各个级别中去。职务分类法好像一个有很多层次的书架，每一层都代表着一个等级，比如说把最贵的书放到最上面一层，最便宜的书放到最下面一层，而组织中每个职务则好像是一本书，我们的目标是将这些书分配到书架的各个层次上去，这样我们就可以看到不同价值书的分布情况。

职务分类法的关键是建立一个职务级别标准，即建立一个很好的书架和书籍码放标准。

建立职务级别与标准包括确定等级的数量和为每一个等级建立定义与描述，如表 9-8 所示。

职务分类法是一种简便易理解和操作的评价方法，适用于大型组织中，对大量的职务进行评价的情况。同时这种方法的灵活性较强，因为职务等级与标准结构是独立于职务而存在的，因此，在组织中职务发生变化时，可以迅速地将组织中新出现的职务或发生变化的职务重新归类，不影响其他职务的等级或类别。

但是，这种方法对职务等级与标准的划分和界定存在一定的难度，有一定的主观性。如果划分不合理，将会影响对全部职务的评价。另外，这种方法对职务的评价也比较粗糙，只能得出特定职务归在哪个等级中，不能明确职务之间的量化关系。最后，职务分类法适用性有一定的局限，它适合工作性质大致类似，比如对处于同一职类（业务职类、管理职类、操作职类等）中的各种职务进行比较和评价，跨职类的职务评价则不适合使用职务分类法。

表 9-8 职务分类等级与标准

第五级	复杂工作，有监督责任，需要与公众交往
第四级	中度工作复杂性，有监督责任，需要与公众交往
第三级	中度工作复杂性，没有监督责任，需要与公众交往
第二级	简单工作，没有监督责任，需要与公众交往
第一级	简单工作，没有监督责任，不需要与公众交往

三、要素计点法(Factor Points Method)

要素计点法是将职务评价要素和评价指标（报酬因子）按照标准以点数来数量化，根据职务在各项评价要素上的得分进行统计，最终得到职务所获得的总点数来决定其价值的技术和过程。要素计点法是一种最为流行的方法，起源于二十世纪 20 年代的美国，被认为是正规职务评价中第一个量化方法。据英国的统计，将近50%的企业使用该方法进行职务评价。

要素计点法在下述情况下可能是最合适的：职务内容较为稳定、清晰、完整，工资决策需要明确无误，也同样适用于工作性质差异较大的职务的评价，因为评价、排列大量的极不相同的职务需要考虑运用一系列通用因素即要素计点法来进行。

要素计点法主要缺点是操作过程较为复杂，而且提前要与员工进行充分的沟通，以便对要素理解达成共识。

点数法的操作程序和要点为：首先选择评价要素和报酬因子，建立评价指标与评价标准体系，并根据要素和指标的权重比例来"赋点"，形成评价表格。之后职务评价者根据这样的评价体系与表格对职务在各个要素上进行评价，得出职务在各个要素上的分值（即点数），汇总成职务总的点数。最后，根据总点数处在哪个职务级别的点数区间内，确定职务的级别。

举例来说，一家组织在对全部职务进行评价时，首先选取了四类要素作为报酬因子，它们是责任、努力程度、工作环境和知识技能。同时将上述四个要素分别赋予15%、30%、15%和40%的权重。其次，将每类要素继续分解为不同的子要素（或评价指标），例如，知识技能可以分为学历要求、业务熟练程度、技能水平和工作能力四个评价子要素，各占10%的权数。再次，将每个评定子因素按照标准差异分成相应等级（degree），一般为4～6个等级，并对每个等级的内涵进行定义，例如，将学历要求按照程度高低分为5个级别。最后确定评价的总点数比如1000点，那么知识技能为400点，学历要求为100点。将这100点分进学历要求的5个等级中去，比如学历的最低等级为20点，最高等级为100点。至此，要素计点法的评价表格就完成了（详见表9-9所示），使用这样的表格，依据评价标准，就可以对组织中的职务进行评点了。

表9-9　要素计点法评价表格

报酬因子	第一级	第二级	第三级	第四级	第五级
技能 20%					
1 受教育水平	20	40	60	80	100
2 经验	20	40	60	80	100
努力程度 40%					
3 体力要求	40	80	120	160	200
4 心智要求	40	80	120	160	200

续表

报酬因子	第一级	第二级	第三级	第四级	第五级
责任 30%					
5 设备	20	40	60	80	100
6 材料	20	40	60	80	100
7 他人	20	40	60	80	100
工作条件 10%					
8 工作条件	10	20	30	40	50
9 危险性	10	20	30	40	50

四、因素比较法(Factors Comparison)

尤金·本基(Eugene Benge)于1926年发明了因素比较法,用来克服他认为的要素计点法存在的不足。这种方法是根据不同报酬因子,对各种职务分别排序,最后确定其等级的定量分析技术。

使用因素比较法进行职务评价,一般要经过如下过程:

(1)确定报酬因子(4～5个);

(2)由职务评价小组共同分析一些关键职务的现行工资率,根据报酬因子的重要程度将总工资率分解到各报酬因子上,形成关键职位因素比较表;

(2)将待评价职务按照各报酬因子与关键职位对比,排列其位置;

(3)将待评价职务在各报酬因子上的工资率加总,就得到此职务的价值。

让我们通过一个简单例子来看看因素比较法是如何被应用来进行职务评价的。比如我们要对工厂中新出现的螺旋机操作工职务进行评价。

(1)确定了5个报酬因子:技能、智能要求、体力付出、职责、工作条件。

(2)选择与被评价职务在同一职类中若干个关键基准职务,为了方便解释,我们简单一点,选择了3个关键基准职务:机械操作工、冲床操作工、仓库管理员。这些职务在这家组织中普遍存在,有代表性,而且职务内容相对稳定,市场工资率容易获得。关于基准职务的数量没有统一的原则,根据被评价的职务数量以及差距程度,通常需要15～25个。

(3)将这3个关键基准职务的现行工资率按照重要程度分解到5个报酬因子中去,比如机械操作工的工资率为13.5元,分解到5个报酬因子中分别为技能6.5元、智能3.5元、体力付出0.5元、职责2元、工作条件1元。其他关键职务也是如此依次按照自身职务的特点进行分解。这项工作的技术性和经验性非常强，要求职务评价人员对这些关键基准职务的特点把握得非常清楚、仔细。

(4)由此，就形成了上面所说的关键职务因素比较表，见表 9-10。

表 9-10 关键职务因素比较表

工资率	技能	智能	体力	职责	工作条件
7					
6.5	机械操作工				
6	冲床操作工				
5.5					
5	仓库管理员				
4.5					
4					
3.5		机械操作工			
3					
2.5					仓库管理员
2			冲床操作工	机械操作工	冲床操作工
1.5		冲床操作工		仓库管理员	
1			仓库管理员	冲床操作工	机械操作工
0.5		仓库管理员	机械操作工		

(5)将被评价的螺旋机操作工职务在 5 个报酬因子方面分别与关键基准职位比较、衡量，从而确定它所处的位置以及相应的工资率。如根据螺旋机操作工职务描述以及任职资格说明，评价者认为在技能要求方面，其位置应该比仓库管理员职务高，但比机械操作工和冲床操作工要低，工资率对应为 5.5 元；其他报酬因子也是如此，如表 9-11 所示。

(6)累加螺旋机操作工职务在 5 个报酬因子上的工资率，就得到它的市场价值：每小时 10 元。

表 9-11 因素比较法的使用

工资率	技能	智能	体力	职责	工作条件
7					
6.5	机械操作工				
6	冲床操作工				
5.5	螺旋机操作工				
5	仓库管理员				
4.5					

续表

工资率	技能	智能	体力	职责	工作条件
4					
3.5		机械操作工			
3					
2.5					仓库管理员
2			冲床操作工	机械操作工	冲床操作工
1.5		冲床操作工	螺旋机操作工	仓库管理员	螺旋机操作工
1		螺旋机操作工	仓库管理员	冲床操作工	机械操作工
0.5		仓库管理员	机械操作工	螺旋机操作工	

因素比较法实际上是量化了的职务排序法，当然，它与排序法还有着很大的区别：职务排序法是从整体价值的角度对职务进行比较和排序，因素比较法则是选择多种报酬因素，按照各种因素分别进行排序。

与要素计点法相比，因素比较法消除了使用最大数值或最大报酬因子权重的现象，因为有的被评价职务并不完全遵照预先设定的分数值或权重数。因素比较法应用容易且简单，而且通过因素比较法进行职务评价，直接就能得到职务的工资率，可以更加精确的反映职务之间的相对价值关系，不像要素计点法还要转换成职务等级，并进行外部的薪酬调查，才能得到工资率。但开发关键职务因素比较表比较复杂，成本高，而且一段时间后，随着关键职务的市场工资率变化，可能还要更新工资率。

因素比较法一般在下列条件下使用较为适合：需要一种量化方法，愿花大量的费用引入一种职务评价体系；这种复杂方法的运用不会产生理解问题或雇员的接受问题，并且希望把工资结构和关键基准职务的相对等级或劳动力市场上通行的工资更紧密联系起来。

五、海氏职务评价系统(Hay Guide Chart－Profile Method of Positive Evaluation)

我们在职务评价要素和指标的那一节简单地谈到过海氏评价系统，它实质上是一种要素计点方法，选择三个确定的报酬因子，即智能水平（技能诀窍）、解决问题能力、责任，这种评价系统特别适合于管理类和专业技术类性质的职务评价。海氏职务评价系统经过不断的修正，已经成为目前组织中运用最为广泛的职务评价技术之一。

海氏系统评价要素的衡量包括广度（层次）和深度（程度）两个方面，比如智能知识要素，包含需要哪些知识（基本知识、中等知识还是专业知识），以及这些知识被需要的程度(基本需要,主要的,关键的)。因此它的评价方式是一种典型的交叉方式评价,应用的是标准交叉表,详见后面的附表。最终职务分数(点数)=智能水平分数×(1+解决问题能力百分数)+责任分数。该系统认为人的思维不可能凭空进行,必须利用其所掌握技能诀窍的利用率来测量,所以解决问题能力是智能水平(管理诀窍)的百分数。

该系统还能够将评价完成后的职务分为三种不同类型:

(1)"上山型"职务:承担的责任比技能技巧、解决问题能力分数高,因此责任对于此类职务更重要,如总经理、销售经理等;

(2)"平路型"职务:技能技巧、解决问题能力、责任三个方面分数较为平均,如会计、办公室主任等;

(3)"下山型"职务:技能技巧和解决问题能力的要求比承担的责任更重要,如研发职务、市场分析等。

表 9-12　海氏职务评价系统中的要素与等级标准

1. 智能水平、技能诀窍(Know－how):职务需要的专门业务知识和实际应用技能(技术性的、专业性的、行政管理性的等均可)

(1)科学知识、专门技术和实践经验。ABCD表示训练有素的程度,这里的诀窍性质由受教育程度和工作经验所决定的。那些建立在非中等教育基础之上的专门技术和专业技术,用EFGH来表示

○ A 基本的(Primary):基本工作规则加工训练

○ B 初等业务的(Elemental Vocational):熟悉不很深入的、标准的工作规则并使用简单的设备和机器

○ C 中等业务的(Vocational):精通整个过程或整个系统并熟练地掌握某种专门设备的使用方法

○ D 高等业务的(Advanced Vocational):无论怎样获得的,能够给单一职能的工作提供额外的广度和深度的某种专门技巧(一般来说是非技术性的)

○ E 基本的专门技术(Basic Technical－Specialized):需要掌握深入的实践技能和惯例或科学知识和科学原理或两者兼备的充分技术

○ F 熟练专门技术的(Seasoned Technical－specialized):通过在一个专门的或技术的领域中的广泛实践或经验而获得的掌握深入实践技能和惯例或科学理论和科学原理或两者综合的精通技术

○ G 精通的专门技术(Technical－Specialized Mastery):通过广泛的提高性的或专门性的训练而获得的对关键性的技术、实践和理论的精通

○ H 权威专门技术的(Professional Mastery):对科学知识或某些学科特殊的、无比的精通

(2)管理能力与管理技巧(管理诀窍):整合、协调包含在管理领域中多种职能活动的诀窍,如计划、组织、执行、控制、评估的能力与技巧

○ 最小或不相关的管理诀窍(Minimal),对一项活动的实施和管理的目的和内容有高度的规定性,仅需对相关活动进行一般的了解

续表

○ 相关的(Related):对本质和目的相对一致的众多活动需要在概念或实施方面进行协调或一体化

○ 多样的(Diverse):在主要的管理领域中对性质和目的不同的众多活动在概念或实施方面进行协调或一体化

○ 广泛的(Broad):对一项复杂经营业务的主要活动进行一体化或对显著影响企业总体计划或经营的战略性职能进行整个企业范围的协调

○ 总体管理诀窍(Overall)

(3)人际关系技巧:沟通、协调、激励、培训、关系处理等技能

○ 基本的(Basic):一般的礼貌就足够了

○ 重要的(Important):在做出某种决策之前,需要事先对可能产生的反应进行估计,但不作为影响决策的关键因素来考虑(理解、影响或服务别人是重要的,但并不是关键的考虑因素)

○ 关键的(Critical):激励他人去做某件事情是工作的一个关键性要求,并且如果不注重人际关系技巧,工作就无法完成

2.解决问题的能力(Problem Solving):指分析、评价、推理并达成方案的能力,即在职务执行中发现问题、分析问题,提出对策、权衡与评估对策以及做出最终决策等,人的思维不可能凭空进行,必须利用其所掌握诀窍的利用率来测量,所以是管理诀窍的百分数

(1)思维环境(Thinking Environment):环境对思维所做的限制,指解决问题有无规章可以遵循

(2)思维难度(Thinking Challenge):创造性思维的程度,即解决问题的难度对创造性的要求

3.责任(Accountability):职务任职者的行动对最终后果可能造成的影响

(1)行动的自由度(Freedom to Act):个人或制度的控制与指导程度,即个体自主地做出行动的决策,是完全需要按照既定的规范行动,还是在没有明确规范的情况下行动

(2)对结果的影响(Job Impact on End Results):对工作结果的影响是直接的还是间接的

○ 间接的

○ 后勤责任(Remote):只在提供信息或附带性服务上做一点贡献

○ 辅助责任(Contributory):出点主意和建议,补充些解释与说明或提供点方便

○ 直接的

○ 分摊责任(Shared):共同负责的,指跟本组织内部(不包括本人的下级和上司)其他部门或组织外部的别人合作,共同行动,因而责任共担

○ 主要责任(Primary):由本人承担的主要责任,独立承担或虽有别人参与,但他们是次要的、附属的、配角性的

(3)责任大小(magnitude):可能造成的经济性正负后果

表 9-13　海氏职务评价指导图表(之一)智能水平(技能)

		管理诀窍														
		起码的			有关的			多样的			广博的			全面的		
人际关系		基本	重要	关键	基本	重要	关键	基本	重要	关键	基本	重要	关键	基本	重要	关键
职务要求具备的科学理论知识、专门技术和实际方法	基本的	50	57	66	66	76	87	87	100	115	115	132	152	152	175	200
		57	66	76	76	87	100	100	115	132	132	152	175	175	200	230
		66	76	87	87	100	115	115	132	152	152	175	200	200	230	264
	初等业务	66	76	87	87	100	115	115	132	152	152	175	200	200	230	264
		76	87	100	100	115	132	132	152	175	175	200	230	230	264	304
		87	100	115	115	132	152	152	175	200	200	230	264	264	304	350
	中等业务	87	100	115	115	132	152	152	175	200	200	230	264	264	304	350
		100	115	132	132	152	175	175	200	230	230	264	304	304	350	400
		115	132	152	152	175	200	200	230	264	264	304	350	350	400	460
	高等业务	115	132	152	152	175	200	200	230	264	264	304	350	350	400	460
		132	152	175	175	200	230	230	264	304	304	350	400	400	460	528
		152	175	200	200	230	264	264	304	350	350	400	460	460	528	600
	基本专门技术	152	175	200	200	230	264	264	304	350	350	400	460	460	528	608
		175	200	230	230	264	304	304	350	400	400	460	528	528	608	700
		200	230	264	264	304	350	350	400	460	460	528	608	608	700	800
	熟练专门技术	200	230	264	264	304	350	350	400	460	460	528	608	608	700	800
		230	264	304	304	350	400	400	460	528	528	608	700	700	800	920
		264	304	350	350	400	460	460	528	608	608	700	800	800	920	1056
	精通专门技术	264	304	350	350	400	460	460	528	608	608	700	800	800	920	1056
		304	350	400	400	460	528	528	608	700	700	800	920	920	1056	1216
		350	400	460	460	528	608	608	700	800	800	920	1056	1056	1216	1400
	权威专门技术	350	400	460	460	528	608	608	700	800	800	920	1056	1056	1216	1400
		400	460	528	528	608	700	700	800	920	920	1056	1216	1216	1400	1600
		460	528	608	608	700	800	800	920	1056	1056	1216	1400	1400	1600	1840

表 9-14　海氏职务评价指导图表(之二)解决问题能力

		思维难度				
		重复性的	模式化的	中间型的	适应性的	无先例的
思维环境	高度常规性	10%—12%	14%—16%	19%—22%	22%—29%	33%—38%
	常规性	12%—14%	16%—19%	22%—25%	29%—33%	38%—43%
	半常规性	14%—16%	19%—22%	25%—29%	33%—38%	43%—50%
	标准化	16%—19%	22%—25%	29%—33%	38%—43%	50%—57%
	明确规定的	19%—22%	25%—29%	33%—38%	43%—50%	57%—66%

续表

		思维难度				
		重复性的	模式化的	中间型的	适应性的	无先例的
思维环境	广泛规定的	22%—25%	29%—33%	38%—43%	50%—57%	66%—76%
	一般规定的	25%—29%	33%—38%	43%—50%	57%—66%	76%—87%
	抽象规定的	29%—38%	38%—43%	50%—57%	66%—76%	87%—100%

表 9-15　海氏职务评价指导图表(之三)承担的职务责任

职务责任	等级	微小				少量				中等				大量			
	金额	根据组织情况确定				根据组织情况确定				根据组织情况确定				根据组织情况确定			
责任后果		间接		直接		间接		直接		间接		直接		间接		直接	
		后勤	辅助	分摊	主要	后勤	辅助	分摊	主要	后勤	辅助	分摊	主要	后勤	辅助	分摊	主要
行动的自由度	有规定的	10	14	19	25	14	19	25	33	19	25	33	43	25	33	43	57
		12	16	22	29	16	22	29	38	22	29	38	50	29	38	50	66
		14	18	25	33	18	25	33	43	25	33	43	57	33	43	57	76
	受控制的	16	22	29	38	22	29	38	50	29	38	50	66	38	50	66	87
		19	25	33	43	25	33	43	57	33	43	57	76	43	57	76	100
		22	29	38	50	29	38	50	66	38	50	66	87	50	66	87	115
	标准化的	25	33	43	57	33	43	57	76	43	57	76	100	57	76	100	132
		29	38	50	66	38	50	66	87	50	66	87	115	66	87	115	152
		33	43	57	76	43	57	76	100	57	76	100	132	76	100	132	175
	一般规范	38	50	66	87	50	66	87	115	66	87	115	152	87	115	152	200
		43	57	76	100	57	76	100	132	76	100	132	175	100	132	175	230
		50	66	87	115	66	87	115	152	87	115	152	200	115	152	200	264
	有指导的	57	76	100	132	76	100	132	175	100	132	175	230	132	175	230	304
		66	87	115	152	87	115	152	200	115	152	200	264	152	200	264	350
		76	100	132	175	100	132	175	230	132	175	230	304	175	230	304	400
	方向性指导	87	115	152	200	115	152	200	264	152	200	264	350	200	264	350	460
		100	132	175	230	132	175	230	304	175	230	304	400	230	304	400	528
		115	152	200	264	152	200	264	350	200	264	350	460	264	350	460	608
	广泛性指导	132	175	230	304	175	230	304	400	230	304	400	528	304	400	528	700
		152	200	264	350	200	264	350	460	264	350	460	608	350	460	608	800
		175	230	304	400	230	304	400	528	304	400	528	700	400	528	700	920
	战略性指导	200	264	350	460	264	350	460	608	350	460	608	800	460	608	800	1056
		230	304	400	528	304	400	528	700	400	528	700	920	528	700	920	1216
		264	350	460	608	350	460	608	800	460	608	800	1056	608	800	1056	1400

续表

行动的自由度	基本无指导	304	400	528	700	400	528	700	920	528	700	920	1213	700	920	1213	1600
		350	460	608	800	460	608	800	1055	608	800	1055	1400	800	1055	1400	1840
		400	528	700	920	528	700	920	1216	700	920	1216	1600	920	1216	1600	2112

六、评价技术比较与选择

1.各种常见的职务评价技术的比较，详见表9-16。

表9-16　职务评价技术比较

	职务排序法	职位分类法	要素计点法	因素比较法
要点归纳	①简单，成本低 ②定性评价，主观性强 ③从职务整体来评价不能确定价值差异职务之间比较，相对标准	①定性评价，主观性强 ②从职务整体来评价不能确定价值差异需要事先制订职类和职级的标准 ③职务与预定的标准比较，绝对标准	①确定职务的报酬因子 ②确定权重，等级，并赋予每一等级分值点数－工资转换表	①确定职务的报酬因子建立典型职务群做参照物 ②典型职务群在报酬因子上赋值（工资分解）与典型职务在报酬因子上比较 ③无须做分数－工资转换

2.影响技术选择的因素

各种职务评价的方法各有特点和适用的情况，不能一概而论地说某种方法比其他评价方法更为优越，一个组织需要选择自身适合的方法。影响选择的因素包括：

(1)职务的稳定性。指职务随市场环境变化和人员调整而进行调整的可能性，通常，新设立职务的稳定性较差，市场竞争激烈、市场环境变化剧烈、业务稳定性差的公司职务的稳定性也较差。

(2)职务分析的系统性与明确性。组织是否实施过较为系统完善的职务分析，任职者对职务的职责、任务、关系、任职资格等是否清楚并认可。

(3)薪酬体系的特点。不同薪酬体系的特点不同，对职务评价的要求也不太一样，有些组织薪酬体系强调外部公平，这样薪酬调查就成为必要，当然因素分析法能够适合这样的要求；有些组织薪酬是建立在素质与能力基础之上，比如更注重通过评定员工的技能水平来决定技能工资，因此可能不太关注职务评价，等等。

(4)企业文化特征。职务评价从最开始的发动，到评价过程参与，直到接受最终的结果，都需要得到员工的理解、支持，并融入其中。因此，文化以及员工是必须要考虑的。

(5)评价职务的数量与难度。数量较多、任务紧迫时,选择相对效率较高的评价方法就成为必需。

(6)资源的充分性。如果时间、经费允许,而且组织建立内部公平的报酬体系非常必要,分析性的职务评价方法就是必需的了。

3.通过回答问题来选择评价方法

(1)是否评价的主要目的是为了满足同工同酬的立法要求?(是,则选用定量方法)

(2)有多少待评价的职务?(少,则可以考虑定性方法)

(3)工资等级复杂还是简单?(复杂,则应该选用定量方法)

(4)组织希望在报酬结构中将价值分配给哪些因素和特性?(因组织不同,对同样职务的评价报酬因素赋予的权重也就不同,这主要取决于组织对职务特定能力的侧重点)

(5)评价计划的结果是否要进行市场比较?

(6)是否有应用计算机辅助系统(CAJE)的优势?

(7)职务评价实施的成本如何?

(8)最初设计成本或购买成本如何?

(9)沟通和实施成本如何?

第五节 职务评价的组织实施

职务评价组织实施一般要经过以下几个阶段(以要素计点法为例):计划准备阶段、评价实施阶段、结果整理阶段和反馈修正阶段,控制活动将会贯穿每个阶段。

一、计划准备阶段

在计划准备阶段需要确定职务评价的需求、组建职务评价委员会、培训评价委员会成员、明确被评价的职务数量与类型、收集职务相关信息、确定报酬因子、选择职务评价的方法等活动。

一般来说,当组织中员工抱怨报酬存在不公问题,当职务的内容发生较大的变化,当组织设立新的职务等情况时,需要通过职务分析与职务评价来解决问题。

职务评价委员会负责对组织中的职务进行评价等相关工作，对其成员有如下要求：

(1)要能够客观、公正地看问题，这是评价过程与结果客观科学的重要保证；

(2)要对组织中几乎全部的职务有较为客观和全面的了解；

(3)委员会成员需要在员工中有一定的影响力，使最后的评价结果更具权威性和可接受性；

(4)成员构成应有代表性：代表性要考虑组织内部人员与组织外部专家，更要考虑组织内部不同层级人员的代表性；

(5)要理解职务评价的要素、指标和标准体系，这样才能够将被评价职位的价值按照指标来分解。

委员会成员需要对报酬因子和指标体系进行透彻性的讨论和分析，最终明确适用的指标系统以及具体的方法。同时成员还需对评价的职务有一个较系统的了解，可以通过如下资料获得职务的信息：①组织结构图；②生产性岗位的工艺或工作流程图；③组织现行职务分类表或分类政策；④组织现行各类职务等级情况；⑤从事各项具体职务的人员数量；⑥职务描述与任职资格说明；⑦之前所做职务评价资料；⑧其他资料，如行业规范等。

为降低职务评价过程中人为方面的误差与偏见，把握职务评价的思想和具体评价的方法，对委员会成员进行培训是必须的，培训内容包括：职务评价的重要性和严肃性、职务评价的方法与组织实施程序、评价要素与指标体系以及如何有效避免人为偏差等。

二、评价实施阶段

根据准备阶段计划好的职务评价方法，具体实施对职务的评价活动。前期的准备工作全面且充分，具体实施难度也就不大。通常在此阶段，对于评价数据的控制很重要。实践中可能会有如下措施：

(1)首先对基准性职务进行评价打分。因为大家对这样的职务都非常熟悉，容易达成较为一致的意见，而且经由这样的过程，委员会成员增强了对评价要素或指标的理解和运用，就为评价过程的有效性做了有力铺垫。

(2)评价过程中，大家独立评价，不应受到来自内部成员或外部环境的影响。

(3)数据分析的偏差控制。为了确保评价的科学性和合理性，需要对不符合标准的情况进行处理，因此，使用标准差、相对标准差以及变异系数就能够针对某项职务评价过程中某项要素或指标的数据进行控制和修正，降低过大或过小的评分给客观结果造成的干扰。因为标准差不能真实地反映数据偏差到底有多大，而均值会极大地影响相对标准差的大小，因此，通常要使用变异系数来考察每组数据对于均值的相对偏离程度。然后求出每一组数据的相对标准差和变异系数，制作分布图以确定临界值。只有当每组数据的相对标准差和变异系数都大于临界值的时候，才认为该组数据不合理。

三、结果整理阶段

使用要素计点法进行职务评价，得到的是职务点数；使用排序法评价，得到的是职务的序列或位次。这两种方法得到的职务价值还需要进一步整理才能够为管理者使用，整理活动包括将点数在一定范围的职务归入同一职务等级，即职务的分级列等。这部分内容我们放到下一章职务分类分级中详细介绍。

四、反馈修正阶段

针对评价过程中出现的特殊问题，应根据具体情况，对个别职务进行重新评价和调整。

比如对既在相对标准差允许误差范围之外又在变异系数允许误差范围之外的因素进行重新评价。此外，如果某项职务在很多指标上（比如20%以上）的评分存在上述的超标情况，那么该职务就需要重评。

复评是为了保证评价的准确性，但有一点需要注意，那就是对于申请复评的职务，如果不是当初评价时的笔误，或显著错误，则尽可能不要改变初衷，尤其是处理模棱两可的职务，尽量杜绝出现“例外”。

五、对职务评价的重新认识与反思

章节最后，我们需要回过头来重新认识一下职务评价本身以及职务评价过程。

(1)职务评价结果只具有相对科学性，过程的科学性应该更受关注。那种认为职务评价过程中使用了一些数字，就把职务评价认为是“科学化”的观点是不确切的，更多时候评价人与评价过程比评价技术更重要。毕竟，职务评价是由人来做出，需要对职务的信息以及准确性取得一致，并且在过程中适度保持公开民主。

(2)职务评价是一项极其费时、极端复杂并且经常遭遇挫折的任务,它不得不经受各种政治上的压力以及那些代表不同职能部门的委员们"自然"持有的各种偏见。虽然被评价的是职务本身,不是评价"人"和任职者的个人特质,但是现实中两者又结合得如此紧密,在他的领导看来尤其这样。

(3)不应关注组织内部职务之间的对比与评价,应该关注市场比率。但是,劳伦特·杜菲特尔(Laurent Duffetel)指出,许多组织产生的新职务,没有相应的市场参照物。这也正是二十世纪 50 年代职务评价产生的最初动机。

(4)职务评价可能会导致愚蠢的行动。比如一个工作非常出色的经理人员往往需要两个不必要的下属来使得其职务看起来更"大",从而能够得到应得的薪酬水平。

【案例】JE 公司的职务评价

JE 公司目前正着手进行职务评价,以确定职务的相对价值。为合理地确定职务相对价值,JE 公司成立了以人力资源部经理为首的职务评价小组,并邀请了外部专家参与。

JE 公司目前共有 80 多个职务,有管理类、技术类、营销类三种职务类别。职务评价小组从中选择了约 30 个职务作为标杆,标杆职务是按照纵向的职务等级进行选择的,并没有考虑横向职务类别的因素。

为保证公平性,JE 公司采取了三方评价的方式:上级评价占 40%,专家评价占 30%,员工个人评价占 30%。职务评价方案下发后,立刻在员工中引起了较大反响。首先,由于事先没有进行培训,员工根本不理解进行职务评价的意义和作用;其次,由于职务评价方案过于专业,员工很难准确把握各种职务的描述,经过一番争论,大家渐渐对职务评价失去了信任;最后由于个人对方案中的表述理解不一,每个人对自己职务的评价都超出了常理,最为可笑的是公司行政文员对自己职务的评价得分居然超过了行政人事总监。

通过这种方式收集的职务评价数据显然不能使用,只有放弃这一途径,转而采用人力资源部门会同直接上级评价和专家评价的方式确认职务价值。但这一评价过程,也遇到了一个致命的问题:技术类职务评价结果的平均水平低于管理类职务,这一结果与公司倡导的薪资分配向技术人员倾斜的导向不相符,并且按照这一结果所得到的薪酬也不利于留住这些核心人员。

经过七拼八凑，评价小组终于拿出了职务评价方案的初稿。但是这个评价方案一经出台，立刻在员工中掀起轩然大波，员工纷纷将自己职务的评价结果与其他职务进行对比，然后通过正式或非正式渠道向公司反映。职务评价小组经过仔细审查，也发现确实有很多职务横向对比有很大的出入，在职务评价的各维度上，各职务也缺乏可比性，如在"沟通"维度上，人力资源部文员的得分比营销主管还要高。这些显失公平的地方，成为本次职务评价最为薄弱的、常被攻击的环节，直接导致了职务评价的最终失败。

案例思考题

1. JE 公司职务评价过程中出现了哪些问题？为什么 JE 公司的职务评价最终会失败？

2. 在职务评价中，员工应有多大的参与程度，是不是应完全公开透明？

3. 在对处于不同类别的职务进行横向比较和评价时，有什么样的方法和技巧？

思考题

1. 职务评价需要建立的共识和假设是什么？

2. 职务评价系统由哪些要素构成？职务评价的结果是什么？

3. 职务评价要素通常具有哪些特征？常见的职务评价要素（报酬因子）有哪些？

4. 如何确定评价要素？有哪些方法？

5. 职务排序、职务分类、要素计点以及因素比较等职务评价方法各有什么特点？适合哪些条件下职务的评价？

6. 如何选择职务评价的方法？

参考文献

1. 安鸿章. 工作岗位的分析技术与应用. 南开大学出版社，2001 年

2. 周文. 工作分析与工作设计. 湖南科学技术出版社，2005 年

3. 赵永乐. 工作分析与设计. 上海交通大学出版社，2006 年

4. Alan Fowler, How to: Pick a job evaluation system, People Management, 02/08/96, Vol. 2 Issue 3

5. Laurent Dufete, Job evaluation: Still at the frontier. Compensation

& Benefits Review, Jul/Aug 1991, Vol. 23 Issue 4

6. Sandra M. Emerson, Job evaluation: A barrier to excellence? Compensation & Benefits Review, Jan/Feb 1991, Vol. 23 Issue 1

7. Sandra O'Neal, CAJE: Computer — aided job evaluation for the 1990s, Compensation & Benefits Review, Nov/Dec 1990, Vol. 22 Issue 5

第十章

职务分类分级系统

本章学习要点

- 掌握职务横向分类与纵向分类的区别与联系
- 掌握职务分类相关概念的含义
- 了解职务分类分级的过程与原则
- 了解统一职等的方法与技巧

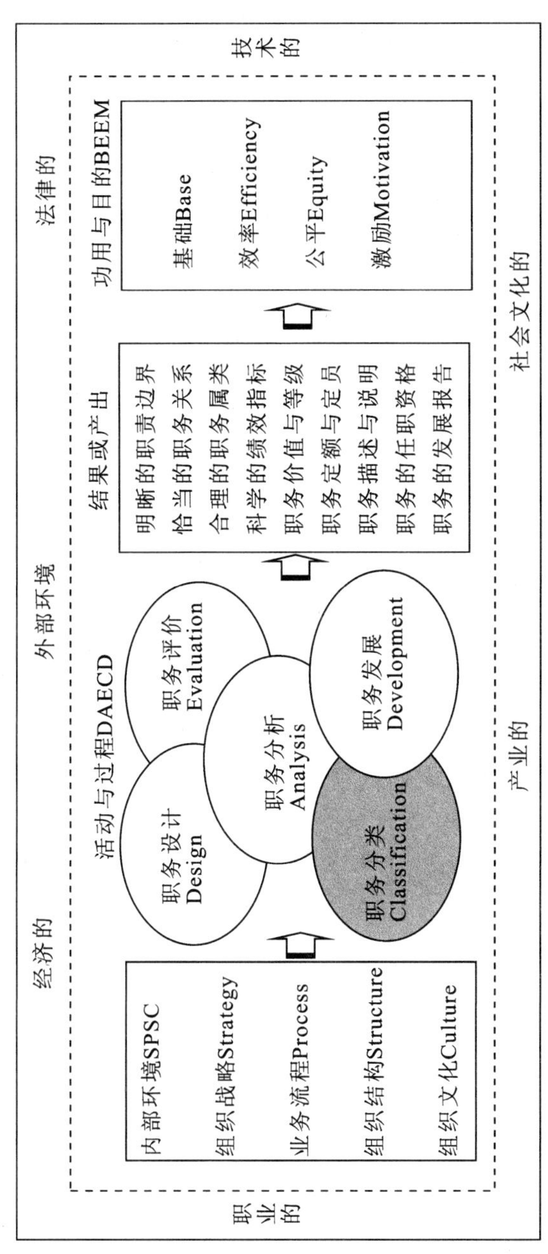
外部环境
经济的
法律的
技术的
职业的
产业的
社会文化的
内部环境SPSC
组织战略Strategy
业务流程Process
组织结构Structure
组织文化Culture
活动与过程DAECD
职务设计 Design
职务评价 Evaluation
职务分析 Analysis
职务分类 Classification
职务发展 Development
结果或产出
明晰的职责边界
恰当的职务关系
合理的职务属类
科学的绩效指标
职务价值与等级
职务定额与定员
职务描述与说明
职务的任职资格
职务的发展报告
功用与目的BEEM
基础Base
效率Efficiency
公平Equity
激励Motivation

经过职务分析和职务评价过程，组织全方位地了解了每一份职务，确定了每一份职务的相对价值。在此基础上，组织还需要对各类职务进行分类和分级管理，使组织中的职务看起来很有秩序。职务分类分级就是根据职务的性质或相同要素将它们归入同样的职门、职组和职系，同时按照职务之间的价值差异将它们归入不同的等级。在一定程度上，可以这样认为，职务分类分级是职务分析、职务评价的一种结果和表述形式。当然，组织的职务分类分级活动又同时深受社会职业分类和职业标准系统的影响。

第一节 职务分类分级的依据与功能

一、职务分类概念

职务分类(Job Classification)，又被称为职务分类分级，是在职务调查、职务分析、职务评价等基础上，根据职务本身的工作性质、繁简难易程度、所担负的职责大小以及职务所需人员资格条件高低等因素，对职务进行横向与纵向的划分，从而区别出职务的类别和等级。职务横向分类，一般称为职务分类，是根据各种职务的不同性质，将组织中看似繁杂的各种职务划分为职门、职组和职系的过程。职务的纵向分类，一般称为职务分级，是指在横向分类的基础上，根据工作繁简难易程度、责任大小以及职务承担人员所需具备的资格条件等因素，对同一职系中的职务划分出不同职级，以及对不同职系中的职务统一职等。

职务分类分级是科学管理方法在人力资源管理上的应用，它是以职务作为出发点的一种基本人事分类方法。为进一步明确和理解职务分类分级的含义，有必要首先明确一下它与职业分类、职位分类、品位分类等几个概念的关系。

1. 职务分类分级与职业分类

组织中的职务分类分级与政府机构、国际组织等制定的职业分类标准有着紧密的联系，如《中华人民共和国职业分类大典》，《中华人民共和国国家标准－职业分类和代码》(1986 年由国家统计局和国家标准局制定发布)，国际标准职业分类(International Standard Classification of Occupation)(1958 年由国际劳工组织制定，其修订版于 1966 年日内瓦第十一届劳工统计专家会议上通过，并于1968年第二次出版）以及民间组织、地区、部门编制的职业分类标准等。这种职业分类标准是在组织职务分类和国家机关职位分类的基础上制定的，由此，提供一套统一的职业分类标准，用以指导企业和国家机关的职务分类活动。它对于提高地区间、国际间的职业统计资料的可比性、便于职业资料的地区间、国际间交流，具有重要的意义。总的来讲，职务分类与职业分类是特殊性与一般性的关系，职业分类对组织中的职务分类起着指导和规范的作用，职务分类为整个职业分类提供有益的补充。可以这样讲，正是组织中职务和职务分类的不断丰富与发展，才带动了社会职业分类的进步。

2.职务分类与职位分类

职务分类分级（Job Classification ）与职位分类分级（Position Classification）应该是一个概念。我们在前面的章节当中都曾谈到过，严格意义上讲，职务比职位的范畴要大，它是相同或相似职位构成的集合。但是在各国实际应用时，职务和职位已经很难严格区分，因此我们将它们认为是一样的。美国著名行政学专家菲勒就曾说过："私营部门人员更容易使用职务分类或岗位分类一词，公共部门人员却常常说职位分类，它们两者都是指同一件事情。"

3.职务分类与品位分类

职务分类分级与品位分类分级有着本质的不同。所谓品位分类，是指依据人的学历、资历及贡献大小，将人员分成不同的品级（等），为人员的聘用、考核、晋升、培训、奖惩以及薪酬等各项管理提供依据的一套原则、方法和规章制度。它是针对职务管理的局限性而提出的方法，职务管理关注的是组织中的职务、岗位，进而提出对任职者的要求以及评价职务的价值制订职务工资。但是，组织中的人力资源管理活动离不开人的创造性与才能，因此根据人本身的素质才能、贡献、价值等为人力资源管理决策提供支持是以素质为基础的人力资源管理系统所关注的，关于这些，我们在第一章中就有所涉及。

总的来说，职务分类与品位分类的区别可以概括为以下几个方面：

（1）分类标准不同。职务分类以事为标准，事在人先，以事择人；而品位分类则以人为标准，人在事先，以人择事；

（2）分类的依据不同。职务分类是根据工作性质、繁简难易、责任轻重和所需资格条件进行分类，对事不对人；而品位分类则根据人员的资历、学历和贡献程度进行分析，达到对人员进行分类的目的，它对人不对事；

（3）适用范围不同。职务分类适用于专业性、机械性、事务性强的工作，因为这类职务的内容和工作量较容易确定，而且较为稳定；品位分类则适合于工作经常变化,工作效果不易量化,工作中需要极大地发挥人的创造性的职务。

二、职务分类的依据和标准

职务分类以"事"为中心,依据"因事设岗"的原则,根据职务这一基本"细胞"的性质、繁简难易程度、工作责任轻重以及所要求人员的任职资格等因素进行具体划类、归级、列等工作,并力求适当、准确、科学和合理。在分级过程中应遵循以下原则和标准:

1. 共同性原则。职务横向分类时应该关注职务与职务之间内在的本质联系,将关键业务要素相似的职务归为一类。也就是说,职务的横向分类是一个"求同存异"的过程,比如,虽然大学教师和小学教师在具体教学对象和教学方法上存在很大差别,但是它们的工作性质是相同的,所以将它们归为一个职务类别。

2. 客观性原则。职务分类要以客观存在的"事"为依据。具体讲,应从现实存在的工作性质、特点、工作量等情况出发,来对职务进行分类分级;不能简单地、单一地依据被调查者的陈述来决定职务的等级,更不能凭分类者的主观臆断来决策。

3. 适度与弹性原则。职务分类应适度反映职务间各种因素的差别,既不能过大,也不能过小。分类时,过大过粗则不能准确划分出职务之间的差异;过小则会造成专业性过细,造成管理过于僵化,缺乏弹性。近年来,随着职务丰富化和扩大化的发展,职务分类也呈逐渐粗线条管理和结构简化的发展趋势。例如,1923 年美国联邦政府的职务分为职门、职组、职系、职级等层次。到了 1949 年,政府就将 9 个职门合并为 GS(General Schedules)和 CPC(Crafts, Protective and Custodial Shedules)两大类职务类别。1954 年取消 CPC 类,其中的一部分职务并入 GS 类。同时,职系的划分也改变了过于繁细的倾向,1952 年分为 27 个职组,569 个职系;1958 年变为 23 个职组,524 个职系;1965 年更减为 22 个职组,439 个职系。

三、职务分类分级的步骤

职务分类分级是一项较为复杂的、知识性、技术性很强的工作,它的具体步骤一般为:

1. 职务的横向分类,即根据职务的工作性质及特征,将它们划分为若干类别;

2. 职务的纵向分类,即根据每一职务的繁简难易程度、责任轻重以及所需知识、技能、经验水平等因素，将它们归入一定的档次级别；

3. 建立职务分类分级图表，说明组织各类职务的分布及其配置状况，并制定职类说明等文件，为职务分类管理奠定基础。

四、职务分类分级的功能和意义

不同组织处于不同的产业、行业中，拥有各种不同性质的职务和岗位，大型组织中各种纷繁复杂的职务构成了"职务丛林"。如果不对这些职务进行科学合理的归类、评级、划等处理，就无法实现对组织职务的科学管理。职务分类就是按业务性质和难易程度等因素对职务进行排列组合，找到它们之间的相似性和差异性，将它们分成不同的类型，然后进行分类管理。只有这样，才能在纷繁复杂的职务中找到一般性规律，找到对它们进行有效管理的依据，使职务管理更具科学性。比如，只有对一个职系内的职务进行评级，才能反应出职务的繁简难易程度、职责轻重以及不同级别职务对人员资格要求的差异；同样，当确定某一职务的报酬时，如果没有同等职务的报酬水平作为参照，就很难使报酬合理化，员工的不公平感就会产生，只有对不同职系中的职务确定等级，比如作业类中的中级工与初级管理职务处于一个工资等级，它们虽然工作性质差异很大，但是职务对组织的价值相似，因此报酬相同，这样才能真正做到"同工同酬"。

具体来讲，职务分类分级的功能体现在以下几个方面：

(1)通过职务分类分级，可以理顺组织中杂乱的职务关系，统一职务名称，使各类各级人员按照职务级别与规格"对号入座"，对同类同级人员，采用统一的标准进行管理，从而简化人力资源管理的工作，提高管理效率。这样就通过科学合理的用人制度和方法，实现了人与事的合理结合，做到了人适其职、职得其人。

(2)职务分类分级是制定职务工资的基础和依据。根据职务的工作性质、责任轻重、繁简难易程度和所需任职资格条件等客观标准，制定公平合理的薪酬制度，使每一位员工都能领到与其职务等级相对应的工资，同等条件拿到相同的工资，真正做到同工同酬。

(3)职务分类分级为人员考核、晋升、奖励和培训等活动提供依据。职务分类分级可以使上述人力资源管理与开发活动更加具有针对性和目的性，减少管理工作的随意性，从而大大提高管理效率，同时也增加了管理工作的可预测性和稳定性。

(4)职务分类分级为员工提供了明确的晋升路线选择和个人在组织中

职业生涯发展的阶梯。职业生涯路径是指存在于组织中的不同级别、不同任职要求、相互间有着密切联系的职务或职务群。通过科学的职务分类分级，能够帮助组织建立不同职系中不同职务之间的晋升发展关系，为员工明确了职业生涯发展前景，比如，员工既可以选择在自己所在的职系领域内发展，通过增加知识、经验与技能，做该领域的专家；也可以发掘自己在其他方面的潜力，跨越职系去发展，通过增加所承担的责任以及培训、职务轮换等，寻求跨职能技能与知识的提高，甚至做管理者、经理职务等。

(5)职务分类分级为定岗定员提供了依据。组织冗员是指在某项职务上、某种职务类别或某一职系上存在人员过剩的情况。职务分类分级恰恰能够将不同的职务归入不同的职组、职系、职级，从而帮助组织系统地进行定岗定员活动。

五、职务分类分级的缺陷

尽管职务分类分级作为一项基础性管理工作非常必要，但它本身还存在一些局限性，主要表现在以下几个方面。

1.职务分类分级的适用范围相对较窄。职务分类分级比较适合于专业性、事务性、机械性较强的初、中级职务。因为这一类型职务的工作内容和工作职责较为容易测量，可以准确地通过职务规范具体描述出来，使人们有一个明确的标准，也便于监督、指导、执行；相比较而言，对于一些高级管理或技术职务、机密性职务以及要求创新能力高的职务，则不大适合。

2.职务分类分级结构的严密性，可能会给组织人力资源管理活动带来诸多的不便。因为职务分类分级过细，会使人事制度过于僵化、缺乏弹性，阻碍人力资源跨职系和跨行业流动，从而达不到人才合理流动和全面发展的目的。职务分类分级本意是使组织中的人才各得其所，使人力资源配置更加合理。但过于严密和僵化的职务结构，又在很大程度上限制和阻碍了人才的发展。所以不同组织应该根据自身所处行业以及文化特点，在组织不同发展阶段以及不同战略驱导下，在职务分类结构的严谨和宽松以及职务分类分级和品位素质分级方面进行权变的选择与取舍。

3.职务分类分级工作需要投入大量资源，程序也较为复杂，而且整个过程要由有经验的专家参与，这是由职务分类分级的重要性和复杂性所决定的。同时，在进行职务调查时，担任各种职务的人员总是倾向于夸大自己的职务的重要性和复杂程度，从而会导致职务分类分级出现类似职级膨胀的趋势，如组织的帕金森效应：本来可以通过一到两个职务等级和相应的人员完成的任务，却由于组织的官僚气息，比如担任管理职务的人通过增加自己下属的人数以及层级来使自己的职务更大一些，从而导致整个组织的职级过多，组织结构臃肿。

第二节　职务分类分级的方法

一、职务分类分级内容

职务分类分级就是将不同的职务归入不同的类别和等级中去，即不同的职门、职组、职系和职等中去。

(1)职系。是指由工作性质和特征相同或充分相似，而责任轻重和繁简难易程度却不同的一些职务所构成的系列或群体。职系是最基本的职务业务分类，一个职系就相当于一种专门职业。

(2)职组。是由工作性质相似的若干职系构成的群体。例如，“小学教师”就是一个职系，而“教师”就是一个职组。

(3)职门。由若干工作性质和特征相近的职组归结在一起的范畴。凡是属于不同职门的职务，它们的工作性质完全不同。

(4)职级。职级为同一职系中工作任务繁简难易程度、责任轻重程度以及所需资格高低程度相同或充分相似的职务。例如，中学教师是一个职系，而其中的一级教师、二级教师等则是按照上述因素进行分类的，它们分别是这一职系中的两个职级。在同一职系中划分不同的职级，对管理工作有着非常重要的意义，它能划分出不同职务在工作要求上的差异，使从事相同业务但能力不同的员工具有适合的职务，从而更有利于个体能力的发挥。同时，职级的划分也是确定员工劳动待遇，促进员工业务发展的重要手段；同级同薪，提级提薪的原则，体现了劳动贡献与劳动报酬之间内在的联系。

(5)职等。工作性质不同，但工作繁简难易、责任大小以及所需资格条件等因素充分相同的职级归纳为同一个职等。职等与职级的区别在于，它不是同一职系内不同职务之间的等级划分，而是不同职系之间的相似职务等级的比较和平衡。例如中学教师职系中的二级教师与机械操作职系中的五级车工进行比较，虽然它们的工作业务与工作性质存在很大差别，但撇开这种不同职务之间的业务差别，它们在难度水平以及智能要求等方面存在相似性，就将它们划为同一职等。同一职等，不同性质的职务，职务报酬相等。

职门、职组、职系是对职务横向分类的划分用语，职级、职等是对职务纵向分类即职务分级的划分用语。

二、职务横向分类

1.职务横向分类原则

职务横向分类就是根据各种职务的不同性质，将看似繁杂的各种职务划分为职系、职组和职门的过程。这是在职务横向分类中的三个连续又不同的步骤。在依据工作性质异同划分职务类别时，应遵循以下几个原则：

(1)单一性原则，即每一个职务只能归入一个职务类别，而不能既属于这一类，又属于那一类。

(2)程度原则。当某一个职务的工作性质，分别与两个以上职务类别有关时，以归属程度最高的那一类为准，确定其应归类别。

(3)时间原则。当某一职务归属两个以上职务类程度相当时，以占时间较多的那一类职务类别为准。

(4)选择原则。当对某一职务的划分类别，依据前面所述原则，仍很难划定时，则依此职务主管领导的意见为准，确定其应属的类别。

2.职务横向分类过程与步骤

职务横向分类，是一个由粗到细的工作过程：首先，将组织内混乱的职务按照工作性质划分为若干大类即职门。下图分别描述了职务在划分职门前后的情形，图中的“星号”代表不同的职务。

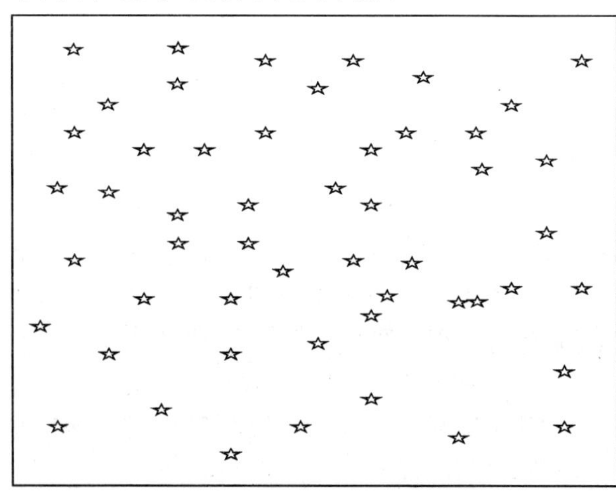

图 10-1 职务分类之前的状态

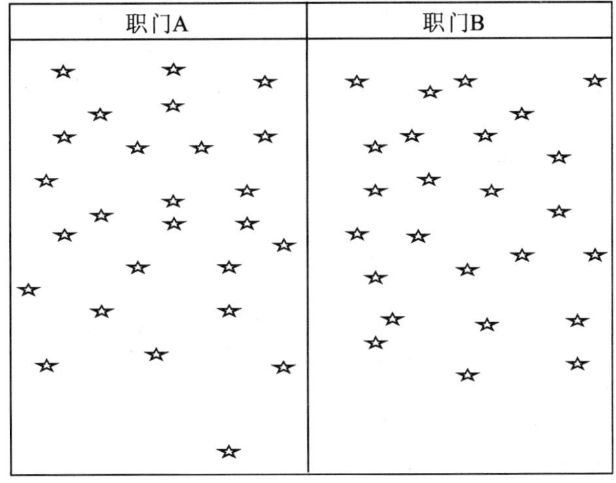

图 10-2　按照工作性质进行的第一次分类

图 10-1 中凌乱的符号表示在职务分类之前组织各种职务混乱的状况；图 10-2 则是经过对职务进行第一次粗略划类的情况，即将它们中工作性质相同或充分相似的都归为一个职门，A 职门或者 B 职门。

接下来，在每个职门内部，再将职务根据工作性质的异同继续进行划分，把性质相同的职务归入相同的职组，详见图 10-3 所示。

职门 A		职门 B	
职组 1	职组 2	职组 1	职组 2

图 10-3　按照工作性质进行的第二次分类

最后，将同一职组内的职务再一次按照工作性质进行划分，把性质相同的职务组成一个职系。职系的划分是职务横向分类的最后一步，每一个职系就是一种专门的职业，如图 10-4 所示。

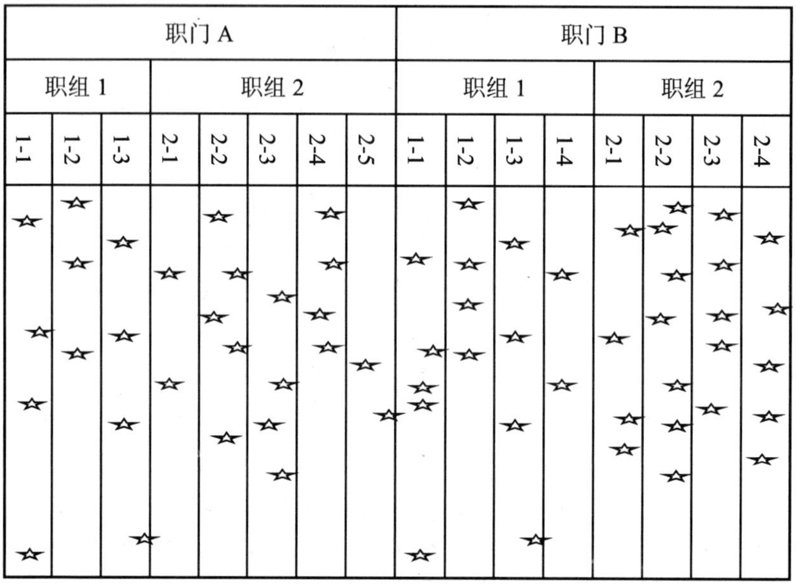

职门 A								职门 B							
职组 1			职组 2					职组 1				职组 2			
1-1	1-2	1-3	2-1	2-2	2-3	2-4	2-5	1-1	1-2	1-3	1-4	2-1	2-2	2-3	2-4

图 10-4 按照工作性质进行的第三次分类

3. 职务横向分类与职业分类

组织进行职务横向分类时可以参照职业分类的办法。需要注意的是，职业分类一般是以较为狭窄的职业项目为基础进行多类型的划分。所谓“职业”，是代表了一种工作类型，它包含着劳动者的种种“职务”。个别劳动者所承担的职务，仅仅是其中的一个。

可供参考的职业分类标准主要有以下几种：

(1)《国际标准职业分类 ISCO》。由国际劳工组织制定的这套职业的系统化分类体系标准，由粗到细共四个层次，即 8 大类、83 小类、284 细类、1506 种职业项目。这 8 大类分别是，大类一：专家、技术人员及有关工作者；大类二：政府官员和企业经理；大类三：事务性工作者和有关工作者；大类四：销售工作者；大类五：服务工作者；大类六：农业、牧业和林业工作者；大类七：生产和有关工作者，运输设备操作者和劳动者；大类八：不能按职业分类的劳动者。该分类体系采用十进制编码，每一项职业都对应一个专门编码。例如,"劳资关系和人事经理"属于大类2("政府官员和企业经理"),小类2－1("经理"),细类2－19("未归入别处的经理"),职业项目2－19.80。编码含义为:

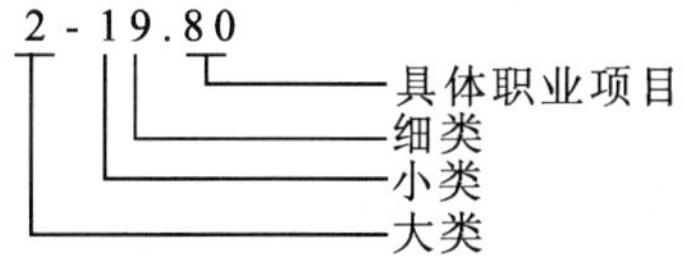

图 10-5 职业分类编码举例

(2)《中华人民共和国国家标准一职业分类与代码》。它起源于1982年全国第三次人口普查。有关专家将当时的职业分为8个大类,64个中类和301个小类。1986年6月21日,国家统计局和国家标准局发布了此套标准,将全国职业分为8个大类,63个中类和303个小类。这8个大类分别是:各类专业、技术人员;国家机关党群组织、企事业单位负责人;办事人员和有关人员;商业工作人员;服务性工作人员;农、林、牧、渔劳动者;生产工人、运输工人和有关人员;不便分类的其他劳动者。例如,环境清洁卫生工人,被列在大类5("服务性工作人员"),中类2("服务员"),小类2("环境清洁卫生工人")中,其代码为5－22。

(3)美国职业名称词典DOT

应用由美国培训与雇佣服务机构设计的功能性职务分析系统(Functional Job Analysis, FJA)可以对职务(当然可以应用于组织中的职务)进行分类。该系统按照职务人员处理数据、人、事的水平划分为若干等级,以此为基础,编制职业名称词典DOT。DOT包括三万多个职务,每个职务使用六个代码表示,其中前三位代码为职务分组与所属类别,后三位代码分别表示职务与数据、人、事的关系。关于功能性职务分析系统我们在前面章节中已经介绍过。

4.职务横向分类的实践与原则

组织在职务横向分类实践时,尚没有一套完全适合的、统一的分类标准,但是,可以从以下几个方面去考虑:

(1)按照职务承担者的性质和特点,对职务进行横向的区分。比如将全部职务分为直接生产人员职务和管理人员职务两大类,再按照职务职能和劳动分工特点,将这两大类划分为若干中类或小类。例如,可以将管理人员职务大致分为以下10个小类,它们分别是:生产管理类、经营管理类、财务管理类、审计类、技术管理类、人事管理类、教育培训类、物资管理类、后勤行政管理类、党务团体类；对直接生产人员职务的细分，也可大致划分为：基本生产职务、辅助生产职务、生活服务等若干小类。

(2)按照职务在组织生产过程中的地位和作用划分。这样，可以大致分为：生产职务、技术职务、管理职务和服务职务四大类。对每一大类，还可以继续细分为若干小类，如技术职务可分为：科研、设计、工艺、理化分析、质量检测等若干小类；生产职务可分为：车工、铣工、刨工、磨工、钳工等若干小类。

职务分类时，应把握以下原则：

①职务分类层次宜少不宜多。一般企业应控制在两个层次以下，生产复杂的大型企业最多也不宜超过三个层次。

②直接生产人员职务的分类应根据劳动分工与协作的性质与特点来确定，管理人员职务的分类则应以它们具体的职能来划分。

③大类、小类的数目多少与划分的粗细程度有关，组织应以技术标准、行业规范为依据，适度考虑实用性，不宜将类别划分得过细。在具体操作中，可通过控制类别的数目来限制划分的粗细程度，比如限制大类不超过 4 个，小类不超过 10 个。

三、职务纵向分级

职务纵向分级是指在职务横向分类基础上，根据工作繁简难易程度、责任大小以及承担职务工作的人员所需具备的资格条件等因素，对同一职系中的职务划分出不同职级，以及对不同职系中的职务统一职等的过程与方法。

1.职务纵向分级的过程与步骤

(1)职务排列、划分职级。分别把每一个职系中的职务，按照工作繁简难易、责任大小以及所需人员资格条件等因素，对每个职务进行分析和评价，并把它们按照一定的顺序，或从“简”、“轻”、“低”到“繁”、“重”、“高”，或相反顺序，将因素相似的职务划分为同一职级，直至将全部职务划分完为止。由于各个职系的工作特点不同，职务数目也不相同，所以各个职系里划分职级的多少也是不等的。例如，出版业中的校对这一职系划分为一级校对、二级校对和三级校对这三个职级；而在医疗卫生行业中，将护理这一职系划分为主任护师、副主任护师、主管护师、护师和护士等五个职级。图 10-6 形象描述了这种划分。

(2)统一职等。前面提到过，各个职系中的职级数量可能不等，各个职系

职门 A								职门 B							
职组 1			职组 2					职组 1				职组 2			
1-1	1-2	1-3	2-1	2-2	2-3	2-4	2-5	1-1	1-2	1-3	1-4	2-1	2-2	2-3	2-4

图 10-6　职务纵向分级之职级划分

中最高或最低职级中的职务，其工作的繁简难易程度、责任大小以及所需人员资格条件等因素也不尽相同，这样就产生一个问题，即各职系的职级无法直接进行横向比较和联系，从而不利于对人员进行统一管理。为此，必须在划分职级的基础上，对所有职系划分统一的职等，即根据工作的繁简难易程度、责任大小和所需人员资格条件等因素，对各职系的职级进行分析和评价，然后将因素相似的职级归入同一职等，如图 10-7 所示，A、B、C、D、E 分别代表五个职系，其中职系 A 中有 10 个职级，职系 B 中有 8 个职级，职系 E 中只有 4 个职级，但经过分析对比后发现，职系 A 中的第 7 职级、职系 B 中的第 2 职级、职系 C 中的第 7 职级、职系 D 中的第 1 职级以及职系 E 中的第 4 职级中包含的职务虽然工作性质有一些差异，但是技能与智能要求、努力程度、解决问题难度等因素基本相同，因此 A7、B2、C7、D1、E4 五个不同职级(包含每个职级中的职务)列为同一职等，即组织中的第 7 职等，薪酬设计中对应相同的薪等，执行相同的职务工资级别。

将职级统一职等的基本目的，是为了对人员进行统一管理，也就是说，无论你在职系中处于什么职级，都可以和所有职系的职级相比较。处于同一职等的职务，它们的报酬待遇应该是相同的，比如美国 3 级看护为第 5 职等，1 级内科医生也属于第 5 职等，他们的薪金相同。

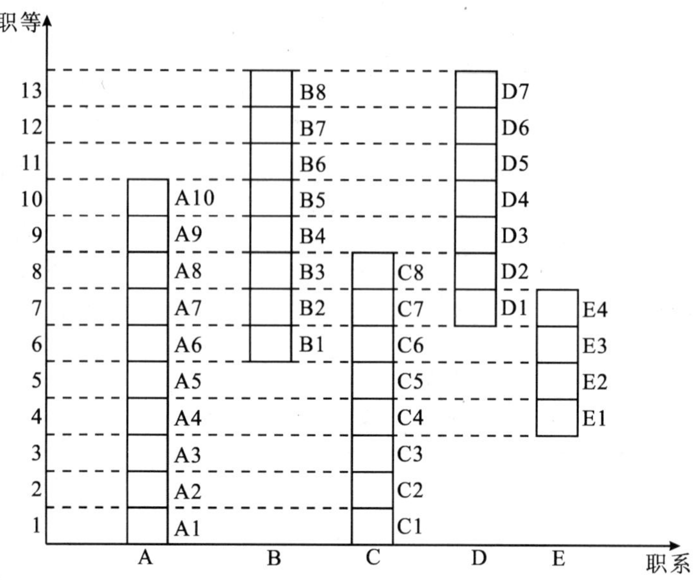

图 10-7 职务纵向分级之职级列等

2.直接生产人员职务纵向分级的实践与方法

在职务评价那一章中,我们谈到很多评价的技术,职务的纵向分级方法其实就是职务评价的技术。组织应用职务排序方法,可以直接获得各种职务的排列次序,但为方便管理,还需将排列序号相近的若干职务归入一个职等,比如排位在第 18、19、20 的职务列入组织最低职等如第一职等。职务分类法可以将职务直接评价到相对应的职务等级上去,但是这两类方法属于非分析性方法,主观性较大。从我国一些组织实践来看,采用要素计点法的比较多,因此,我们就以这样的方法来说明职务纵向分级的过程。先讨论直接生产职务,再讨论管理职务,最后探讨如何将这两个职门的职务职级进行对接和统一职等。

(1)选择职务评价要素。即首先根据组织的生产类型、职务的性质和特征,确定评价要素的地位和重要程度,正确决定评分分值、权重和评价标准。如技术密集性企业,可以将上岗技能要求因素排在首要位置,而对劳动密集性企业,则可以将工作责任或劳动强度放在第一位。对技术工种职务,可主要依据职务所配置设备的繁简难易、精确程度、价值高低等因素来评价;而对熟练工种职务,则可主要根据对产品成本、质量、数量所负的责任进行评价。

表 10-1 直接生产人员职务评价要素表

职务评价要素	职务评价子要素
操作方式	定额弹性程度 手脑结合程度(操作复杂程度) 工作重复程度 上岗文化程度 上岗技能要求 上岗体力要求
职务责任	设备或工艺责任(对产品成本所负责任) 材料或产品责任(对产品质量所负责任) 对节约生产所担负的责任 所用设备价值高低 直接指挥人员的多少 工作中发生错误对组织的影响
操作环境	对人体健康的影响程度 工作危险程度 人心向往程度

(2)建立职务要素评价标准表。即依据重要程度高低,赋予职务评价要素相对合理的量值(点数)。其中需要注意的是:首先,为方便起见,可以先依据职务评价要素间相对重要程度高低,确定程度最低和最高要素,并赋予它们点数。例如,某组织各职务工作环境的差距不大,可以将此要素定为最低要素,同时赋予点数 10 点;而上岗技能要求在各职务之间差距很大,反应了各职务劳动操作方式对员工上岗资格的不同要求,故将此要素定为最高要素,并赋予点数 40 点。同时应该注意,最低要素可以不止一个,但程度最高要素却一般只能有一两个。其次,采用相对比较的方法,将其他诸要素与极限要素一一比较,以认定它们的相对位置,并赋予它们相应的点数。最后,将评价要素依程度高低,分割为数个档次,每个档次都是等距(等差或等比)的。组织可根据自身各工种在这些要素上的差别程度确定划分档次数量,以提高评比的精确程度。若设档太粗,起点档级点数偏高,那么,关键技术工种与一般工种、生产线上职务与辅助生产职务的职级就可能拉不开差距。这个环节的基础工作如果未能做细,将会导致以后制定和调整职务工资时的较大困难,搞得不好,平均主义的弊病就不可避免。所以,如果各工种之间劳动差别大,则可多分几个档次,或者采取设半档等不规则的要素设档方法,如表 10-3 所示。

表 10-2 职务评价要素点数表

评价要素	评价子要素(指标)	基本点	相对权重
操作方式	定额弹性要求	30	3
	上岗技能要求	40	4
	脑力、视力要求	20	2
	上岗体力要求	30	3
职务责任	对产品质量所负责任	24	2.4
	对产品成本所负责任	30	3
	对节约所负责任	20	2
操作环境	工作危险程度	10	1
	工作环境	10	1
	人心流向	10	1

表 10-3 职务评价要素标准表

子要素(评价指标)	1档	2档	3档	4档	5档
定额弹性要求	30	60	90	120	150
上岗技能要求	40	80	120	160	200
脑力、视力要求	20	40	60	80	100
上岗体力要求	30	60	90	120	150
对产品质量所负责任	24	48	72	96	120
对产品成本所负责任	30	60	90	120	150
对节约所负责任	20	40	60	80	100
工作危险程度	10	20	30	40	50
工作环境	10	20	30	40	50
人心流向	10	20	30	40	50

(3)按照要素评价标准对各职务打分,并根据结果划分职级。在对职务划分职级时,可以采用对职务点数离散程度进行统计分析的方法,将比较密集的点数区域所对应的职务划归同一职级,并制定出点数换算表,如图 10-8、表 10-4 所示。

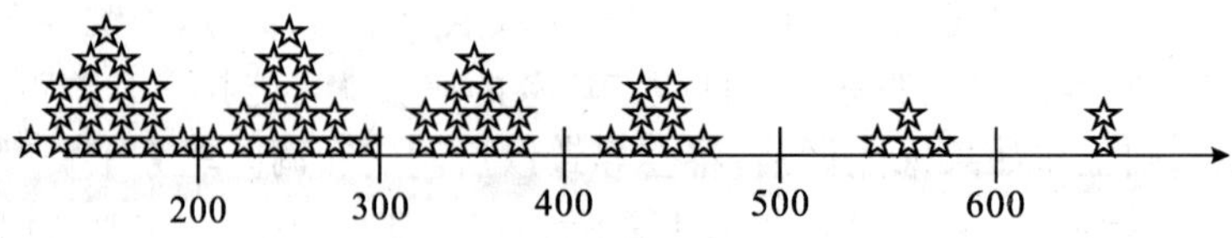

图 10-8 职务点数离散分布图

表 10-4　点数换算表

职级	点数范围	职级	点数范围
1	131～160	5	251～280
2	161～190	6	281～310
3	191～220	7	311～340
4	221～250	8	341～370

(4)对职级统一职等。在完成对职务划分职级的任务之后，应对全部直接生产人员职务的职级统一职等。由于技术工种职务和熟练工种职务在职务评价要素、指标、权重以及评分标准方面存在较大差异，所以虽然我们在技术工种职系和熟练工种职系的内部完成了职级划分工作，每个职系的职务从内部看，达到了公平合理，但是为达到职系之间的职务能够相互比较的目的，我们还需要对两个职系的职级统一职等。基本上有以下三种方法：

第一，经验判断法。组成评价委员会，凭借经验，比较技术工种与熟练工种的劳动差别，作出归等决策。

第二，基本点数换算法。将熟练工种与技术工种在要素评价标准表中的基本点数分别加总，求出两者所占比例，按照比例将其中一类工种的点数折算成另一类工种的点数，然后比较归等。

第三，交叉职务换算法。将既可以归为熟练工种又可以归为技术工种的某些特殊工种，先分别划分职级，然后根据它或它们在两类职系中职级位置，求出技术工种与熟练工种之间的职级换算比例，然后归等。比如，某企业把司机和食堂厨师两个工种都分别按照熟练工种和技术工种划类归级。按熟练工种归级时，两个工种都为四级；而按技术工种归级时，都为二级。那么交叉换算比例为 2：1，这样，熟练工种的四级和技术工种的二级就归为一等，依此类推。

3.管理职务纵向分级的实践与方法

管理职务纵向分级方法基本与直接生产人员职务纵向分级方法相似，但由于管理工作的错综复杂性和工作成果的难以量化等特点，使得对管理人员职务归级工作比对直接生产人员职务归级要更为复杂和困难。而且我国企业管理人员职务没有经过科学的设计，职务设置庞杂混乱，因人设岗的现象比较严重，也给管理人员职务归级带来极大困难。总结国内外职务分析、职务评价与职位分类的先进经验和科学方法，提出以下分级思路和建议：

(1)精简组织结构，加强定岗定员管理，对职务进行科学设计和改进。科学的职务设计，首先要考虑职务的任务和地位。一个职务必须有其存在的意义，也就是说它应该履行明确的功能，并应有明确的工作范围和满额的任务量。除此之外，为完成职务，每个职务需要从别的职务获取一定的信息资料，同时又为别的职务提供一定的信息资料。需要信息和提供信息，也是设计职务时应该考虑的。最后，职务的存在和科学设置也应以承担一定的职责和拥有一定的权力为条件。企业只有按照上面提到的内容和原则设计职务，才能谈得上科学合理。

(2)有效地对管理人员职务进行横向分类工作。在将管理人员职务划分为若干中小类的过程中，应充分体现分类管理的原则，将组织管理人员职务划分为管理类、技术类、事务类等部分。然后再细分为小类，并在每一职系建立相应的职务评价体系和评比标准。

(3)为了有效地完成管理人员职务划类归级的任务，评价要素的项目分档要尽可能多些，职级数目也应多于直接生产人员职务的职级数目(一般为1.4～2.6倍)。

(4)在对管理人员职务归级后，应对管理人员职务职级进行统一列等，从而建立管理类、技术类以及事务类等管理人员职级间对应的关系。应用的方法与前面对直接生产人员职务统一列等的方法一样。

4.直接生产人员与管理人员职级统一列等

在对直接生产人员职务和管理人员职务分别进行了归级和内部列等后，下面的任务是，将两者有机地衔接起来，进行直接生产人员和管理人员职级的统一列等。也就是要决定，管理人员职务的职级如何与直接生产人员职级的对应问题。

管理人员职务中的一般办事员的工作虽然是脑力劳动，但是，该职务主要任务是处理规范性的日常事务，它本身不要求职务任职者进行创造性的思维活动。所以，从某种意义上讲，办事员的劳动相当于普通熟练性生产人员的劳动，因而这两类职务在量的方面和质的方面具有可比性。但是谈到办事员的职级与哪一级直接生产人员职级相对应，应由企业的生产经营特点来决定。一般来讲，技术密集型企业技工最高职级的要求超出社会一般水平，而在这一点上，一般办事员要求则不会超出社会一般水平。所以，办事员的职务不仅不能与直接生产人员最高职级相对应，甚至不能与直接生产人员的次高职级一致。劳动密集型企业就不同，但是，同是劳动密集型企业，因对技术工种的要求不同，办事员与直接生产人员哪一级对应也会不同。总之，应根据组织自身情况来确定。

同时，在统一列等时，也要注意对组织职等数目的确定。前面也曾提到过，职等的数目应根据组织自身情况和特点来确定。总的来说，其考虑因素主要有：

(1)从最基层到最高层，共有多少个工作层次。因为职等的划分如果没有与工作层次结合，那么员工职等的晋升很容易就流于依据年龄资历等晋升的地步，这样的职等划分不明确，也很容易让员工如坠迷雾中而失去目标。

(2)职务晋升时间的长短与晋升机会的多少。如果考虑给员工较多的晋升机会，应相对地多设职等，让员工有满意感和成就感。总的来讲，大型组织职等设置较多，而相反小企业职等较少。

(3)薪资的考虑。一般的情况，职等晋升，就意味着薪资的调整，否则就丧失其实质意义。所以，如果薪资设计差距小，职等可以相应多设；反之，则少设。

总之，职等数目应视行业性质和组织各自特点来确定。在宽带薪酬的带动下，目前很多组织都在积极对自身过多的职等(薪等)进行变革，例如，日本花王公司 1996 年员工约 7000 人，其公司最低职等到最高职等共 7 个。通常而言，制造业企业，从最基层职务到总经理以不超过 10 个职等为原则，有的公司甚至设计 5 或 7 个职等。

5.薪酬设计中的职等分档

职务经过统一列等被归入组织的某一职等，这一职等中包括多种不同工作性质的职务，同一职等反映出职务本身的价值以及对组织的贡献的一致性。但是，同一职等的职务甚至是同一职务上的不同任职者知识技能水平、能力、实际投入、努力程度以及最终的绩效差异很大，组织中的薪酬设计如何反映此类差异，以有效地激励员工呢?通过在同一职等或同一职务中划分多种档次可以使不同能力、不同绩效水平的员工即使在同一种职务上工作，即使此职务所处的职等相同，但是进入职等中不同的档次，薪酬也有差异。

因此，通过职务分档(或职等分档)，每一档次对应着不同的员工能力要求与绩效水平要求，员工在同样的职务上，也能够实现薪酬档次(或档位)的晋升。这样对于绩效优秀或连续优秀的员工，组织可以在不晋升职务的情况下，给员工薪酬水平升档；相对应地，员工绩效差，组织也可以考虑在不降职的情况下，给员工薪水降档。从而实现人员薪酬的柔性化管理，也为员工提供了更为广阔的发展与晋升空间。

职务分档时应该注意以下几个方面：

(1)确定分档数量，明确分档标准。职务分档数量没有统一的规定，但一般来讲，职务档位数量应该考虑两个因素。第一是同样一种职务的技能要求，档位的数量应该能够客观反映高技能水平与低技能水平的个体之间的差距大小，个体技能差距大，划分的档次就多；第二，同样一种职务不同任职者最终的绩效结果差距大小，如果差距大，划分的档次就应多。通常而言，低职等职务分档较少，最高档与最低档薪水差异较小；高职等职务(如销售经理、研发主任、总经理等)分档较多，最高档与最低档的薪水级差大。

7档	完全胜任职务，熟练掌握运用本领域知识技能，或连续绩效突出
6档	完全胜任职务，熟悉本领域知识技能，或绩效突出
5档	完全胜任本职务，具备本领域技能或绩效优秀
4档	标准岗，完全胜任本职务
3档	能基本胜任本职务工作
2档	在指导性下能完成本职务工作
1档	初入岗，见习职务

图 10-9 职务分档标准

当然，这并不是绝对的，因为除了分档数量外，档与档之间的水平差距(级差)也是另外需要考虑的问题。有的职务档位数量多，但级差小；有些职务档位数量少，但级差大。级差大小更多应该考虑此差距是否以及如何对任职者形成激励。除确定分档数量外，还要明确每一档位的标准，如图 10-9 所示，图中第四档对应此职务所处职等的平均水平。

(2)相邻职等(或职务)间档位的相互衔接。相互衔接是指两个相邻的职等或职务在划分档次方面，应该有一定的重叠和交叉，形成一个相互衔接的完整体系，如图 10-10 所示。这主要考虑两个方面的因素。第一，职等方面的晋升基本上等于职务的晋升和调整，当然薪等也会相应提高，而不同职等的职务对人的能力要求存在一定差距。但是人的能力提高是一个过程，在短期内不太可能飞跃和突变。如果两个相邻职等或职务之间的跨度大，要求的能力必然就高，员工很难达到，对员工的激励不但不能增加，反而会降低员工向上拼搏、努力晋升的积极性。第二，较高职等的职务相比较低职等的职务而言，基点工资或中位工资要高，这反映出职务本身的价值差距。但是即使在较低职等的职务上工作，员工也能依靠自身的知识技能因素和优异绩效，达到此职务最高档位，其薪水要高于在相邻较高职等的职务上工作，但绩效和能力差的任职者。这是一种激励和压力并存的设计导向原则。

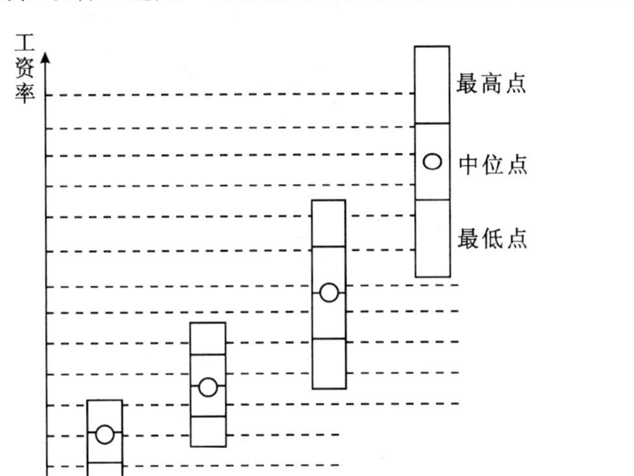

图 10-10 相邻职能分档衔接示意

(3)工资曲线平滑。工资曲线是反映职等(或薪等)与工资率之间关系的曲线,从低职等到高职等的职务,把其中位工资率连接起来,就形成一条平滑流畅的工资曲线。工资曲线的平滑反映了组织中各职务相对价值或职等之间存在的连贯性,它们对于组织的贡献是呈由小到大逐渐增加的连续过程。

第三节 职务分类分级实例

为对职务分类分级内容与结果做更进一步了解,我们在本章中提供了一些组织在职务横向分类和纵向分级方面使用的一些表格、方法以及最终的结果等,供大家参考。

表 10-5 建材企业直接生产人员职务横向分类范例

中类	小类	职务项目
生产操作职务	水泥及水泥制品工	水泥制造工,建筑预制件制作工,水泥配料工,水泥看磨工,水作工,水泥看风工,等等
	石棉及石棉制品工	石棉制品制造工,抗高温石棉制作工,抗酸石棉件制作工,石棉瓦制作工等
	砖瓦制造工	采土、搅拌、挤压、制坯、制砖机操作工,码窑工,烧窑工,出窑工,描瓦工等
	其他非金属矿物制品制造工	碳粉、碳棒、石墨、石膏、滑石粉、碳刷、云母片制作工等
	玻璃、陶瓷工	(略)
辅助职务	运输工	原料运输工,半成品运输工,成品运输工等
	库工	原料仓库、半成品仓库、成品库保管等
	装卸搬运工	汽车、火车车皮、手推车装卸搬运工等
	维修工	机械、电器、工具、仪表、熔炼炉、瓷窑、砖窑维修等
	其他辅助工	(略)
后勤服务职务	医疗卫生	(略)
	宿舍、浴室、理发室	(略)
	食堂、保育	(略)

表 10-6 技术与管理人员职务横向分类表

中类	小类	职务项目
工程技术	设 计	产品研究,设计,标准化,基建设计
	工 艺	工装设计,机加工,热加工工艺等
	检 测	计量,材料检测,产品质量检验等
	试 制	新产品试制
企业管理	综 合	计划,统计,信息中心,政策研究,企管,经济活动分析
	工业工程	设备动力,工厂规划,劳动定额,安全技术,质量控制,材料管理,环境保护,操作方法
	人 事	人事,工资,保险,福利
	销 售	经营,市场推销,售后服务,联营,价格
	行 政	文书档案,安全保卫,消防,武装,涉外管理,宿舍,基建,运输
	财 务	会计,审计,经济核算
其他	教育培训	保育,技工学校、中专、电大、职大、培训中心
	图书资料	情报中心,图书馆,资料室,描图晒图,复制

表 10-7　管理类职务横向职能分类举例(部分)

职门	职组	职系	描述
管理类	行政管理	经营管理	对组织的业务发展/市场销售等经营活动进行管理的职务
		财务管理	从事成本分析/成本费用核算/预算编制/收支账务管理/税费缴纳/固定资产管理等相关工作的职务
		行政管理	从事行政/后勤/人事/培训/保卫/安全等相关工作的职务
	生产管理	制造管理	从事对现场生产加工进行安排/调配/管理的工作职务
		质量管理	从事对产品及零件检验/品质保证/ISO 系统维护等工作职位
	供销管理	贸易管理	从事进出口文件处理/报关业务/快递作业/装运安排/交接等工作的职务
		采购管理	从事各项原材料/固定资产/机器维修配件的采购和外协产品加工/开发/评估供应商等工作的职务
		销售管理	从事客户沟通与服务管理/定单承接管理/销售计划/市场资讯管理等工作的职务

表 10-8　直接生产人员职务归等表(96 个工种)

职等	直接生产人员职务
五岗	皮革主设计;机裁面料、底料;手工绷楦;机绷前尖;混炼压胶工;再生革配料工(化工);生产供气锅炉工;球模具设计
四岗	皮鞋一般设计;成品检验员;厂内外技术指导;硫化鞋底操作工;内线机操作工;验楦工;鞋模压机操作工;球硫化操作工;球裁布工;汽车修理工;加璜压胶、裁胶;鞋面料、底料;球料配料;鞋裁布里;汽车司机;设备科机械加工(包括车、钳、铣、刨、磨、电焊、锻、管工);工艺员;检验员;描图资料管理员;气泵工;仪表修理工;鞋自刷;自扣底操作工;再生革小片压型;再生革刷网工;食堂主炊事员;分厂仿皮大片磨面工
三岗	四、五岗除外的其他生产职务;样板制作;半成品检验;定活加工人员;车间修鞋工;各车间机器维修;插车电瓶车司机;食堂炊事员;托儿所保育员;材料库、成品库保管员;化验员;外勤人员(联系业务、采购、推销等工人);生活用气司炉工;瓦、木、油工;劳动服务公司碎料工人;行政煤柴工;设备科备件库、工具室保管员(账目管理)
二岗	车间收发人员;分活、送活、送料(推车、电梯、送料);称胶、拉胶;挑捡碎料;粘配工;再生革码片工;水质化验员;车队装卸工;食堂辅助人员;售货员;库工;行政辅助人员(茶炉工、厕所清洁工、花卉和设备管理);警卫;托儿所一般人员;基建壮工;长期借出的人防、联防人员;技术资料管理员;设备科备件库、工具室收发工人
一岗	车间扫地;卫生管理;看仓库(角门);再生革看干燥室;看煤场;宿舍门卫;看浴室

表 10-9　我国部分技术人员职务的职组/职系/职级的关系表

职级	正高级	教授	正高级工程师		研究馆员	研究员	主任医师	主任护师	主任药师	主任技师	正高级工程师					高级记者		编审		
	副高级	副教授	高级工程师	高级实验员	副研究馆员	副研究员	副主任医师	副主任护师	副主任药师	副主任技师	高级工程师	高级会计师	高级统计师	高级经济师	高级农艺师	主任记者	主任播音指导	副编审		
	中级	讲师	工程师	实验员	馆员	助理研究员	主治医师	主管护师	主管药师	主管技师	工程师	会计师	统计师	经济师	农艺师	记者	一级播音员	编辑	技术编辑	一级校对
	助理级	助教	助理工程师	主力实验员	助理馆员	研究实习员	医师	护师	药师	技师	助理工程师	助理会计师	助理统计师	助理经济师	助理农艺师	助理记者	二级播音员	助理编辑	助理技术编辑	二级校对
	员级			实验员	管理员		医士	护士	药士	技士	技术员	会计员	统计员	经济员	农业技术员		三级播音员		技术设计员	三级校对
职系		教师	科研人员	实验人员	图书/资料/档案	研究人员	医疗/保健/预防	护理	药剂	其他	工程技术	会计	统计	管理	农业技术人员	记者	广播/电视/播音	编辑	技术编辑	校对
职组		高等教育				科学研究	医疗卫生				企业				农业	新闻		出版		

表 10-10　某控股集团职务分类分级表

职类	职　级	职　　务
领导	2	控股公司总经理
	1	控股公司副总经理
管理	6	二级公司总经理、控股公司部门部长
	5	二级公司副总经理、控股公司部门副部长
	4	二级公司部门经理、三级公司经理、高级业务主管
	3	二级公司部门副经理、三级公司副经理、控股公司部门业务主管
	2	三级公司部门经理
	1	三级公司部门副经理
专业	8 专家级	总工程师、总会计师
	7 副专家级	副总工程师、副总会计师
	6 主管级	(控股公司专业技术主管)会计主管、项目工程师、人事主管
	5 专员Ⅰ级	(控股公司专业人员)(二级公司专业技术主管)
	4 专员Ⅱ级	(二级公司专业人员)(三级公司专业技术主管)
	3 专员Ⅲ级	(三级公司专业人员)人事劳资员、经营管理员、计划统计员、经济分析员、基建会计员、会计员、企业管理员、规划技术管理员、投资分析员、统计员、技术管理员、预决算员、电气试验负责人、热力站站长
	2 干事级	供热管理员、供水管理员、工程管理员、道路运行管理员、电器设备管理员、设备管理员、路灯运行管理员、自控仪表管理员、锅炉运行管理员、工程继保管理员
	1 辅助级	土壤化验员、电器实验员、水质化验员、出纳员
业务	3 高级	业务(拓展)员、报关员、业务员、项目招商员
	2 中级	用户检察计量管理员、用户行业管理员
	1 初级	安全管理员、理货员
事务	2 中级	总务管理员、行政管理兼工会干事、行政管理员、文秘兼党务、文秘、招投标管理员、内勤员
	1 初级	基建档案管理员、文档管理员、收费统计员、数据录入员、服务员、文书管理员
操作	3 高级	厨师、总调度
	2 中级	司机、车辆管理员、调度员、电工领班
	1 初级	运行制冷工、库房管理员、物资管理员、电气运行工、电工、水暖工

表 10-11 某控股集团职务分级列等表

职等	领导	管理	专业	业务	事务	操作
Ⅻ	控股公司总经理					
Ⅺ	控股公司副总经理		专家级			
Ⅹ		二级公司经理级	副专家级			
Ⅸ		二级公司副经理级				
Ⅷ		二级公司部门经理级		高级业务主管		
Ⅶ		二级公司部门副经理级	主管级			
Ⅵ		三级公司部门经理级	专员Ⅰ级			
Ⅴ		三级公司部门副经理级	专员Ⅱ级	高级业务员		
Ⅳ			专员Ⅲ级	中级业务员		
Ⅲ			干事级	初级业务员	中级事务员	高级工
Ⅱ			辅助级		初级事务员	中级工
Ⅰ						初级工

表 10-12 某电子公司职务分类分级表

职类	职级	职务
领导	总经理级	总经理
	副总级	副总经理
管理	部门经理Ⅰ级	生产一部经理;生产二部经理;技质部经理
	部门经理Ⅱ级	行政管理部经理;财务部经理
	主管Ⅰ级	生产主管;外协主管;总经理助理
	主管Ⅱ级	QA 主管;人事主管
	管理Ⅰ级	生产计划;生产线班长;维修班长
	管理Ⅱ级	采购员;综合统计;物流运输组组长;IPQC;出纳员
	管理Ⅲ级	会计核算员;仓库统计;食堂管理员;宿舍管理员
	辅助级	质量统计;人事文员;生产内勤
技术	技术Ⅰ级	产品工程师
	技术Ⅱ级	工艺工程师
操作	高级	机插作业员;波峰焊作业员;司机
	中级	检测作业员;贴片作业员;维修作业员;维修工
	初级	手插作业员;组装作业员;装卸工;厨师;库管员

表 10-13　某电子公司职务等级表

职务等级	领导	管理类	技术类	操作类
9	总经理			
8	副总经理			
7＋		部门经理Ⅰ级		
7		部门经理Ⅱ级		
6＋		主管Ⅰ级		
6		主管Ⅱ级	技术Ⅰ级	
5		管理Ⅰ级	技术Ⅱ级	
4		管理Ⅱ级		高级
3		管理Ⅲ级		中级
2		辅助级		
1				初级

【综合技能训练】高校中职务的分类与分级

请以上面职务分类分级范例为参考，对你所在的大学或学院中的职务进行职务分类与分级，具体步骤如下：

1. 思考你所在的大学或学院职务设置情况，尽可能多地罗列出你能想到的和看到的职务名称；

2. 请其他同学在此基础上帮忙添加和修改一些职务；

3. 形成 XX 大学或 XX 学院职务设置清单；

4. 根据工作性质对全部的职务进行横向分类；

5. 依据工作繁简程度与任职资格高低等因素，对同一职系属类中的职务进行比较、判断和评价，形成每一职系中的若干职级；

6. 跨越职系，应用一定的方法将不同职系的职务对等起来，形成职等；

7. 形成 XX 大学或 XX 学院职务分类分级表，并将结果与任课教师沟通探讨。

思考题

1. 职务横向分类与纵向分类存在什么区别和联系？

2. 职务横向分类的步骤是什么？职务横向分类时应注意什么？

3. 职级与职等有什么本质区别？

4. 组织如何确定职等数目？

5. 职级统一列等时，可以采取的方法主要有那些？

6. 职务分档应该注意哪些问题？

参考文献

1. 安鸿章. 工作岗位的分析技术与应用. 南开大学出版社,2001 年
2. 安鸿章. 工作职务研究原理与应用. 中国劳动出版社,1998 年
3. 赵永乐. 工作分析与设计. 上海交通大学出版社,2006 年
4. 丁建权. 职位分类原理及实施. 中国人事出版社,1991 年
5. 李盛平，陈子明. 职位分类与人事管理. 中国经济出版社,1986 年

第十一章

职务发展系统

本章学习要点

- 掌握职务发展的概念与内涵
- 了解职务发展的理论与内容
- 了解职务发展需求分析的方法
- 掌握职务丰富化的方法与操作要点
- 了解职务的发展趋势

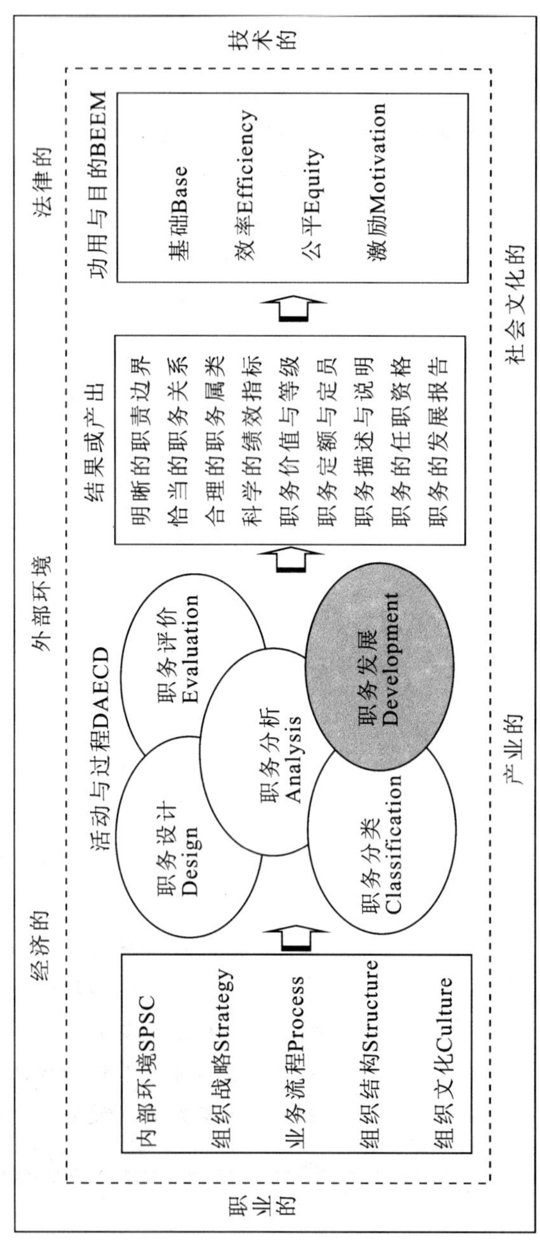
外部环境
经济的
法律的
技术的
社会文化的
产业的
职业的
内部环境SPSC
组织战略Strategy
业务流程Process
组织结构Structure
组织文化Culture
活动与过程DAECD
职务设计 Design
职务分析 Analysis
职务评价 Evaluation
职务分类 Classification
职务发展 Development
结果或产出
明晰的职责边界
恰当的职务关系
合理的职务属类
科学的绩效指标
职务价值与等级
职务定额与定员
职务描述与说明
职务的任职资格
职务的发展报告
功用与目的BEEM
基础Base
效率Efficiency
公平Equity
激励Motivation

职务发展从人的角度出发，以人本管理理念和激励为导向，提出对先前职务设计中存在的问题进行变革的需求，组织进而采用职务再设计技术来重新改变职务。职务发展是根本，是驱动力。正是由于人的需求变化以及人的个性要求不断彰显，才使得组织中的职务摆脱了呆板的模样，变得更有个性、更富灵性。组织和任职者通过职务发展获得提升与双赢。

第一节　职务发展概述

一、职务发展的概念与内涵

职务发展(Job Development)是指从组织需要和职务任职者需要的角度出发，对职务内容、功能、关系以及其他与之相关要素进行的重新设计变革，以达到组织和任职者共同发展的目的。

职务发展关注职务与人的动态平衡和匹配。大家知道，职务管理的核心思想是按照职务要求配备人员，人员和职务匹配，这样才能提高效率，使得员工更加精进工作，并带来工作满意。但是职务和人都是会发生变化的，职务的内容变化会带来相应人员培训与教育的需求；同样在履行职务时，任职者的整体感觉和心理需求会发生变化，任职者的知识、技能也会发生变化，这样就要求职务也要随着变化，才能做到人和职务的动态匹配。

通常，员工会关注职务给他或她带来了什么，如个体完成职务的满意度如何？个体在职务履行中接触哪些人和机构？这些是否满足了个体的成长需求和心理需求？个体是否能够从职务中获得技能？是否增加了他或她在人才市场上的可雇佣能力？职务完成能够为员工提供学习、反思的机会吗？等等。

因此，职务发展更多是从职务任职者的角度出发，为达到他们的需求和满意，而对先前的职务要素进行的改变。职务发展与职务设计有着非常紧密的联系，但是它们又有很大不同。首先，狭义的职务设计是从完成组织任务角度来对职务内容、关系、职能等进行设定，提高组织效率是职务设计的目的，其核心是管理；而职务发展则是从人的角度出发，本着如何提高员工的需求和满意来改变职务，其核心是发展。其次，狭义的职务设计关注更多的是组织职务中的保健因素，比如安全的工作环境、职业伤害、孤独等；而职务发展则关注组织职务中的激励因素，如工作技能多样、工作关系、学习与培训、晋升与轮换、职业生涯发展等等。最后，职务设计与职务发展又是“一个硬币的两面”：职务设计需要职务发展来改进和提高；职务发展又要通过职务设计与职务再设计才能达成。所以，职务发展是根本目的，是驱动力；职务设计与再设计则是手段和过程。

当然，职务发展也离不开职务分析、职务评价和职务分类分级等职务管理活动，只有在上述活动的基础上，才能对职务有一个更清楚、更准确的认识，发现职务中可能存在的问题，任职者有哪些不满意，它们的期望是什么，因此，我们可以看出，职务管理的各项活动之间紧密相连，环环相扣。

二、职务发展的意义与目的

(1)发挥人力资源自身的能动性，提高组织有效性，顺应“以人为本”的现代人力资源管理理念的发展。大工业生产、流水线以及科学管理注重的是效率的提高和单纯任务的完成，忽略了员工的情感反应，人沦为流水线和机器的“附庸”，失去了存在的价值。人力资源管理恰恰是对人性的唤起，注重人的需要和反应以及人的资源能动性。所以，以员工为中心进行职务发展，充分体现了以人为本、员工是合作伙伴、人性化等组织管理理念，既能做到组织对员工的认可和重视，满足任职者个人需要，提高员工工作的动机、满意度以及工作生活质量；又使得职务履行更具有效性，推进了组织生产、管理的高效和产出最大化，最终达到“双赢”的效果。

(2)职务发展降低了员工工作的单调枯燥等感觉，减少了员工缺勤、怠工、离职等现象，通过把员工安排到他们感兴趣的职务上，或者为员工提供定制化的职务来留住优秀的、有才华的员工，由此降低了管理成本。

(3)职务发展以及职务再设计是对组织中职务设置、职务职责等问题的重新思考和审视，提供管理者检视职务问题与相关管理问题的途径。

(4)职务发展满足了组织发展和社会进步的需要。职务是组织和社会的“细胞”，人和职务的结合既满足了组织与社会目标的达成，又促进了组织和社会的发展与进步。现在的人们更加崇尚个性的张扬与发展，喜欢做自己喜欢的工作，更愿意以自然的方式、以团队的方式来完成工作，这是社会发展的必然趋势，组织中的职务也要做出相应的调整，以实现人与职务的共同发展。

三、职务发展理论

职务发展需要对职务进行分析以及对职务任职者满意度进行调查，在此基础上，进行职务再设计，因此，职务再设计是职务发展的核心和实现途径，职务再设计的理论就是职务发展的理论。

影响现代职务再设计活动的理论主要有双因素理论、职务特征理论和社会技术系统理论。

（一）双因素理论

美国心理学家赫茨伯格（Herzberg）通过大量的案例调查，研究影响员工工作满意度的原因。他发现造成员工非常不满意的原因有薪水、公司的政策、工作条件、工作保障、公司的管理与监控，与上级、下属、同事之间的私人关系等因素，但这些因素得到改善只能消除员工的不满意，并无法为员工带来满意。因此他将这些因素称为“保健因素”。另外，他发现给员工带来满意的因素主要是工作中的成就感、工作给人的责任感和挑战性、工作中的个人发展机会、对工作结果的认同等因素，这些因素能够对员工起到激励作用，如果缺乏这些因素，就会使员工的工作积极性和热情下降。这些因素称为“激励因素”。

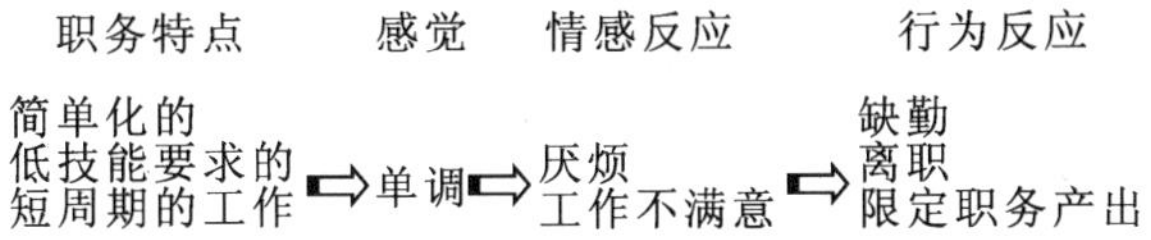

职务特点		感觉		情感反应		行为反应
简单化的 低技能要求的 短周期的工作	⇨	单调	⇨	厌烦 工作不满意	⇨	缺勤 离职 限定职务产出

图 11-1　简单的、低技能职务给任职者带来的连锁反应

按照双因素理论，个体更可能受到职务内在因素方面（如工作内容是否有意义）的影响，而不是职务的外部特征，如工资等。因此，真正激励员工的关键不是通过金钱性刺激，而是通过职务再设计而使工作变得更有意义。在职务发展与再设计的时候，只有改善这些激励因素，才能真正提高员工的积极性和创造性。激励会影响员工的努力方向（direction）、努力强度（amplitude）和努力或行为的持续性（persistence）。

赫茨伯格认为的工作中的激励因素包括：工作成就感，工作被认可或被赏识，工作本身内容的兴趣、多样化、挑战和免于厌烦，职责（信任和委以全责）、提升的速度和可能性、个人从中获得的成长等等。

（二）职务特征理论

哈克曼提出的职务特征理论对现代职务设计具有直接的指导作用。职务特征理论认为，体现在具体工作体系中的客观职务特征是影响员工工作行为的重要因素，通过职务特征的改进，员工能够体验到工作所具有的意义，意识到职务对于组织、他人的责任感，同时又能够充分了解到工作的结果，那么，他们的工作动机将得到内在激励，并产生更好的绩效。

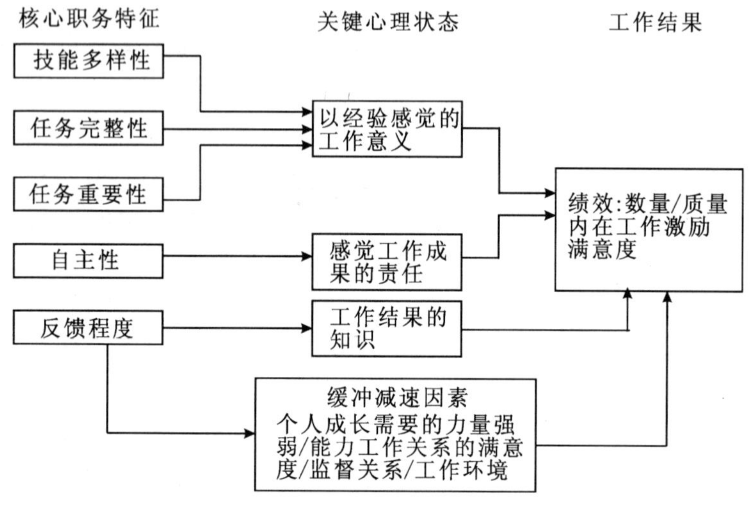

图 11-2 职务特征模型

Source: J. R. Hackman and G. R. Oldham, Work Redesign, p. 90, 1980, by Addison-Wesley Publishing.

职务特征模型提出以下五种可以考虑的职务特征因素：

(1)技能多样性(Skill Variety)：表示工作对不同类型活动的需求程度，以及由此决定的对员工所应具备的技能要求的多样化程度，也就是，一个工作是需要多种不同的技能才能完成，还是单一的技能就可以完成。

(2)任务完整性(整体性)(Task Identity)：表明一个职位是否需要完成一系列完整的工作，即一个职位是需要完成一套完整的工作，还是只需要完成完整工作中的一个具体环节。

(3)任务重要性(Task Significance)：主要指一项工作对别人的工作和生活的意义和影响。

(4)工作自主性(Autonomy)：主要指任职者在安排工作的内容和程序方面有多大的自由度和独立性。

(5)工作反馈(Feedback)：主要指任职者在完成工作任务的过程中，在多大程度上可以获得有关自己工作绩效的直接而明确的信息。

这五种特征通过影响三种关键心理状态来决定某一职务的激励潜能，这三种心理状态分别是：以经验感觉的工作意义感(experienced meaningfulness)、责任(responsibility)、对于结果的认识(knowledge of results)。按照这一模型，当核心职务特征提高时，个体也将拥有高的内在工作激励。这也被期望导致工作数量和质量的提高、工作满意感增加以及缺勤率、流失率降低等结果。

但是，根据职务特征模型，职务特征对激励效果的影响需要员工对工作环境(work environment)(如监督关系、工作条件等)有一定的满意感，这样他们才能有必要的能力完成工作，也才能实现个人的成长。如果这些因素缺乏，即使有高的职务特征因素，积极的激励结果也不会出现。研究表明，高成长需要的员工，相对低成长需要的员工，职务特征因素与激励效果有着更大的正相关。研究也表明，激励性职务设计方法能有效提高员工的满意度和员工绩效，但是这种变革不足以持续地导致绩效数量的提高。

表 11-1　职务特性高低的例子

技能多样性：

高：小型汽车修理厂的所有者和经营者。他的工作内容主要包括：进行电子维修、装配发动机、做一些体力劳动、与顾客接触、收款并记帐、采购零配件等。

低：汽车制造公司装配线上的工人。他只负责装配汽车中的座椅，所需要的技能只是搬运物体和拧紧螺丝。

任务同一性：

高：个性裁缝店的裁缝。他需要完成设计图样、裁剪、缝纫、熨烫、添加饰品等制作一件衣服的全部工作。

低：服装厂流水线工人。他只负责为每件衣服订上商标。

任务重要性：

高：医院里危重病房的护理人员。

低：医院里的擦地板人员。

工作自主性：

高：推销员。他可以自己决定会见客户的日程安排，以及会见客户的方式，独立自主地完成销售活动。

低：超市的收银员。他必须在规定的时间内、在指定的工作岗位上将顾客选购商品的价钱输入收款机，收钱并找回零钱，对工作的程序和时间安排不得进行改动。

工作反馈：

高：电子产品工厂中进行电子元器件安装，然后进行检测了解其性能的工人。

低：电子产品工厂中进行电子元器件安装，然后将产品交给检验员进行检测的工人。

(三)社会技术系统理论

社会技术系统理论是根据英国塔维新托克研究所一系列工作研究而形成的。其研究特别强调整个工作系统的总体设计的重要性。试图以此促进企业组织中社会系统与技术系统两方面的进一步联系和相互配合。社会技术系统理论认为,组织的活动效率与工作绩效是由组织系统内的社会心理子系统与技术结构子系统共同作用的结果。社会心理系统包括个体、人际之间和群体的各方面的相互作用与关系,组织气氛和文化价值观等;技术结构系统则包括生产技术类型、设备工具、作业标准与工作方式等。在进行职务发展时,必须对这两个方面做出充分的考虑。

这种职务再设计的思想主要表现在:

(1)在设计厂房、工艺和安装设备时,应考虑到把技术系统和社会系统、组织任务和人的需求结合起来,将技术系统设计得有利于人的身心健康,有利于发挥人的创造性。

(2)按照职务特征理论来构造任务,使得职务从内在上起到激发员工主动性与积极性的作用。

(3)组成自治性小组,小组成员共同学习和相互交往,这样既提高工作的效率,又达到个人满足心理需求的目的。

因此,社会技术系统理论在职务发展方面关注的不仅仅是职务的内容,更多地将职务与职务之间,职务与组织,职务与环境,职务的技术要求与心理要求等结合起来,视作一个大的系统。

四、职务发展原则

(1)给员工尽可能多的自主性和控制权,如维修部经理允许维修人员自己定购零件和保管库存。

(2)让员工对自己的绩效做到心中有数,如主管与下属进行定期的绩效反馈面谈,并且建立渠道让员工了解同事和客户对自己的评价。

(3)在一定范围内让员工自己决定工作节奏,如实行弹性工作政策。

(4)让员工尽量负责完整的工作,如建立项目管理制度,让员工独立负责一个项目,从而接触一项工作从始至终的全过程。

(5)让员工有不断学习的机会,让员工参加各种技能的培训并进行职务轮换,丰富员工所掌握的技能。

第二节　职务发展的需求分析

一、职务发展与再设计需求

在下列几种情况出现时，管理者可以考虑通过职务发展与再设计来解决问题：

(1)原先的职务设计不合理。职务设计出现有些职务工作量大，有些职务工作量小；或者工作有较多的重叠或空白点，影响了工作的完成，破坏了组织中的公平与和谐。

(2)管理变革与业务流程重组再造。组织经营管理模式变革以及流程发生变革，职务也要相应地改变或重组。

另外，由于任职者在职务完成过程中，受到职务本身的激励不足，也会导致一些症状。管理者通过诊断这些症状，分析其中的根本性原因，排除物质激励或其他管理政策的实施等情况，通过职务发展等途径来增加职务中的激励要素，进而解决这些问题。这些症状包括：

①效率下降；

②任职者满意度下降；

③缺勤率和离职率上升；

④员工完成职务的情绪不高，缺乏工作热情和激情，主动进取和精进工作的意识和努力减退；

⑤产品的残次品率上升，员工不关注产品或服务的质量；

⑥员工与管理层之间产生抵抗情绪与冲突；

⑦员工责任感不高。

二、职务发展诊断方法

1. 观察法

通过实际观察来了解员工在工作中具体存在哪些问题影响了工作效率和工作积极性。观察法适合于中小型组织，以及作业流程单一的组织。观察法可以很快地发现比较浅层的管理问题，但很难发现深层次的问题。

2. 面谈法

通过与职务任职者面谈，来了解情况的一种办法。

3. 分析工作流程法

将工作流程进行重新分析，以期发现问题的症结。

4. 结构线索法

寻找通常与低劣的工作情况相联系的职务环节。通过这些环节来整理出原先职务设计中的问题。

5. 调查问卷法

调查问卷法是一种比较可靠，且易于操作的方法。特别是对某个职务的所有员工进行相同的问卷调查，通过对问卷调查的分析往往能够找到问题的症结。采用调查问卷法时，问卷的设计非常重要。

三、职务发展诊断问卷

从职务特性模型中的五种核心特征中，可以得出一个预测性指标，即职务激励潜能分数(Motivating Potential Score，MPS)。

其计算公式如下：

MPS＝(技能多样性＋任务同一性＋任务重要性)÷3×工作自主性×工作反馈

从公式中可以看出，激励潜能高的职务必须在导致工作有意义的3个因素，即技能多样性、任务同一性、任务重要性上至少有一个因素得分很高，而且在职务自主性和工作反馈上的得分也很高。如果激励潜能的得分高，那么就可以预测，员工的工作积极性、工作绩效和工作满意度都会提高，而缺勤率和流动率会有所下降。

表 11-2 职务任务特性调查问卷

下面这些问题与你目前所从事的工作的特点有关，请就每一道题目根据你的实际情况进行选择。对每一道题目都请你做出两次评定，第一次是针对你目前工作的实际情况进行选择，第二次是按照你所希望的情况进行选择。

针对每一个问题，都按照以下5个等级进行评定：

5——很大程度或具备很多这种特性。

4——较大程度或具备较多这种特性。

3——中等水平。

2——较小程度或具备较少这种特性。

1——很小程度或具备很少这种特性。

	问　　题	实际情况	希望情况
1	你的职务在多大程度上能让你每天都干好多不同的工作，工作经常有些变化？		
2	在完成自己工作时，你有多大程度的自主权？		
3	要是别人不对你说，你能在多大程度上判断自己的工作做得怎么样？		
4	在多大程度上，你觉得自己只是一部大机器上的一个小零件？		
5	在多大程度上，你的工作是别人干完后，你才接着干下去的？		
6	在你的职位上，工作有多大的多样性？		
7	在工作时，你能在多大程度上不依靠领导而独立行事？		
8	看到了工作结果，你能很清楚地了解你的工作干得怎么样吗？		
9	你的工作对整个工作单位的重要性有多大？		
10	在多大程度上你能看到工作任务从头到尾完成的全过程？		
11	在多大程度上，你的职位要求你整天反复做同一种工作？		
12	你有多大的自由可以决定自己用什么样的方式来进行工作？		
13	工作本身能在多大程度上告诉你工作做得好坏？		
14	你在多大程度上能感到自己是在为单位做出有意义的贡献？		
15	你的工作在多大程度上是别人已经开过头的？		

表 11-3　典型员工履行职务以及特征分析

由其他人做出任务相关决策	分数							决策时必须考虑任职者意见，否则就抗议
仅仅能够处理有限数量的任务	1	2	3	4	5	6	7	能够包含多种任务与技能的职务
履行职务中没有社会交往	1	2	3	4	5	6	7	职务中的社会交往很重要
能够容忍单调乏味的工作	1	2	3	4	5	6	7	需要有兴趣的工作
需要严格定义的职务结构与描述	1	2	3	4	5	6	7	工作任务没有被明确界定的情况下，也同样完成得很好
需要告诉该做什么以及如何做	1	2	3	4	5	6	7	能够组织任务顺序和方法
不能承担决策责任，也提不出改进工作的意见	1	2	3	4	5	6	7	能够承担责任，并表现出创新意识
技能与知识较差	1	2	3	4	5	6	7	技能与知识较强

表 11-4 理想职务特征再设计检查表

	分			数			
做什么事以及如何做等这些事情由管理监督人员来决策	1	2	3	4	5	6	7	通过与员工集体谈论达成共识来决策
工作方法要经由管理监督人员批准	1	2	3	4	5	6	7	个人或小组自由决定工作方法
财务性激励是最重要的，如奖金	1	2	3	4	5	6	7	非财务性激励是重要的，如挑战性的任务
纪律经由严密的监督和控制	1	2	3	4	5	6	7	个人或小组自我控制纪律，管理人员宽松的控制
个体或小组仅仅获得与工作相关的特定信息	1	2	3	4	5	6	7	所有相关信息一起共享
职务被清晰地界定，任务结构化	1	2	3	4	5	6	7	职务设置较为弹性，允许小组解决问题
管理层设定目标并考核监控目标	1	2	3	4	5	6	7	小组设定目标并自我监控目标
向上有着清晰的权限层级，上级承担最终的责任	1	2	3	4	5	6	7	授权，不管个体头衔地位如何，相应地要承担责任

表 11-5 职务再设计与工作结构分析表

职务名称： 部门：					
1. 工作内容	很低 1分	低 2分	平均 3分	高 4分	很高 5分
完成职务有可见的结果					
职务中的任务与任务之间有着清晰的关系					
该职务与整个流程之间有着清晰的关系					
任务加工、空间位置以及节奏等有着较多的多样性					
任务没有重复性，每次都包含新鲜的元素或要求					
需要有价值的技能与能力					
本工序的时间耽搁或缺陷在下个工序中能够反映出来					
2. 任务组织					
职务完成中包含目标设定					
包含自我评估绩效					
包含常规决策，如工作中断，轮换等					
包含职务相关的非常规决策					

续表

职务名称：	部门：				
对任务完成的方法、程序能自主控制					
对团队行动有着影响					
团队用来解决问题的时间					
3.工作条件					
舒适的照明					
工作区域的整洁					
远离烟雾等可能带来的身体健康危害					
温度与湿度问题					
噪音问题					
工作姿势问题(坐、立、蹲等)					
安全事故情况					
4.社会机会					
在工作区域没有人可以交谈					
可以交谈的时间					
工作同事的稳定性					
团队或群体工作					
发展社会交往的休息休闲设施					
5.职业生涯机会					
职务本身新的挑战与机会					
个人发展的培训机会					
个人发展的可轮换职务					
现实晋升机会					

表 11-6　职务丰富化诊断问卷调查表

一、基本信息	
姓名：	填写日期：　　年　　月　　日
职务名称：	职务编号：
所属部门：	部门经理姓名：
二、工作内容调查	

1.请准确、简洁地列举你的主要工作内容(若多于8条可以附纸填写,下同)：

(1)＿＿＿＿＿＿＿＿＿＿　(2)＿＿＿＿＿＿＿＿＿＿
(3)＿＿＿＿＿＿＿＿＿＿　(4)＿＿＿＿＿＿＿＿＿＿
(5)＿＿＿＿＿＿＿＿＿＿　(6)＿＿＿＿＿＿＿＿＿＿
(7)＿＿＿＿＿＿＿＿＿＿　(10)＿＿＿＿＿＿＿＿＿＿

上述内容,与职务描述中的内容是否有差异？如果有,有哪些？产生的原因是什么？

续表

2. 请列举你有决策权的工作项目？ (1)________ (2)________ (3)________ (4)________ (5)________ (6)________ (7)________ (8)________
上述内容，与职务描述中的内容是否有差异？如果有，有哪些？产生的原因是什么？
3. 请列举你没有决策权的工作项目？ (1)________ (2)________ (3)________ (4)________ (5)________ (6)________ (7)________ (8)________
上述内容，与职务描述中的内容是否有差异？如果有，有哪些？产生的原因是什么？
三、职业发展调查
1. 请描述你为自己设定的职业发展目标？
2. 你认为这个目标和企业为你制定的发展目标一致吗？如果不一致，差别在什么地方？
3. 为了达成你个人的职业发展目标，你认为企业应该为你做些什么？
4. 在当前的职务情况下，你是如何向你的职业发展目标迈进的？
四、适应性调查
1. 你是否还具有工作的热情？如果没有，则原因是什么？
2. 你是否对现在的状态感到满意？如果不满意，你希望是什么样的状态？
3. 你是否能在没有工作热情时，同样做好自己的工作？
4. 你是否认为工作和兴趣相结合很重要？
五、相关问题调查
1. 你自己在工作中最大的困难和苦恼是什么？
2. 你是否喜欢为自己的工作做计划？

续表

3. 你认为直接上级应该再给你哪些方面的权力？
4. 你对目前的职务描述和职务资格要求有什么看法？
5. 你希望对职务描述和职务资格的哪些内容进行修改？
6. 你对职务资格要求有哪些建议和意见？

第三节　职务再设计方法

一、人际关系学派的职务再设计

人际关系管理学派及其思想在职务发展中运用的方法是在以传统职务设计方法设计出来的枯燥的工作内容中增加激励的成分，增加职务本身对员工的吸引力。这种方法强调职务对承担这一工作的员工心理的影响、体验到的工作成就感和满足感。

根据人际关系学派的观点，职务再设计方法包括职务轮换、职务丰富化和职务扩大化等内容。

（一）职务扩大化(Job Enlargement)

1. 概念

职务扩大化是指工作的范围(Scope)扩大，旨在向员工提供更多的任务，即让员工完成更多的工作量。比如对出纳职务扩大化后就增加了诸如给客户提供资料、处理货品的退换交易以及训练或协助其他员工等任务或职责。当员工对某项职务更加熟练时，提高他的工作量(相应的也提高待遇)，会让员工感到更加充实。

2. 职务扩大化的优点

职务扩大化横向扩大了工作范围，使员工工作内容多样化，使员工有更多的工作可做。通常这种新工作任务同员工原先所做的工作非常相似，比如，服装厂员工不仅像原来那样负责为服装订上商标的任务，而且还要负责检查服装尺码是否正确，接缝处的针脚是否匀称，然后再为服装钉上钮扣和商标等任务。这种职务设计带来高效率，是因为不必要把产品从一个人手中传给另一个人而节约时间。此外，由于完成的是整个产品，而不是一个大件产品的某一项工作任务，从心理上也体验到职务的完整性。职务内容增加了，相应的要求员工掌握更多的知识和技能，从而提高员工的工作兴趣，减少了职务简单化带来的单调枯燥和乏味的感觉。

一些研究报告指出，职务扩大化的主要好处是增加了员工的工作满意度和提高了工作质量。IBM公司则报告，职务扩大化导致工资支出和设备检查的增加，但因质量得到有效改进以及员工满意度提高等收益从而抵消了这些额外费用；美国梅泰格(Maytag)公司声称，通过实行职务扩大化提高了产品质量，降低了劳务成本，工人满意度提高，生产管理变得更有灵活性。

3.职务扩大化的缺点

职务扩大化增加了员工工作的多样性和挑战性，使得员工感到工作更有意义，员工的工作积极性在一定程度上提高了，他们对工作的满意程度也得到提高。但是在一些组织中，职务扩大化反而使得工作效率会有所下降。这是因为在高度专业化分工的工作中，员工在生产线上只负责一道工序，其技能非常熟练，从而能节省大量时间；而当一个工人要同时负责两个、三个甚至更多工序的工作时，他不得不在多个工序间来回转换，这样会浪费一些时间。但是这种时间上的浪费会随着工人的熟练程度的提高得到改善，而且工人们的工作热情和兴趣的提高增加了他们对工作的投入，使得他们的工作效率提高，这样反而会比原来的工作效率更高。当然会有一些少数员工反对职务扩大化，他们认为，以前只有一件令人讨厌的工作，在职务扩大化之后，就有两三件令人讨厌的工作了，同时由于这种方法仍然没有改变员工的工作性质，反而使员工做了更多工种的工作，并为管理当局提供了裁员的机会与借口。赫茨伯格批评职务扩大化是“0+0”。

(二)职务轮换(Job Rotation)

1.职务轮换的概念

职务轮换是指在不同的时间阶段，员工会在不同的职务上进行工作，也就是将员工轮换到另一个同样水平、技术要求相接近的职务上去工作。如下图所示，工人甲乙丙三人在不同时间从事不同的工序工作。还比如人力资源部门的“招聘专员”工作和“薪酬专员”的工作，从事该项工作的员工可以在一年进行一次职务轮换。

长期从事同一个职务的工作，特别是那些从事常规性工作的员工，时间长了会觉得工作很枯燥，缺乏变化和挑战性。员工出于自己成长和发展需要，也不希望自己只掌握一种工作技能，希望能够掌握更多的不同的技能以提高自己对环境的适应能力以及自身在劳动力市场上的可雇佣性。

按照轮换的方向，可以将职务轮换分为纵向轮换和横向轮换。纵向轮换指的是升职或降职，因此通常我们所说的职务轮换多意味着水平方向上的变化。按照轮换的范围，可以将轮换分为科室范围内、部门范围内、工厂范围内以及整个组织范围内的职务轮换，有些组织出于成本和职务可轮换性的考虑，将轮换的范围局限在一定范围内。

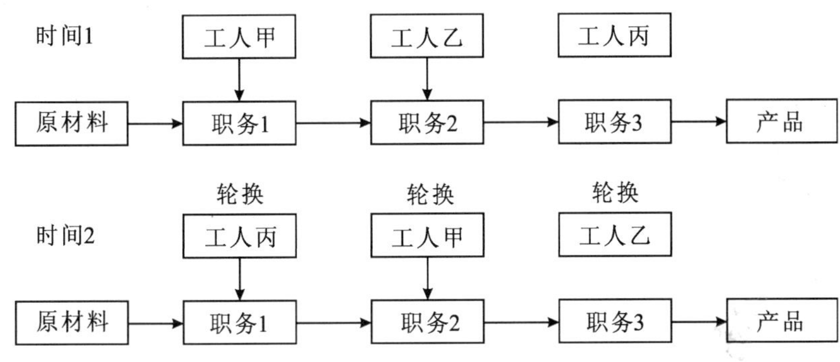

图 11-3　职务轮换图

2. 职务轮换的优点

首先，职务轮换使得员工有机会了解其他部门或者掌握其他工作，员工拓宽了视野，掌握更多的技能，降低长期从事单一工作造成的心理单调枯燥的感觉；其次，员工通过职务轮换感受到组织不同工作甚至是不同部门的新鲜感和工作的刺激和体验，增进员工对不同职务以及不同部门的理解，提高了相互之间的协作效率。第三，通过职务轮换活动扩大了员工所掌握的技能范围，使员工能够很好地完成工作，更好地适应内外部环境的变化，正是由于这个原因，职务轮换也被称为“交叉培训”。第四，职务轮换给员工提供了个人发展的空间和内部流动的机会，实现了人力资源开发，尤其是管理开发；同时，员工轮换与职业生涯发展相互结合，增强了对员工的激励，有效降低了流失率。最后，这种方法并不改变职务设计本身，而只是使员工定期从一个职务转到另一个职务，实施起来相对简单，几乎不会对组织的业务流程和组织结构带来影响。

3. 职务轮换的缺点与局限

首先，由于组织分工细，职务与职务之间的性质差异较大，比较难以找到职务之间存在相互的轮换关系，职务轮换只能限于少部分职务，大多数的工作是无法进行轮换的，而且更多是在一个科室或部门内部，因此，职务轮换的效果并不明显。其次，轮换后员工需要熟悉新的职务，需要时间来适应和培养技能，因此在最初的一段时间内可能会使工作效率降低，也会打击专业人员的积极性。再次，职务轮换要为员工提供各种培训以使他们掌握多种技能，适应不同的职务，因此所需要的培训费用较高。最后，职务轮换要求管理者做出统筹的安排和计划，增加了管理人员工作量和难度。

当然，职务轮换并没有使员工的职务本身有任何实质性的变化，它只是为缓解员工对过分专业化的单一重复性职务所产生的厌烦感的一种权宜之计。赫茨伯格批评职务轮换是用一个"0"代替另外一个"0"。

组织在实施职务轮换时还应该注意以下几个问题：

(1)通过系统的职务分析，明确职务的复杂程度以及对人的资格要求，决策哪些职务之间可以相互轮换；

(2)在顺序上，可以首先考虑在同一职系不同职务上轮换，再来考虑不同职系、不同职类的职务轮换；

(3)职务轮换必须是按照计划、有序进行，避免影响正常的工作秩序和工作效率；

(4)职务轮换要充分考虑员工个人的意愿，不能强制实施；

(5)组织要对短期内职务效率的下降以及由于交叉培训而导致的成本上升做好心理准备。

(三)职务丰富化(Job Enrichment)

1. 概念与内涵

职务丰富化是指赋予员工履行职务更多的责任、自主权和控制权。职务丰富化是以员工为中心的职务再设计(employee－centered job redesign)，它是一个将组织目标与员工满意和激励联系起来的概念和方法，其理论基础是赫茨伯格的双因素理论。通过增加职务中的激励因素，如工作挑战性、自主性、责任与成就等来达到职务再设计和职务发展的目的。

职务丰富化与职务轮换或职务扩大化不同在于，它不是水平地增加员工的工作内容，而是垂直地增加管理控制与责任，提供了员工心理发展的机会。职务扩大化只是从横向上增加了任务的多样性，而对职务本身的挑战性和意义性方面的改变不大。职务丰富化则重点在于提高职务的挑战性和意义性，以及完成工作的同一性和自主性。职务丰富化使职务向纵深方向扩展，可以增强员工对职务的计划、执行、控制和评估的影响程度。

职务丰富化虽然要增加一定的培训费用、更高的工资、完善或扩充工作设施的费用，甚至需要对组织业务流程及组织结构进行重组、重新设计，但却提高了对员工的激励和工作满意程度，进而对生产效率与产品质量的提高，以及降低员工离职率和缺勤率等方面带来积极的、深远的影响。

2.职务丰富化的内容

(1)技能多样性。单一的、重复的任务仅仅提高了组织的效率，不能给任职者带来任何满意。员工无法从履行职务中获得多种技能与较为复杂的技巧，也就无法获得发展与提高。当今时代的人们，不太注重获得工作的稳定性和保障性，而是更关注自身在某一职业范围或更大劳动力市场上的可雇佣性。因此，不断提高员工完成职务的多种技能和技巧，为他们提供更多的尝试机会，既激励了员工，提高了效率，又符合内外部劳动力市场的发展规律。

(2)职务关系。员工在职务履行过程中应该接触哪些组织内部的和外部的机构与人员，是否接触顾客等影响员工对职务重要性与责任性的感知。如果让员工直接与顾客接触，从顾客那里直接了解到产品或服务的使用情况，可以使员工增添强烈的成就感和自豪感。

(3)自主性。如果员工能够根据组织的任务以及其他客观情况，自主地对工作时间、工作数量、工作方法等决策和自我控制，员工的参与感和自主性就能够大大提高，对职务的整体满意感就会增加。

(4)完整性。尽可能的让员工完成一份完整的职务，而不是其中零碎的一部分，比如，与其让其组装机器的某个零件，不如让员工组装整个机器，因为后者更能激发员工的责任感和成就感。

(5)直接反馈。将有关员工工作绩效的数据及时地反馈给员工，让任职者及时了解或直接看到自己的劳动成果，这样，工作的责任感以及对结果的认识就会相应提高。

3.职务丰富化途径与措施

(1)任务组合。对现有的零散工作任务进行整理，将这些零散的工作任务组合在一起，形成新的、内容丰富的工作单元，由此可以增加技能的多样性和任务的同一性。

(2)职务整合。让员工独立自主地负责一个工作整体，而不是仅仅负责其中的一个环节。同时要求员工对职务进行全面计划、执行和监控，由此增加任务同一性和自主性。

(3)建立员工一客户关系。客户是指员工的工作产出(包括产出和服务)所指向的对象，也就是接受者。这些客户可能是外部客户也可能是内部客户。当一个员工与客户建立直接的关系时，他们会从客户那里得到重要的反馈，明确产品或服务被评判的标准，感受到一种自主性。另外，与客户建立直接的关联也需要员工具备为客户服务的技能和人际交往技能，这就意味着技能的多样化。

(4)确定自然的工作单元或团队。通过集体配合来完成较为复杂的整体工作，由此增加任务的同一性、反馈和自主性等。

(5)提升纵向负荷与直接授权。尽可能地给员工计划、参与、控制自己职务的权力。把先前一部分管理者的计划、控制、监督权力直接赋予负责生产的员工。由此增加任务的重要性与自主性。

(6)减少反馈层级与环节，让员工迅速了解结果以及问题。比如，产品的质量问题报告与其在经理手中互相传递，不如直接由质量检验员交给质量问题的当事人。如果这种反馈不夹杂管理者的批评，员工能更好地进行自我批评，从而自觉地提高产品的质量。

(7) 畅通其他信息反馈渠道。让员工了解更多与自身职务以及组织生产结果相关的信息，如成本、产量、质量、组织结构、客户的抱怨等。

(8)360 度反馈与绩效评价。引入自我评价、下级评价甚至客户评价，让更多的职务利害相关群体来评价任职者的表现与绩效。

(9)培训。为员工提供学习的机会，以满足员工成长和发展的需要。

(10)参与管理。透过员工建议制度等相关的员工参与计划，提高员工参与职务改进的自主性，倡导员工的组织公民行为。

4.有效实施的原则与条件

(1)员工绩效低落是由于激励不足造成的。绩效产生差异的原因有两类：培训问题和管理问题。通过培训提高任职者完成职务的知识、技巧，可以改善绩效低落问题；完善组织中的流程、职务与职务的衔接以及薪酬政策等也可以提升员工的绩效。职务丰富化是管理问题的一种，如果绩效低落是因为生产流程规划不当或者员工训练不足，职务丰富化就没有意义。

(2)不存在其他更容易的改进方法。

(3)保健因子必须充足。如果薪水、工作环境和领导方式等方面存在很大的问题，这些保健因素带给员工的不满意会抵消职务丰富化带给员工的满意。

(4)职务本身的激励潜力还有待挖掘，也就是说职务并不是足够有趣和

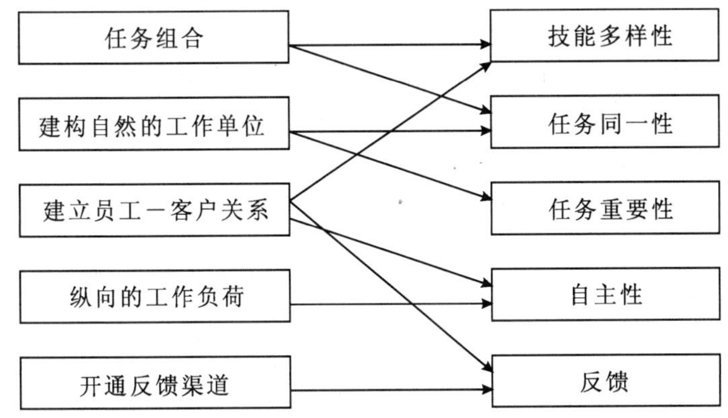

图 11-4 职务丰富化的途径与核心职务特征的关系

具有挑战性;相反,如果职务本身已经很具有挑战性,再丰富化就不值得。

(5)职务丰富化必须在技术上和经济上可行。

(6)组织更注重产品或服务的质量,而不是数量;注重对外部客户提供差异化、高质量的产品或服务,而不是通用的、标准化的产品或服务。

(7)员工必须愿意接受。职务丰富化并不适用于所有的职务以及所有的人,每个人需求不同,激励举措也就不同。职务丰富化达到的目的是激励,而不是惩罚。

表 11-7 职务再设计幽默

老板:好消息,我已经对你的职务进行了重组,以使你更加满意!
下属:?(疑惑)
老板:你将不会被局限于价值链中的一个微小部分,你将参与所有生产的过程与阶段!
下属:?(疑惑)
老板:好了,现在就将我书柜上的灰尘清扫干净!
下属:噢! 老板,你裁掉了所有的秘书?!

二、激励性职务再设计方法(Motivational Approach)

其理论根源于组织心理学和管理科学。这种方法关注于影响心理意义和激励性潜能的工作特征因素,并且它将态度变量,如满意度、内在性激励、工作参与度以及行为性变量,如将参与比例和绩效等视为职务再设计最重要的结果指标。这种方法关注增加工作的复杂性(如通过职务扩大化、职务丰富化)以及围绕职务社会技术系统的结构。

表 11-8 激励性职务再设计方法

1. 自治(Autonomy):工作中是否允许自由、非依赖和判断决策(工作安排、结果、方法、程序、质量控制以及其他类型的决策)?

2. 内在的工作反馈(Intrinsic Job Feedback):工作活动本身是否提供直接的、清晰的关于工作效果(质量和数量)信息?

3. 外在的工作反馈(Extrinsic Job Feedback):组织当中的其他人(经理人员或同事)是否提供这样的反馈?

4. 社会性互动(Social Interaction):工作是否提供了积极的社会互动的机会,如团队或同事的帮助?

5. 任务/目标清晰(Task/Goal Clarity):工作职责、工作要求和工作目标是否清晰明确(Clear and Specific)?

6. 任务的多样性(Task Variety):工作是否有多种职责、任务和活动?

7. 任务的完整性(Task Identity):工作是否需要作为一个相对整体来完成,是否是可以识别(Identifiable)的部分? 工作是否给任职者由始至终完成的机会?

8. 能力/技能水平要求(Ability/Skill－Level Requirements):工作是否需要较高的知识、技能和能力?

9. 能力/技能多样性(Ability/Skill Variety):工作是否需要多种不同类型的知识、技能和能力?

10. 任务的重要性(Task Significance):与组织中的其他工作相比,此项工作是否重要?

11. 成长/学习(Growth and Learning):工作是否提供个人能力和熟练程度成长和提高的机会?

Source: reprinted by permission of publisher, from Organizational Dynamics, Winter/1987, American Management Association, New York.

三、职务再设计方法的选择

通常大家都会认为,相比职务简单化而言,职务轮换、职务扩大化等与员工良好的工作态度、高满意度以及高绩效联系在一起,职务丰富化可能更是如此,但是对于绩效实际的研究结果却并不总是与理论一致。现在人们更多持这样的观点:不同的职务设计与再设计的方法适用于不同的环境,它们在各自适合的环境下有效。

一般而言,如果工作系统稳定、可预测,职务简单化对于提高绩效来讲是有效的。在这种环境下,将一些相对复杂的任务分解成细小的任务,同时在这些细小任务的完成量之间进行有效分析和平衡,能够保证任务流畅通。相反,如果工作系统多变、复杂,职务丰富化可能是更好的选择。这是因为,第一,员工有着更多的自主权,对于工作系统中的问题比如技术性紊乱等反应更为及时和负责;第二,自主权的提高激励员工更加精进工作,更主动掌握工作的细节与技能,解决工作系统问题也更得心应手;第三,员工对于未来变化准备会更充分，首创意识会更强。

大多数组织在不同层面上都面对大量的、不断增加的不确定性，尤其随着技术在组织中的应用与变革、产品工艺和产品规格不断调整升级以及顾客需求的变化等情况下。所以，职务丰富化以及基于激励的职务再设计方法在工作场所的应用实践有着极大的必要性和重要性。

四、辅助性职务再设计与管理

1. 压缩工作周(Compressed Workweek)

压缩工作周是指将员工每周工作的天数压缩，典型的情况是每周工作4天，每天工作10小时。压缩工作周首先使得每周员工开始工作的次数减少，缺勤率和迟到率下降，有助于经济上的节约。其次，员工在路上的时间减少，工作的交易成本下降，工作的满足感提高。但是，压缩工作周的缺点是工作日延长使员工不能得到较好的休息，员工感到疲劳并可能导致危险。最后，实行压缩工作周的组织与实行传统工作周(5天8小时)的组织在联络时会发生时间上的障碍。研究结果发现，4天×10小时工作周只有短期效果。

2. 弹性工作制(Flextime)

弹性工作时间可以实现员工在限定范围内自由地变更工作时间，尤其是上下班时间的一种时间安排方案。弹性工作制的典型做法是：组织要求员工在一个核心时间内(如上午9点到下午3点)必须在岗，但是上下班时间由员工自己决定，只要时间总量符合要求即可。弹性工作制的优点是使员工更好地根据个人的需要安排他们的工作时间，并使员工在工作时间安排上能行使一定的自主权，员工更可能将他们的工作活动调整到最具生产率的时间内进行，同时更好地将工作时间同他们的工作以外的活动安排协调起来，这样在一定程度上降低了缺勤率和离职率，提高了员工满意度和工作绩效。弹性工作制的缺点是每天工作时间的延长增加了组织的公用事业费，而且要求有更加复杂的管理监督系统来确保员工工作时间总量符合规定；同时给管理者对核心的共同工作时间以外的下属人员工作进行指导造成困难，并导致工作轮班发生混乱。

3. 职务分享(Job－Sharing)

是指一份职务由至少两个人来承担。从组织角度而言，通过一份职务利用了多个人的才能，能够提高职务改进活动；从个体角度而言，一个人不必被一份职务所束缚，增强了员工的灵活性，降低了长期从事一份职务的单调感。一般而言,职务分享使得员工有着更好的出勤和效率。但是这种职务再设计的方式需要职务分享者之间的沟通、交接和协调。

4. 在家工作(Telecommunicating)

员工在家中通过通讯和网络系统来实现电子通勤以及传递工作信息与工作结果,这样员工不用奔波于上下班途中,也节省了办公费用。

5. 虚拟办公室(Virtual Office)

指传统办公室之外的任何工作场地。在那儿,人们仍可从事与传统办公室相同的工作。"虚拟办公室"中的"虚拟"一词意味着技术的应用。虚拟办公室一般都配备多项技术,它们组合在一起,使人们能再造传统办公室所提供的配套服务。

虚拟办公室常见的形式有家居办公室、电子通勤中心、移动办公室和旅店式办公室。

表 11-9　虚拟办公室的几种形式比较

形　式	特　性	优　点	缺　点
家居办公室	可以是房间,走廊地下室或任何你愿开展工作的场所	便于人们安排日常生活;会议少;被打断的情形少	可能有孤独感和压力感
电子通勤中心	能够集中在一起的公司办公室之外的职员场所	易中集中;比家居办公室有更多机会进行社会、职业交往活动	费用比家居办公室高出许多
移动办公室	花费大量时间在路途上的人们所用的汽车,有时也指其公文箱	能提高效率,可节省房地产开支	可能有压力感、孤独感和隔离感
旅店式(适时制)办公	泛指职员根据需要使用办公室的工作安排方式	增加去客户处与之接洽的时间,节省房地产开支	办公室里同事关系的丧失,难以灌输组织的价值观念

通常,有四条途径可将散布四处的员工队伍组织成一个具有凝聚力和纪律性的团体。

(1)建立汇报制度。虚拟办公室带来的一个明显的问题就是,经理人没有办法知道员工是在工作,还是整天在睡觉。因此,虚拟办公室以及在家工作的职员应该经常性地汇报重要事项,如任务的完成情况、个人或部门的目标是否达到等。

(2)经常开会沟通。职员在虚拟办公室中工作,就不容易给他们灌注团队精神和营造组织文化。可以考虑召开月度或季度会议,使职员能常常彼此会面，管理者也可借此激发团结友情。

(3)保持技术的先进。职员集中在一起办公时通常可以共享一些条件，如秘书服务，电话应答服务，甚至还有一个排疑解难的电脑专家。职员在家庭办公就会失去许多类似便利。因此，管理者必须保证职员工作上用最好的电脑、移动电话和寻呼机，当然还有语音邮件和传真设备。

(4)提供技术支持。在放手让员工进入虚拟办公室工作前，必须对他们进行有效的培训。在碰到困难时，他们也必须能够很方便地通过电话或电子邮件与信息技术部门取得联系。

阅读材料：虚拟办公室进入亚洲

作者：Cecille Austria

对惠普新加坡公司的现场客户服务经理潘卓思(Joseph Poon)来说，上班并不表示要上办公室，整天坐在办公桌前。他不用每天早上从车水马龙中赶到亚历山大路的惠普公司总部出勤，而是可以选择在客户的网址上工作一天，或者干脆在家中电子通勤。人们总可以通过寻呼和移动电话找到他。他的移动电话甚至还能接收电子邮件。如果他需要使用公司的办公室，可以随时去公司的专用公共办公区(人们戏称车库)。那儿有几张空办公桌供惠普公司的“流动职员”使用，里面装有几个电源插座用来接他们的 HP 全能笔记本电脑。另外还有一个红外线的无线网络使他们可以与公司内部的全球网络联接。

惠普公司的“马路斗士”都有一个“跟踪”分机号码联接其个人手提电话。这样，无论他们在办公楼的任何地方都能收到他们的办公电话。如果他们不在办公室，只要把他们的全能笔记本电脑或掌上电脑接到手提电话的调制解调器上便可在任何地方收发传真、提取技术和销售信息、安排即时报价、迅即准备好一个演示，并且可以通过无线传送打印文件。

“我的效率大有提高，”潘卓思说，“我们业务的性质就是要面对顾客，而不能躲在办公室。”

一种叫“虚拟办公室”的新一代工作场所正在兴起。潘卓思和惠普新加坡公司正是这个趋势的受益者。在亚太地区，越来越多的企业已经引进或者正在探索各种形式的虚拟办公室，惠普公司只是其中之一。

“虚拟办公室是大势所趋”哈佛商学院(Harvard Business School)的工商管理教授诺兰(Richard Nolan)在 SMT 杂志上说道，“虚拟办公室的一个很重要的方面在于，把工作的物理界限，即工作必须在某一地理区域内进行这种观念转换成了工作随处都可以开展的新观念。”

从体力到脑力

专家们一致认为，亚太地区经济的重心正从制造业转向服务和信息产业，职员们不再像早先那样必须集中去某个办公地才能开展工作，这种转变是虚拟办公室数量不断增多的原因之一。华盛顿特区一家非盈利组织电子前沿基金会(Electronic Frontier Foundation)的艾力克(Eric Tachibana)在接受《亚洲新闻》的采访时说道：“在一些亚洲城市，半工业化时代和后工业及信息化时代有一个很大的跨度。你可能会看到稻田和虚拟办公室相映成趣的现象。”

“无边界组织”这一概念对于理解当今时代完成工作的方式至关重要。惠普公司新加坡及东南亚销售区域的执行董事蔡建华说：“例如，负责销售可移动实物商品的人员实际销售的远远不止产品本身，他们很可能也在销售配套服务和技术知识。当信息成为产品，当技术的发展使信息能通过笔记本电脑、传真机和电话线快速传送的时候，虚拟办公室自然应运而生。”

这样更有助于进行平行式的或合作型的工作，而不是垂直式的序列工作。“由于虚拟办公室的工作任务是根据提取电子信息的情况，而不是依照序列流程设计的，人们能够看到工作进展情况，在适当时候对它进行处理，”雷格尼和米佐治在《走向虚拟化》一书中写道。

在西方国家，虚拟办公室是技术发展的产物；而在亚太地区，节节攀升的地价则为虚拟办公室创造了自然的成长环境。举个例子来说，据路透社报道，香港和新加坡是世界上使用移动电话人均比例最高的地区。马来西亚和韩国的普及率也已非常接近许多欧洲发达国家的水平。加之，办公科技产品的功能日益强大，价格不断下降，也促使了虚拟办公室数量的增加。比如，桌面电脑的售价比2002年下降了40%，运行速度提高了大约20倍。普通的笔记本电脑存贮容量已经达到1000兆字节。许多高性能的膝上型电脑现在能连续工作10小时以上。持续不断的技术进步，如国际互联网、电视会议、群件(Groupware)、数字电话技术的广泛应用将使虚拟办公室更普及。

虚拟办公的动因

虚拟办公室是美国一家广告公司Chiat/Day率先发起的。该公司撤消了包括行政总监在内的所有办公室。现在，职员都用保管箱存放个人物品。在进入办公室前，他们先在“管理员”那里登记，由其分配电话、电脑，并根据需要给每个人指定工作场地。其余场地改作大会议室，里面有长会议桌、苹果电脑、挂图、写字板等设施。休息间里有弹子球桌、沙袋、电视机、还有一排排的插孔，以便职员联接其手提电脑，进入公司的共享电子设备。为使员工与外界充分接触、保持强大的竞争力，公司花了800万美元引进各种技术，如语音邮件、电子共享项目文件以及寻呼机和移动电话等便携式通讯工具。新办公室开张的第一天，公司的出勤率是几年来最高的。人人都抢着要一部电话、一部强力笔记本电脑，要在公司中占一席之地。

对很多企业来说，虚拟化背后的商业动机十分紧迫：要减少房地产开支、提高生产率、增加利润、面临国际竞争以及改善顾客服务。据HR杂志报道，走在虚拟化前列的3家全球性公司指出了它们各自进行办公室虚拟化的原因。

惠普公司的目的是提高其销售人员的人均销售额。

安达信顾问公司则力求平衡增长与相应的员工间接费用，让他们很少在办公室工作。

IBM是出于地价上涨的压力和让营销及咨询服务人员更多地与顾客面对面接触的需要。

紧迫问题

安达信新加坡公司要将其在Gateway的大楼改建成“适时制”办公室。流动经理们按照一种酒店客房管理系统，通过电脑预订“适时制”办公室，可以使用半天到数周不等。经理拿到指定办公室的钥匙，用一个带锁的地柜存放文件。他退房时，地柜就交由中心库房保管，下回再订用办公室时取回。公司的全球电话系统给每位经理一个语音邮件号码，不管他去什么地方都有效。他还可用莲花笔记群件接通公司在世界各地的办事处。

虚拟办公效果

人们最关心虚拟办公室真给组织省钱吗？IBM公司的实践表明，它们的确能节省设备开支。据HR杂志报道，有了2000名流动职员之后，IBM每个办事处的房地产支出下降了40%到60%，每年节省的资金达3500万美元。在费用下降的同时，其生产率也增长了15%以上。

通过酒店式管理，峨扬公司在芝加哥节省了25%的场地费用。公司1992年就最先在这里实施了这种管理方式。

惠普公司的蔡建华提出了一个较实用的方法：不要老盯着数字，而要着眼于关键指标。“看看与顾客的接触是不是更频繁了，对顾客的要求做出的反应是不是加快了，这样就能毫不费力地评价虚拟化的努力是否成功。你不必大费周折去变更会计制度，就能随时得到这类指标。”

技术已然具备，知识型的环境不断提出更高的要求。一些企业的实践表明，生产率能迅速上升，而成本大降。所有这一切说明，应该认真对待办公室的虚拟化趋势。哈佛商学院的诺兰指出，如果你不学会怎样迎接这种趋势，将会陷入“战略危险”之中。你的竞争对手都已掌握了有关技术，而你却无所作为。

第四节　职务的发展与未来

一、弱职务(Dejobing)化发展

一些人已经开始疑问，职务的概念仅仅是人创造的东西，其生命可能比工作的意义更长远吗？组织都在为提高生产率和改进质量而对职务进行发展与再设计，但人们也在发出这样的疑问：“这种设计的结果又是什么呢？”表 11-10 总结了职务再设计激励因素的调查结果。

表 11-10　职务再设计驱动因素

1. 任务设计是整个质量/生产率改进的一个部分，组织的所有方面都要改进	68.5%
2. 新技术和新工艺迫使要改变工作的方法	59.1%
3. 作为行业领先者，试图维护这种地位	55.2%
4. 竞争驱动	54.7%
5. 高层管理，尤其是 CEO 或总裁的驱动	47%
6. 看到了质量和生产率改进的重要性	43.6%
7. 职务再设计内在的价值和思想	35.4%
8. 主要的客户期望进行职务再设计	35.4%
9. 员工期望	34.3%
10. 糟糕的财务绩效迫使尝试新的方法	27.6%
11. 咨询顾问告诉这样做	13.3%
12. 喜欢试验和尝试新东西	13.3%

Source: J. E. Mccann, 3 M. Buckner, “Redesigning Work: Motivations, Challenges and Practices in 181 Companies”, Human Resource Planning, Vol. 17, No. 4, 1998, p. 27.

许多研究人员和实践者都预测组织职务的一种变化趋势—“弱职务化”(Dejobing)。这种趋势是将组织视为一个整体工作领域，而不是由特定个体占据的一系列离散的职务。在英特尔(Intel)公司，个体通常被安排到一个项目中。随着时间的变化，项目改变相应的角色，并改变对个体的要求。在项

目结束前，个体被安排到另外的项目中。这样，个体不但有新的责任，而且他们还被要求与不同的团队领导一起工作，管理不同的目标和时间安排，与不同地点的团队和成员间进行协调。这要求公司取消传统的科层组织安排，以有利于更加弹性和更富流动性的结构与过程。

基于项目的组织(Project－Based Organization)正形成一种真正的潮流。因为工作变化得如此迅速，使得人们不可能每周都要对职务描述进行修正。它也同样要求在撰写职务描述时应该更多地加入弹性的因素在其中。但是法律的限制又在一定程度上限制了组织在弹性职务描述方面的努力。

当职务是围绕小组而不是个人来进行设计时，结果就形成了工作团队(Work Team)。团队可以是临时的，也可以是长期的；可以是半自治的，也可以是完全自我管理的。一般而言，工作团队大体上有两种类型：综合性的和自我管理式的。在综合性团队(Integrated Work Team)中，一系列的任务被分派给一个小组。之后，小组来决定给每个成员分派什么具体的任务或角色，并在需要时负责在成员之间轮换。自我管理工作团队(Self－Managed Work Team)具有更强的纵向一体化特征。与综合性工作团队相比，它拥有更大的自主权。给自我管理工作团队确定了要完成的目标以后，它就有权自主地决定工作分派、工间休息和质量检验方法等。这些团队甚至常常可以挑选自己的成员，并让成员相互评价工作成绩，其结果是团队主管的职位变得不重要，甚至有时被取消。

通常，工作团队由具有相同技能的员工组成，也可以由具有不同技能的员工组成；可以包括管理者，也可以没有管理者。但在团队中，通常需要有一个领导来处理纪律和工作中的困难。

二、职务消失

传统意义上的工作或职务现在正迅速成为历史。那时的职务是第一次工业革命的产物，正如我们所知，直到出现工厂和公司，才出现了职务，将各种不同职务的人集中在一个地方，如一家公司或一个工厂来进行。过去，人们工作的目的是完成工厂和公司的工作量，在工厂和公司里，活动可以被细分，产品和政策会长期保持不变，最好是在大批量生产的环境下进行工作。在这种环境里，人们被要求从事简单且不断重复的工作。

过去的这些职务极好地满足了工业革命的需求。但是现在，经过近200年的发展，在这个信息年代里，每个人不必在同时同地从事某职务，因为产品的许多附加价值正不断通过信息而获得，而不是通过生产线上的体力支出而获得，那些与信息有联系的工作几乎在任何地方、任何时间完成。生产线和其他相对不变的活动能够被自动化所取代，而且这种趋势越来越明显。当今，职务不再是一种完成工作量的好途径，其他如临时工作、外购、再设计以及授权计划等正在被许多组织应用。这些趋势代表并反映出工作内涵的深刻改变，同时也反映出工作的组织方式及完成方式的深刻改变。

美国是第一个工作机会变得少的国家。以“美国新闻与世界报道”1993年6月第一期的封面故事为例，该期封面故事名为“我的工作在哪里?”。该文章谈到，当今的年就业率仅仅是1950年后经济恢复期平均就业率的20%。如今，白领的失业人数高于经济恢复期，失去白领工作的85%的美国人将不会再获得原来的工作，这在任何经济萧条期都是最高的。

来自Yankelovitch的调查显示，2/3的美国人确信：当今的工作保障要远比经济恢复期时糟糕，超过半数的美国人确信这种情况还将持续数年，尽管是在当今经济最发达的国家。

传统的职务与工作正在消失，政府只是在宣扬“创造工作机会”，而没有去帮助员工和雇主转变进入这样一个社会：在这个社会里，员工将不得不为他们自己而工作，将不再依靠政府和雇主，工作将不再是未来经济的一部分。

表11-11　工作中的得与失(work outcomes)

有机会交到朋友	职务晋升
同事之间的尊重	特殊的奖励和认可
辛苦工作的厌倦	受到很多的恭维
给予他人帮助	赢得老板的尊重
来自客户的尊重	职务轮换
个人成长与发展	被解雇
自我成就的感觉	低薪酬
薪酬晋升	单调乏味
独立思考和行动的机会	感觉到的职务保障性
完成工作过程中时间的飞速流失	提供优质服务

三、个性化职务

过去的工作或职务只是用来满足工业革命的需求，人们仅仅是为了完成工作而工作，他们不会意识到要通过工作来定义自我。现在，传统意义上的工作或职务消失了，其他完成组织任务的方式与安排更易于激发员工的潜能。员工不能再被职务或工作所塑造，不能照着一种模式、一种规矩来行事，反过来，员工要塑造自身独特化的特点与方式，以不同的行为来完成工作，让职务具有你自己的特色。

表 11-12　塑造个性化的职务要点

(1)让组织中所有的白领工作模仿专业服务企业的工作； (2)人才居首； (3)永无满足的好奇心； (4)创造自我品牌，做“自我”有限公司的行政总裁； (5)懂得自我授权游戏：没人会给你权力，要自己去获得； (6)呼吸不止，更新不断，不管你是 24 岁还是 64 岁； (7)所有工作都要做到最好，令人难忘、极为重要； (8)以“抓紧，试验，尝试”为口号，天天要加快； (9)与众不同，设计别样的构思，培养独特的能力，培养鲜明的特色。

【案例】沃尔沃的职务再设计

沃尔沃汽车公司是北欧最大的汽车企业，也是瑞典最大的工业企业集团，属世界 20 大汽车公司之一。沃尔沃公司是由古斯塔夫·拉尔松和阿萨尔·加布里尔松于 1924 年创立的，公司总部设在瑞典的哥德堡。沃尔沃汽车以质量和性能优异在北欧享有很高声誉，特别是在安全系统方面更有其独到之处。美国公路损失资料研究所曾评比过 10 种最安全汽车，沃尔沃荣登榜首。到 1937 年，公司汽车年产量已达 1 万辆。随后，它的业务逐渐向生产资料、生活资料和能源产品等多领域发展，一跃成为北欧最大的公司。如今，沃尔沃已发展成为全球化集团公司，集团员工总数超过 9 万人，分布于全球 58 个国家；客户遍布全球 180 多个国家和地区，集中分布于欧洲和北美以及亚洲的大多数地区。

一、职务再设计的背景

从 20 世纪 60 年代中期起，沃尔沃公司的汽车出口翻了一番，占其全部销售额的 70%，虽仅占世界汽车市场的 2.5%，却已占瑞典全年出口总额的 8%以上。该公司的管理本来也是一直沿用传统方法，重技术、重效率、重监控。直到 1969 年，由于工人的劳动态度问题已变得十分尖锐，使得该公司不得不考虑改革管理方法。

沃尔沃公司的领导分析了传统汽车制造的职务设计，认为它最大的问题是将人变成了机器的附庸。所谓装配线不过是一条传送带穿过一座充满零部件和材料的大仓库罢了。这套生产系统的着眼点是那些零部件，而不是人。人分别站在各自的装配点上，被动地跟在工作件后面，疲于奔命地去照样画葫芦而已。这套制度的另一个问题是形成了一种反社交接触的氛围。工人们被分别搁置在分离的岗位上，每个岗位的作业周期均较短(一般为30～60秒)，导致没有片刻时间去交往谈话。

沃尔沃先是设法用自动机器来取代较繁重艰苦的工作，不能自动化的岗位则尽量使其工作更为丰富化一些，同时又将厂房环境装饰得整洁美观，目的是向员工表明，公司是尊重员工的。但随即发现这些办法治标而不治本，要治本，必须进行彻底的再设计。为此他们在当时正在兴建的卡尔玛轿车厂进行了一次著名的试验。

二、职务再设计的内容

卡尔玛轿车厂位于瑞典的哥德堡，其总的设计原则是希望体现以人而不是以物为主的精神。它的布局就像一个三叶草图案，沿着三叶草的边缘有25个工作站，每个站负责一部分汽车装配工序，汽车在微机控制下的自动输送装置上绕草叶蜿蜒运行，当走完这25个工作站时，就生产出一辆漂亮的汽车。工作站以人为中心来布置工作，就是要使人能在行动中互相合作、讨论，自己确定如何来组织。这种生产方式是继福特流水线生产方式之后的又一重大变革，引起汽车产业界的极大关注。管理要从激励着眼，而不是从限制入手，对成熟而自主的成人则宜勉励而不是监控。所以，该厂员工都自愿组成15～25人的作业组，每组分管一定的工作，如车门安装、电器接线、车内装潢等。组内可以彼此换工，也允许自行跳组。小组可自行决定工作节奏，只要跟上总的生产进程，何时暂歇、何时加快可以自定。每组各设有进、出车体缓冲存放区，只要在规定时间内把规定的汽车从一个缓冲区送到另一个缓冲区，其他工作大家可以自主决定，从而把工作从机械往复式劳动中解放出来，激发了工人的劳动热情。

这个厂的建筑也很独特，由3栋两层及1栋单层的六边形厂房拼凑成十字形。建筑的窗户特别大，将建筑分隔成明亮、安静而又相对独立的小车间。工厂里没有了传统的传送带，底盘和车身由专门的电动车传送。这种车沿地面铺设的导电铜带运动，由计算机按既定程序控制。当发现问题时，工人可以手工操作，使它离开主传送流程。例如，油漆面上有一道划痕，工人便可把它转回喷漆作业组，修复后再重返主流程，仍由计算机制导。车身在电动车上可做900滚动，以便消除传统作业中工作因姿势长期固定而引起的疲劳。

各作业组自己检验质量并承担责任。每辆车要经过3个作业组才有一个检验站，由专职检验员检查，并将结果输入中央计算机。当发现某质量问题一再出现时，这个情况立即在相应作业组终端屏幕上显示出来，并附有以前对同类问题如何排除的资料。终端屏幕不仅报忧，也同时报喜，质量优秀稳定的信息会及时得到反馈，产量、生产率、进度数据则定期显示。

据1976年的调查，该厂几乎全体职工都表示喜欢该新方法。沃尔沃公司便又陆续按这种非传统方式，建造了4家新厂，每厂规模均不超过600名职工。这一改革冒了很大的风险，因为一旦失败，不仅经济上代价高昂，公司内外信誉也会遭受巨大损失。但卡尔玛的成功是鼓励他们前进的动力。卡尔玛改革的核心是群体协作，工作以作业组为单元活动。这是一个另起炉灶的新建小厂，它是否也能用于按传统观点设计并运转多年的大型老厂呢？这是一种颇为不同而风险更大的改革尝试。

三、职务再设计的推广

沃尔沃在西海岸哥德堡市建有一家8000人的托斯兰达汽车厂，是1964年完全按传统装配线设计建造的。它生产的汽车构成该公司产品的主体，改造略有不慎就会影响生产，损失将极为巨大。

该厂职务再设计的试验不是公司总部指导的，而是由本厂管理人员在工会和全体职工配合下开展起来的。因为任何改革总要引起短期的不习惯与不方便，工资制度上也要适应由个人奖到小组集体奖的转变。没有工人支持，改革寸步难行。所以成立了有工人参加并有较大发言权的各级工作委员会及咨询小组55个。其实，该厂早就酝酿并在逐步试行着职务再设计，所以与其说托斯兰达厂是紧跟卡尔玛厂，倒不如说前者是后者的摇篮。因为后者的许多办法是先在前者试行的。例如，电动装载车及车身侧翻使工人不必蹲在地坑里仰头向上操作的装置，就是从托斯兰达厂学来的。

托斯兰达厂改革的第一步是放权，尽量使它的冲压、车身、喷漆和装配4大车间成为自主的实体，因为每个车间各有其独特问题，不能一刀切。如1973年，车身车间组成一个专题工作组来解决降低噪声与粉尘问题。车间主动请来应用美术学院的专家，经多次摸索，把车间变成了全公司最明亮整洁的场所之一。如何改变工作条件，成为了一种有吸引力的挑战。各级工作委员会和咨询组都有一定经费解决自己的问题，于是形成了浓郁的改革氛围。又如车内装潢车间，流水线上设有15个装配点。早在该厂刚投产的

1964年，就有工人主张应经常换换岗位，以便有效避免总在同一岗位所带来的工作乏味及身体某些部位的疲劳感。可是另一些工人不愿意，直到1966年这些工人才自己定了一套轮换制度，每人都学会15个岗位上的操作技术而成为多面手，每天轮换一至数次，并自己负责检验自己干的活和负责纠正缺陷。这时，他们不但体验到换岗能减轻劳累，而且能培育出一种群体意识。后来他们把全组工作的计划与检查都接受过来，使工作更加丰富化，全组缺勤与离职率大幅度下降，工作质量也有提高。

在托斯兰达厂里也存在变革中常见的现象：一开始有相当一些人抵制改革，随着同事间接触的增多，一个个自发的、以友谊与共同认识为基础的真正的群体（不是行政上硬性编成的班组）形成了。这种从人际接触发展到培育出友谊是不容易的，在装配线上更费时日。一旦真正的群体形成，就能做出许多超出原来狭隘目的的事来。工作从轮换到扩大化直至丰富化，人们对工作的满意感逐步增加。1970年，托斯兰达厂仅有3%的装配工人进行职务轮换，1971年这一比例达到10%，1972年达到18%；然后开始加速，1973年达到30%，1977年已达60%。改革自己的工作内容成了多数人的自然要求。

但总有少数人，特别是年纪偏大的，始终不喜欢任何改变。到1976年底，托斯兰达厂的装配车间才开始有人与传统的装配线告别，组成了两个各有9人参加的作业组，每组承包一定辆数的汽车装配，作业改到装配工作台上进行。9名组员什么都干，从底盘装配到车身与车门安装，直至最后内部装修与检验。每个组每周要开一至数次生产组务会，研究生产情况及解决问题的办法。渐渐地，装配工作台完全取代了装配线。

诚然，这种新型工厂的基建与设备投资要比常规厂高一至三成，占地面积也要大些。但沃尔沃公司声称它的得远大于失，赔钱的买卖它是不会干的。装配工作台平均约每小时装配一辆车，生产率至少不低于装配线，而工人满意感大增，离职率从40%～50%降到25%，质量也有所上升。尽管瑞典的劳动力成本一直是全世界最高的，但沃尔沃却能一直保持赢利，直到2006年，沃尔沃集团销售额近2500亿瑞典克郎。这些成绩的取得都与职务再设计密不可分。

案例思考题

1. 总结一下沃尔沃职务再设计的成功之处。

2. 为什么沃尔沃要发起职务再设计变革？

3. 哪些是沃尔沃职务再设计的“失”？哪些又是沃尔沃职务再设计的

"得"?

4.企业进行职务再设计时应该如何应对员工与管理层的抵抗?

思考题

1.职务发展与其他职务管理活动有着怎样的区别和联系?

2.职务特征模型中的五个核心职务特征是如何影响任职者激励的?

3.职务发展与再设计能够解决哪些管理问题?

4.职务丰富化与职务轮换、职务扩大化有什么样的本质区别?

5.在家工作以及虚拟办公室等新型工作方式给人力资源管理带来哪些影响?

6.职务会消失吗?

参考文献

1.高艳.工作分析与职位评价.西安交通大学出版社,2006年

2.周文.工作分析与工作设计.湖南科学技术出版社,2005年

3.【美】雷蒙德·A.诺伊.人力资源管理:赢得竞争优势.中国人民大学出版社,2001年

4.吴志明.工作分析实务手册.机械工业出版社,2002年

5. Bruce Lloyd interviews William Bridges, "The end of the job", The International Journal of Career Management, Volume 7, Number 2, 1995

6. Howard Risher, THE END OF JOBS: Planning and Managing Rewards in the New Work Paradigm American Management Association, Compensation & Benefits Review, January/February 1997, Vol 29, No. 1, ISSN 0886—3687.

7. Joe Mays, Why We Haven't Seen "the End of Jobs" or the End of Pay Surveys, Manager of Compensation and Benefits GE Aircraft Engines